Hans-Peter Siebenhaar
Die Nimmersatten

HANS-PETER SIEBENHAAR

DIE NIMMERSATTEN

DIE WAHRHEIT ÜBER DAS SYSTEM **ARD** UND **ZDF**

Redaktionsschluss: August 2012
Diskutieren Sie mit dem Autor unter www.hanspetersiebenhaar.com

Dieser Titel ist auch als E-Book erschienen
Eichborn Verlag in der Bastei Lübbe GmbH & Co. KG
Originalausgabe

Copyright © 2012 by Bastei Lübbe GmbH & Co. KG, Köln

Redaktion: Klaus Gabbert (Büro Z, Wiesbaden)
Umschlaggestaltung: Pauline Schimmelpenninck, Büro für Gestaltung, Berlin
Umschlagmotiv: © missbehavior.de
Satz: Greiner & Reichel, Köln
Gesetzt aus der Garamond Premier Pro
Druck und Einband: GGP Media GmbH, Pößneck

Printed in Germany
ISBN 978-3-8479-0518-9

5   4   3   2   1

Sie finden uns im Internet unter www.eichborn.de
Bitte beachten Sie auch www.luebbe.de

Inhalt

Vorwort

»Nein, schreib das Buch nicht!«, empfahl mir ein langjähriger Kollege, als ich gerade ansetzte, die süßliche Himbeer-Tartelette im Düsseldorfer Bistro »Münstermann« zum Abschluss unseres Mittagessens zu vertilgen. Seine klare Ansage stieß mir sauer auf. Denn all jene, denen ich schon vorher von meiner Buchidee erzählt hatte, über das absurde System von ARD und ZDF schreiben zu wollen, hatten mir ebenfalls gebetsmühlenartig abgeraten. »Da machst du dir nur Feinde. Du weißt selbst, wie nachtragend die sind«, hielt er mir entgegen. »Da werden dir die Türen in Zukunft für immer verschlossen.« Ähnliches hatte ich bereits von langjährigen Freunden aus dem Mediengeschäft gehört. Sogar meine Mutter wollte mir das Projekt ausreden: »Muss das denn sein?«, fragte sie mich mit sorgenvoller Miene.

Schon als Student hatte ich als freier Autor für den Hörfunk des Bayerischen Rundfunks (BR) das paradiesische System der Öffentlich-Rechtlichen kennen gelernt. Damals, als die Herren Redakteure noch mit Fahrer zu den Terminen chauffiert wurden. Für die Recherchen zu einem meiner Features im Radio Bayern 2 mit dem Titel »Revue der Explosionen« war dem Sender nichts zu teuer, nichts zu aufwendig. Ich freute mich über die Großzügigkeit. Um eine Bombenexplosion von drei Sekunden aufzunehmen, tourten wir damals mit einem Übertragungswagen samt Toningenieur zum Truppenübungsplatz Manching bei Ingolstadt. Ich ließ die Mikrofone aufstellen, die Truppe trat mit ihrem Mannschaftsführer in Reih und Glied an und brachte anschließend im sandigen Boden des Bundeswehrgeländes eine

Explosion zustande, die meterhoch den Sand in dem ansonsten trostlosen Gelände durch die Luft wirbelte. Ich war von den drei Sekunden, die wir aufgenommen hatten, begeistert. Nur der Toningenieur nicht. Der Knall war ihm zu dumpf.

Damals ahnte ich noch nicht, dass ich mein halbes Leben mit dem öffentlich-rechtlichen Rundfunk verbringen sollte – nicht als unkündbarer Angestellter, sondern als unabhängiger Beobachter. Beim BR wollte ich schon damals nicht anheuern. Mit seinen komplizierten Intrigen, der politischen Vetternwirtschaft und der ausufernden Bürokratie – bitte mit drei Durchschlägen! – erschien mir als Student der Sender stinklangweilig. Die Böden rochen nach Linoleum, und die CSU hatte die Anstalt fest im Griff. So bin ich zu Zeiten, als die Bilder des Privatfernsehens gerade laufen lernten, zur Zeitung gegangen – unabhängig, frei und frech wollte ich berichten und kommentieren, vor allem über die damals boomende Medienbranche. Volontariat, anschließend Dissertation, dann schließlich Redakteur – den öffentlich-rechtlichen Rundfunk hatte ich dabei immer fest im Blick. Seit über zwölf Jahren arbeite ich nun als Medienexperte des *Handelsblatts* in Düsseldorf. Bei meinen Reisen quer durch Deutschland habe ich mit allen ARD-Vorsitzenden und ZDF-Intendanten seit der Jahrtausendwende gesprochen und diskutiert. Manche haben sich wie Staatsmänner selbst zelebriert. Eigentlich gar nicht so absurd. Schließlich sind sie die Herrscher des größten öffentlich-rechtlichen Rundfunksystems, das es jemals in der deutschen Geschichte gab.

Ich gehöre zu einer Generation, die nur mit ARD, ZDF und den Dritten aufgewachsen ist. Das prägt. Karl-Heinz Köpcke war als *Tagesschau*-Moderator noch der heimliche Regierungssprecher. Um 20 Uhr lauschte die Nation, welche Wohltaten Bonn mal wieder beschlossen hatte. Zum Abschluss des Fernsehabends wurde die Nationalhymne gespielt. Im Bayerischen Rundfunk gab es noch die Bayernhymne gratis dazu, die ich ohnehin als gebürtiger Franke nur schwer ertragen konnte. Anschließend gab es nur Rauschen.

Ich las damals lieber Bücher. Denn öffentlich-rechtliches Fernsehen – wenn auch schon in Farbe – war sterbenslangweilig. Dieter Thomas Heck sagte immer noch in Affengeschwindigkeit Schnulzensänger am frühen Samstagabend im ZDF an, Hans Rosenthal sprang bei *Dalli Dalli* noch einen halben Meter in die Luft, und Wim Thoelke tauschte mit den Animationsfiguren Wum & Wendelin laue Kalauer aus. Wir aber hörten *Einstürzende Neubauten* und sahen *Apocalypse Now* und fanden die Late-Night-Show von David Letterman aus den USA cool. ARD und ZDF – das war das Fernsehen der anderen.

Heute geht es jungen Menschen ähnlich. Der öffentlich-rechtliche Rundfunk vergreist. Das Durchschnittsalter der Zuschauer von ARD und ZDF liegt jenseits der 60 Jahre, bei den Dritten sieht es noch schlimmer aus. Politiker sprechen immer von der Mitte der Gesellschaft. Wenn es die geben sollte, dann haben sich ARD und ZDF davon meilenweit entfernt. Steif, konventionell, schnulzig – das Gebührenfernsehen erreicht nur noch einen Teil der Gesellschaft. Und der Unmut darüber wächst.

Noch vor fünf Jahren gab es zu kritischen Beiträgen über das schiefe System von ARD und ZDF noch zweigeteilte Meinungen. Die eine Hälfte der Leser verstand nicht, warum die Öffentlich-Rechtlichen kritisiert wurden, denn die Privaten würden ohnehin nur Schmutz und Schund senden, der anderen Hälfte war die Kritik nicht fundamental und radikal genug. Sie hatten alle Sympathie für den öffentlich-rechtlichen Rundfunk verloren. Heute hat sich das Blatt komplett gewendet. Die Reaktionen fallen durchwegs negativ aus. Angesichts der vielen Skandale um Bestechung, Vetternwirtschaft und Misswirtschaft haben die Nimmersatten offenbar in weiten Teilen der Gesellschaft den Rückhalt verloren. In einer Zeit, in denen Staaten wie Griechenland und Spanien in den wirtschaftlichen Abgrund blicken, wirkt der aus GEZ-Gebühren finanzierte Selbstbedienungsladen der Rundfunkanstalten wie ein Relikt aus dem vergangenen Jahrhundert. Doch dieser Eindruck täuscht.

Ab 1. Januar 2013 wird durch die Einführung der Haushaltsgebühr das mediale Absurdistan bis auf den Sankt-Nimmerleins-Tag finanziert. Aus der Kirche kann jeder austreten, der den Glauben an Gott verloren hat, aus dem System von ARD und ZDF aber nicht. Vorbei die Zeit, in der Verzicht auf einen Fernseher oder Radio vor dem Bezahlen der GEZ-Gebühr geschützt hat.

Ein Grundprinzip unseres Staatswesens ist eine ständige Kosten-Nutzen-Analyse. Gerade in Zeiten des knappen Geldes müssen wir die Verwendung von Steuergeldern genau prüfen und gegebenenfalls alte Zöpfe abschneiden. Das gilt auch für ARD, ZDF und Deutschlandradio mit ihren 25 000 Angestellten und Zehntausenden an freien Mitarbeitern. Hinter der Worterfindung »Haushaltsgebühr« verbirgt sich nichts anderes als eine ARD-ZDF-Steuer. Doch eine detaillierte Rechenschaft legen die Anstalten und ihre Kontrolleure nicht ab. Ein undurchsichtiges System, das jährlich über 7,5 Milliarden Euro allein an Gebührengeldern verbrennt, ist entstanden.

Über Jahrzehnte haben sich ARD und ZDF gegen eine Ökonomie des Gebührenfernsehens erfolgreich gewehrt. Es war in den vergangenen Jahrzehnten komfortabel, darauf zu verweisen, dass man per Rundfunkstaatsvertrag den Auftrag zu Unterhaltung, Information und Bildung hat. Durch so eine bequeme Haltung kann man der zentralen Frage ausweichen, ob ARD und ZDF im Zeitalter von Apple, Google, YouTube und Facebook überhaupt noch in diesem Umfang notwendig sind. Allein schon die Frage gilt als Provokation. Darf sie überhaupt gestellt werden?

Ja, ich musste dieses Buch schreiben. Möglicherweise gibt es nun Beschwerdebriefe aus den Chefetagen? Möglicherweise wird die Wahrheitssuche über das System ARD und ZDF in Buchform von ihren Fernseh- und Radioprogrammen totgeschwiegen? Möglicherweise bleibt die eine oder andere Tür reformunwilliger Intendanten aus Ärger über die offengelegten Fakten für immer verschlossen? Doch das darf keine Rolle spielen – bei der Wahrheitssuche über das System der Nimmersatten.

Dieses Buch ist eine Reise durch den Kosmos des Gebührenfernsehens. Auf dieser Reise begegnet man korrupten Managern, die den Sinn für Recht und Gerechtigkeit verloren haben, selbstgefälligen Führungskräften, die in ihrem Expansionsdrang Millionen zum Fenster hinauswerfen, eigensüchtigen Politikern, die ARD und ZDF seit Jahren missbrauchen, aber auch vielen ganz normalen Menschen, die vor dem wuchernden System der Nimmersatten längst resigniert haben. Bei dieser Reise geht es nicht um Vollständigkeit, sondern um Einblicke in eine für den Gebührenzahler fremde Welt. Die Einführung einer ARD-ZDF-Steuer im Januar 2013 ist ein Wendepunkt. Der Bürger kann dem System nicht mehr entrinnen. Doch vielleicht ist sie auch der Beginn einer gesellschaftlichen Debatte, welchen Sinn der öffentlich-rechtliche Rundfunk in einer digitalen Mediengesellschaft überhaupt noch macht. Dieses Buch soll ermutigen, den öffentlich-rechtlichen Rundfunk fundamental zu überdenken und endlich zu handeln – außerhalb des politischen Mainstreams. Die radikalen Reformvorschläge am Ende sollen einen Beitrag zu einem längst überfälligen Neuanfang leisten.

1. Die Nimmersatten
Wie die öffentlich-rechtliche Geldmaschinerie aus den Fugen geriet

>»Wir müssen gegebenenfalls bereit sein, das Programm auf den Kopf zu stellen, sonst sind wir allmählich das Publikum wie auch das Profil los.«
>*Fritz Pleitgen, Journalist und ehemaliger ARD-Vorsitzender*

Zum Abschied nach zehn Jahren auf dem Chefsessel des ZDF hat es Markus Schächter noch einmal krachen lassen. Zu »Weck, Worscht un Woi« hat der ZDF-Intendant im Frühjahr 2012 alle seine 3600 Mitarbeiter in die Mainzer Phönix-Halle eingeladen.[1] Der damals 62-Jährige hat nahezu sein ganzes Berufsleben bei der öffentlich-rechtlichen Anstalt verbracht. Rund ein Jahrzehnt stand er an der Spitze eines der größten Sender Europas. Da war eine Abschiedsparty für ihn eine Frage der Ehre – ein teures Vergnügen. Angeblich soll die Feier nach Schätzungen rund 28 000 Euro ohne die Miete der 5000 Quadratmeter großen Halle gekostet haben.[2] Der leutselige Manager, der sich nach außen gerne bescheiden und volksnah gibt, hat seine Feier aber keineswegs aus eigener Tasche gezahlt. Die Rechnung wurde unfreiwillig vom unwissenden Gebührenzahler übernommen. Der Verwaltungsetat des ZDF musste zur Begleichung der Bewirtungskosten herhalten.

Diese Episode aus der Chefetage eines Senders zeigt mustergültig das Selbstverständnis des öffentlich-rechtlichen Rundfunks. Bei ARD und ZDF fließen noch immer Milch und Honig. Willkommen im Fernsehparadies Deutschland.

Eisernes Sparen und die Wirklichkeit

Offiziell haben sich die Anstalten auf Drängen der Kommission zur Ermittlung des Finanzbedarfs der Rundfunkanstalten (KEF) auf einen eisernen Sparkurs eingeschworen. Das ZDF soll im Personaletat pro Jahr 75 Millionen Euro einsparen. Die Mainzer verhängten einen Einstellungsstopp. 300 Stellen sollen bis 2016 gestrichen werden.[3] Doch wer das Privileg genießt, der Körperschaft des öffentlich-rechtlichen Rechts anzugehören, hat es geschafft. Oben im 14. Stock auf dem Mainzer Lerchenberg ist von Sparsamkeit wenig zu spüren. Die Lobby zum Intendantenzimmer schmücken neben einer Skulptur von Henry Moore auch ein Bild von Pablo Picasso und sogar ein echter Joseph Beuys. Das Kunstwerk wurde durch Zufall von einem Hausangestellten im Keller entdeckt. Das wertvolle Bild war über Jahre in Vergessenheit geraten. Schatztruhe ZDF.

Solche absurden Geschichten aus den Funkhäusern sind keine Seltenheit. Denn die Sender können sich Schludrigkeiten, Misswirtschaft und Bürokratie leisten. Deutschland gönnt sich das teuerste öffentlich-rechtliche Rundfunksystem der Welt. Allein in den Jahren 2013 bis 2016 dürfen ARD, ZDF und Deutschlandradio die sagenhafte Summe von 35 Milliarden Euro ausgeben.[4] Vom Gebührenzahler kommen davon knapp 30 Milliarden Euro.[5]

Die Wirtschafts- und Finanzkrise, die Unternehmen und Bürger seit ein paar Jahren beutelt, ging an ARD, ZDF und Deutschlandradio nahezu spurlos vorüber. Die Öffentlich-Rechtlichen sind heute bei den Erlösen nach dem französischen Konzern Vivendi Universal und Bertelsmann der drittgrößte Medienkonzern Europas. Sie betreiben 22 Fernsehkanäle[6] und 67 Radioprogramme.[7] Allein aus den Rundfunkgebühren kamen 2011 Einnahmen von 7 533 523 690 Euro, um die weltweit einmalige Überversorgung zu finanzieren. Davon entfallen auf die ARD der Löwenanteil von 5,5 Milliarden Euro, auf das ZDF 1,8 Milliarden und auf das Deutschlandradio 193 Millionen Euro. Aus der Rundfunkgebühr werden indirekt auch die insgesamt 14 Landesmedienanstalten, die ausschließlich den privaten Rundfunk kontrollieren, mit knapp 143 Millionen Euro finanziert.[8]

Insgesamt kam die ARD mit Werbung und ihren sonstigen Einnahmen auf Erträge von 6,3 Milliarden Euro.[9] Wie eine Monstranz bei der Fronleichnamsprozession tragen die ARD-Oberen ihre angeblich eisernen Sparbemühungen vor sich her. Die neun ARD-Anstalten wollen zwischen 2013 und 2016 rund 100 Stellen pro Jahr einsparen.[10] Das sind gerade 0,5 Prozent. Ein harter Sparkurs, um die Kosten zu senken, sieht anders aus.

Bezahlt wird immer: Die ARD-ZDF-Steuer ab 2013

Die vielen Milliarden für ARD und ZDF stammen fast komplett von uns Bürgern, unabhängig davon, ob wir die Medienangebote überhaupt nutzen. Denn ab 2013 gibt es kein Entkommen mehr. Egal, ob jemand einen Fernseher, ein Radio oder einen Computer besitzt – jeder muss an die GEZ, die flugs in »ARD ZDF Deutschlandradio Beitragsservice« umbenannt wurde, zahlen. Denn ab 1. Januar 2013 ist die Gerätegebühr abgeschafft. Sie wird ersetzt durch eine Haushaltsgebühr. So haben es die Landtage der 16 Bundesländer mit der Zustimmung zum 15. Rundfunkänderungsstaatsvertrag – so heißt das Vertragswerk tatsächlich – mehrheitlich beschlossen. Somit werden über 40 Millionen Haushalte zwischen Flensburg und Konstanz zur Kasse gebeten.[11] Durch die steigende Anzahl von Single-Haushalten wird diese Zahl aller Voraussicht nach noch stark ansteigen.

»Das neue System ist einfach, transparent und gerecht«, behauptet der frühere ZDF-Intendant Markus Schächter, einer der Architekten der neuen Geldmaschinerie.[12] Ist das wirklich so? Die Worterfindung »Haushaltsgebühr« bedeutet nichts anderes als eine Mediensteuer. Diese zwangsweise Abgabe, die quasi durch die Hintertür eingeführt und ohne große öffentliche Diskussion beschlossen wurde, ist einmalig in der Geschichte der Bundesrepublik Deutschland. ARD und ZDF sind mit der Mediensteuer am Ziel ihrer Träume. Mit der Umstellung der Finanzierung haben sie eine wirtschaftliche Grundlage, die sie jahrzehntelang ersehnt hatten und die rund um den Globus ihresgleichen sucht. Sie können künftig aus dem Vollen schöpfen – auf Kosten der Bürger. Denn die Haushaltsgebühr ist für die Nimmersatten ein Freibrief.

Wie viel ist uns der öffentlich-rechtliche Rundfunk wirklich wert? Die Frage ist heute wichtiger denn je. Die Deutschen überweisen jährlich weit über sieben Milliarden Euro Gebühren, beinahe so viel wie die 9,2 Milliarden Euro, die sie den beiden großen Kirchen an Steuern bezahlen. Aus der Kirche können sie indes austreten, aus dem öffentlich-rechtlichen Fernsehen wird das mit der Umstellung auf die Mediensteuer ab 2013 nicht mehr möglich sein.

Dabei sind ARD und ZDF durch eine ganze Reihe von Korruptionsfällen wie beim Norddeutschen Rundfunk (NDR), Mitteldeutschen Rundfunk (MDR) oder beim Kinderkanal arg in Verruf gekommen. Die Skandale zeigen: Mit Geld wird in den Funkhäusern lax umgegangen, Kontrollen funktionieren selten. Sogar in den eigenen Reihen wächst mittlerweile der Unmut über die barocke Geldmaschinerie. So ist es manchem ZDF-Mitarbeiter peinlich, dass der Intendant sich sein Fest vom Gebührenzahler finanzieren lässt.

Viele Milliarden an Gebührengeldern fließen in bisweilen überflüssige oder fragwürdige Kanäle, beispielsweise in wuchernde Internetangebote, in zahlreiche Chöre, Big Bands und Orchester, in Schlager- und Pop-Partys quer durch die Republik, in neun Regionalsender, die fast rund um die Uhr senden, in 67 Radioprogramme (mit Deutschlandradio) und in sechs Digitalkanäle wie EinsPlus, Einsfestival, Tagesschau24, ZDFneo, ZDFkultur oder ZDFinfo, die quasi unter Ausschluss der Öffentlichkeit ihre Programme ausstrahlen. Gelder fließen indirekt in Millionengehälter von Bundesliga-Fußballern, in aufwendige Technik, die kaum noch jemand nutzt, in einen Fuhrpark samt Fahrern, der seinesgleichen sucht. Der WDR betreibt sogar ein Einkaufszentrum in bester Innenstadtlage unweit des Kölner Doms. Selbst ein eigener Laden mit den Fanartikeln von *Shaun das Schaf* fehlt nicht.

In den Paragraph 11 des Staatsvertrages für Rundfunk und Telemedien, das Grundgesetz von ARD und ZDF, hatten deren
Gründer einmal geschrieben: Sie haben »der Bildung, Information, Beratung und Unterhaltung zu dienen. Sie haben Beiträge insbesondere zur Kultur anzubieten.«[13] Bildung, Information, Beratung und Unterhaltung – so will es der Gesetzgeber. Die
Wirklichkeit der Programme von ARD und ZDF sieht aber anders aus: seichte Unterhaltung mit Rosmunde-Pilcher- und In-
ga-Lindström-Verfilmungen statt investigativer Politikrecherche.
Für seine Berichterstattung über die gesamte deutsche Politik beispielsweise gab das ZDF 2009 laut Haushaltsplan 14 Millionen
Euro aus, für die über Wirtschaft sieben Millionen. Hingegen
waren es für die Eigenwerbung ihrer Unterhaltungssendungen
mit Plakaten und Filmtrailern neun Millionen Euro.[14] Sind wir
im falschen Film?

Ganz zu Beginn des öffentlich-rechtlichen Rundfunks im
Nachkriegsdeutschland gab es noch ehrenvolle Ziele. »Die Arbeitsgemeinschaft verfolgt das Ziel, Höchstleistungen des deutschen Rundfunks zu erreichen. Zu diesem Zweck wird die
Arbeitsgemeinschaft im Interesse einer einheitlichen Rundfunk-
gestaltung, gemeinsamer Kulturpflege sowie zur Vermeidung von
Doppelarbeit, ferner aus Gründen der Kostenersparnis und zur
Entlastung der einzelnen Rundfunkanstalten Fragen laufend gemeinsam behandeln und regeln ...«, schrieb Hans Bredow, der
Begründer des deutschen Rundfunks, in seiner Denkschrift
1947.[15] Mehr als sechs Jahrzehnte später ist von diesen hehren Zielen nicht viel übrig geblieben.

In den unteren Etagen der Sender und bei privaten Produzenten und Reportern wächst der Zweifel daran, ob der öffentlich-
rechtliche Rundfunk mittlerweile nicht komplett aus dem Ruder
gelaufen ist. Doch kaum einer traut sich aus der Anonymität he-
raus. Die Angst vor den Folgen ist zu groß. Ein Fernsehreporter,

der für ARD und ZDF arbeitet und ungenannt bleiben will, sagte mir: »Gut, dass Sie darüber schreiben. Es ist nicht die Aufgabe der Gebührenzahler, ein sich selbst erhaltendes System zu finanzieren wie zum Ende der DDR. Für was geben wir das Geld in letzter Zeit wirklich aus? Das würde ich gerne einmal wissen!«

Wer die Spur der vielen Milliarden an Gebührengeldern in den langen Gängen der Verwaltungen aufnehmen will, läuft schnell gegen eine Wand. Dann werden die Rundfunkhäuser zu medialen Wehranlagen. Denn die Intendanten wissen nur zu genau, dass detaillierte Angaben über ihre Ausgabenpolitik nur den Volkszorn schüren könnten. Was kosten beispielsweise die Auftritte eigentümlicher Musikanten beim *Sommerfest der Volksmusik* im Vergleich zu politischer Berichterstattung? Wie viel verdienen prominente Moderatoren wie Günther Jauch, Jörg Pilawa oder Markus Lanz? All das verraten die Chefs der Öffentlich-Rechtlichen lieber nicht. Sie sind in Wirklichkeit die Heimlich-Unersättlichen. Sie sind Herren eines von ihnen geschaffenen, undurchsichtigen Systems aus 25 000 Mitarbeitern und Zehntausenden von freien Mitarbeitern. Wie viele Menschen das System alimentiert, weiß beispielsweise die ARD selbst nicht einmal. Da es keine einheitliche Definition des »freien Mitarbeiters« gebe und die Regelungen bei jeder Landesrundfunkanstalt sehr unterschiedlich seien, gebe es keine Zahlen, teilte mir die ARD auf Anfrage mit. Ein personalpolitischer Offenbarungseid?

Zahnloser Tiger: Die Finanzkommission KEF

Hinter den roten Buntsandsteinmauern der rheinland-pfälzischen Staatskanzlei zu Mainz werkelt Horst Wegner. Er kennt die detaillierten Haushaltspläne von ARD, ZDF und Deutschlandradio fast auswendig. Der promovierte Volkswirt ist ein alter Hase, wenn es um die Gebührenmilliarden geht. Denn Wegner ist bereits seit 1993 Geschäftsführer der Kommission zur Ermittlung des Finanzbedarfs der öffentlich-rechtlichen Sender (KEF). Damals war die Leitung der Geschäftsstelle sogar noch Bestandteil des Referats Rundfunkökonomie der Medienabteilung in der Mainzer Staatskanzlei. »Er ist der wichtigste Mann. Er ist das Gedächtnis der KEF«, sagte mir ein Mitglied der Finanzkommission. Wegner hat gut zu tun. Denn alle zwei Jahre überprüft Wegner, dessen Amtszeit im Januar 2012 um weitere fünf Jahre verlängert wurde, zusammen mit den Chefs der Landesrechnungshöfe, Wirtschaftsprüfern und Hochschulprofessoren die Zahlen im weit verzweigten Reich von ARD und ZDF. Die KEF, einst 1975 als Beratungsorgan für die Ministerpräsidenten gegründet, entscheidet heute über die Höhe der Rundfunkgebühr. Sie gibt die mehr oder minder verbindlichen Empfehlungen an die Ministerpräsidenten der Länder, die dann von den Landtagen noch abgesegnet werden.[16]

Wegner, der seine Laufbahn als Bundessekretär der Jungsozialisten und später als Haushaltsreferent der SPD begann, hatte an einem kalten Wintertag im Januar 2012 seinen großen Auftritt. Damals durfte der Experte in der Mainzer Staatskanzlei den 18. KEF-Bericht vorstellen. ARD und ZDF waren mit ihren Kameras und Mikrofonen erschienen. Die Zahl der schreibenden Journalisten war aber mit 20 überschaubar, denn das komplexe Zahlenwerk in Azurblau mit einer bunten Ränderung ähnlich dem TV-Testbild ist nur etwas für Zahlen-Feinschmecker. Auf 288 Seiten listet die KEF nur die allgemeinen Posten auf. Darin steht beispielsweise, dass die Öffentlich-Rechtlichen noch mehr Geld wollen. Im Zeitraum 2013 bis 2016 würde sich ihr ungedeckter Finanzbedarf auf 1,5 Milliarden Euro belaufen.[17] Wer genaue Angaben sucht, wie viel Geld für Hollywood-Filme, Fußballrechte oder selbst produzierte Serien wie *Tatort* tatsächlich ausgegeben wird, wird aber enttäuscht sein. Die Gebührenzahler sollen nur allgemeine Finanzdaten sehen, so wollen es Politiker und Anstalten seit Jahrzehnten. Die 16 Mitglieder der KEF, allesamt ausgewiesene Experten im System von ARD und ZDF, dürfen nicht mit Journalisten sprechen. So wollen es die ungeschriebenen Regeln. Nur keine Unruhe im (Gebühren-)Volk schüren. Im März 2014, so berichtet mir KEF-Geschäftsführer Wegner, kommt dann der nächste KEF-Bericht.

Kann denn irgendwann mal die Rundfunkgebühr sinken? Beteiligte winken lächelnd ab. »Ich glaube nicht, dass ich noch erleben werde, dass die Rundfunkgebühr sinken wird«, sagt mir ein KEF-Mitglied ganz offen. »Warum?«, frage ich. Seine Antwort ist einfach und logisch: ARD, ZDF und Deutschlandradio setzen bei der Politik immer neue Angebote im Fernsehen, Radio und Internet durch, die dann im Rundfunkstaatsvertrag als Verpflichtung aufgenommen werden. Der KEF bleibt nichts anderes übrig, als für die Finanzierung der neuen Angebote die entsprechende Empfehlung zu geben.

Ein absurdes Verfahren? Das Bundesverfassungsgericht hatte schon einmal interveniert. Im 8. Rundfunk-Urteil rügte Karlsruhe bereits 1994, die KEF sei lediglich ein Hilfsinstrument der Ministerpräsidentenkonferenz. Die Länder hatten zu reagieren. Als Folge der Karlsruher Entscheidung mussten die Vertreter der Staatskanzleien die KEF verlassen und wurden durch unabhängige Experten ersetzt. Gleichzeitig führten sie das heutige dreistufige Gebührenverfahren ein. ARD, ZDF und Deutschlandradio melden an, die KEF gibt eine Empfehlung ab, und die Landtage entscheiden. Alle Beteiligten sind glücklich, nur der Gebührenzahler nicht, denn er zahlt am Ende die Zeche.

Pokerface ARD und ZDF: Niemand lässt sich in die Karten schauen

Im Gegensatz zu börsennotierten Wirtschaftsunternehmen lassen sich die Nimmersatten nicht in die Karten gucken. Es gibt keine detaillierte Jahresbilanz oder gar einen Quartalsbericht. Auch eine Hauptversammlung, bei der die Intendanten Rede und Antwort stehen müssten, ist unbekannt. Dabei wäre es spannend zu erfahren, wie viel Geld in *Wetten, dass..?* mit Markus Lanz oder ins *Frühlingsfest der Überraschungen* mit Florian Silbereisen fließt, wie viel Geld für Reisen um die Welt oder für aufwendige Werbekampagnen ausgegeben wird, die keiner so recht braucht.

Die Deutschen können in den öffentlich zugänglichen Geschäftsberichten haarklein nachlesen, was der Vorstand eines Konzerns bekommt. Aber wofür der Gebührenrundfunk seine Milliarden ausgibt, ist geheime Verschlusssache. Selten sickern Wahrheiten im System von ARD und ZDF durch. Erst auf öffentlichen Druck legte eine Reihe von Intendanten offen, wie viel sie eigentlich verdienen. Es ist mehr als die Bundeskanzlerin oder der Bundespräsident. Die Führungsriege der Öffentlich-Rechtlichen hat einen Vorteil. Sie läuft im Gegensatz zu Angela Merkel oder Joachim Gauck nicht Gefahr, abgewählt zu werden. Die Intendanten sind wie Rundfunkbeamte. Sie entscheiden weitgehend selbst, wann sie in Pension gehen.

Keine andere milliardenschwere Institution ist so verschlossen wie ARD und ZDF. Was kostet die Verwaltung? Insider gehen bei den Öffentlich-Rechtlichen von ein paar Hundert Millionen Euro aus. Die genaue Höhe wurde bislang nie öffentlich ausgewiesen. So ist nicht nachprüfbar, ob stimmt, was manche Redakteure in den eigenen Reihen hartnäckig mutmaßen und die Senderchefs ebenso hartnäckig bestreiten: dass viele Anstalten längst Verwaltungen mit angeschlossenen Sendern sind und zu viel Geld in die Apparate und zu wenig ins Programm fließt. Die Personalaufwendungen für 2012 sollen laut Finanzkommission KEF bei der ARD bei 1,5 Milliarden Euro und beim ZDF bei 276 Millionen Euro gelegen haben.[18] Damit bewegen sich die Öffentlich-Rechtlichen bei den Personalkosten auf dem Niveau eines Dax-Konzerns.

Kaufen macht Spaß: Der unersättliche Appetit nach Inhalten

ARD und ZDF wirtschaften seit Jahrzehnten nach Gutsherrenart. Sie sind überall dabei, wenn es um einen sportlichen Wettbewerb geht: Fußball, Skispringen, Skifahren, Biathlon, Rodeln, Boxen, Reiten. Bundesliga, Champions League, Europameisterschaft, Weltmeisterschaft, Olympische Sommer- und Winterspiele – wenn es um Sport geht, gibt es für die Öfffentlich-Rechtlichen kein Halten mehr. Allein die ARD gibt für sportliche Großereignisse in der laufenden Gebührenperiode über eine Milliarde Euro aus.[19]

Künftig zahlt das Erste für die Zusammenfassungen der Fußball-Bundesliga in der ARD-*Sportschau* ab der Saison 2013/2014 eine neue Rekordsumme. Private Sender wie RTL, ProSieben und Sat1 bieten in dieser Preislage schon seit Jahren nicht mehr mit. »Wir kaufen außer Formel-1-Rechten und Rechten für ein paar WM-Spiele keine Sportrechte, weil sich so etwas für den Sender einfach nicht rechnen kann«, sagte mir ein früherer RTL-Sportexperte, der seit Jahrzehnten die Mechanismen des TV-Marktes kennt und sich ärgert, wie ARD und ZDF die Preise immer weiter in die Höhe treiben. Um Marktpreise brauchen sich die Anstalten kaum zu kümmern. Angesichts der Gebührenmilliarden können sie auch zu Mondpreisen um Fußballrechte pokern. Die Deutsche Fußball Liga (DFL), die Organisation der 36 Profiklubs, weiß das und will aus dem Gebührenfernsehen künftig noch mehr Geld herausholen. »Die ARD ist noch lange nicht an der Schmerzgrenze«, sagte mir ein Fußballfunktionär in Frankfurt vor Beginn des Pokerspiels um die Medienrechte im Frühjahr 2012. Er kennt die Geldmaschinerie nur zu gut. Er sollte Recht behalten.

Sind die Fußballrechte nach rund drei Jahrzehnten Privatfernsehen überhaupt noch Grundversorgung? Was ist Grundversorgung im digitalen Zeitalter mit Smartphones und Tablet-PCs heute überhaupt?

Es ließen sich also Hunderte von Millionen Euro sparen, wenn man die vielen Fußballrechte den Privaten überließe. Es müssen keine Gebührengelder verwendet werden, damit die Bundesliga im frei empfangbaren Fernsehen zu sehen ist. Einst hatte der Privatsender Sat1 die Zusammenfassungen der Partien am frühen Samstagabend in seiner Fußballshow *Ran* gezeigt.

Doch dann hatte die ARD den Geldbeutel gezückt und die Tochter des größten Fernsehkonzerns in Deutschland einfach überboten. Heute stehen Sat.1 oder RTL nur am Spielfeldrand, wenn um die Rechte der Fußball-Bundesliga gekämpft wird. Die Privaten können sich die teuren Sendelizenzen nicht leisten. Denn der Preis lässt sich nie und nimmer über Fernsehwerbung finanzieren.

Selbstherrlichkeit in den Chefetagen

In den Chefetagen von ARD und ZDF herrscht vor allem Ruhe. Im 14. Stock des grauen Hochhauses auf dem Mainzer Lerchenberg ist es mucksmäuschenstill. Kaum ein Telefon klingelt an diesem Morgen. Am Ende des langen Flurs geht es über ein enges Vorzimmer zur Schaltzentrale der Anstalt. Der scheidende ZDF-Intendant Schächter ist an diesem Tag bester Laune. Mit offenem Hemd sitzt er auf seinem stilvollen schwarzen Sofa. Halb Europa unternimmt in der Wirtschafts- und Finanzkrise größte Sparanstrengungen, nur die öffentlich-rechtlichen Rundfunkanstalten in Deutschland wollen in den nächsten Jahren noch mehr Geld ausgeben. Wir fragen ihn, ob er nicht die Zeichen der Zeit erkannt hätte. »Wir sparen konsequent«, betont er. »Bei der Anmeldung für die Jahre 2013 bis 2016 haben wir größtmögliche Zurückhaltung geübt.«[20] Herausgekommen ist aber ein Mehrbedarf von 107 Millionen Euro jährlich.[21] »Wäre es denn nicht angemessen, kräftiger zu sparen in diesen unsicheren Zeiten?«, lege ich nach. »Unsere Vorgabe: mehr Output bei zunehmend weniger Mitteln. Wir haben etwa die Entwicklung der Digitalkanäle komplett durch Einsparungen erwirtschaftet. Jetzt reduzieren wir beim Personal weiter«, sagt Schächter. Und dann kommt der entscheidende Satz: »Wir haben einen gesetzlichen Programmauftrag, dessen Finanzierung sichergestellt werden muss. Wir werden festlegen, was unabdingbar ist und worauf wir verzichten werden.«[22] Daraus spricht eine Art Selbstherrlichkeit, die symptomatisch für das öffentlich-rechtliche Rundfunksystem ist. Offenbar haben sich die Anstalten zu einem Perpetuum mobile entwickelt. Es dreht sich unaufhörlich. Doch es bewegt sich nicht vom Fleck.

Es ließe sich beispielsweise viel Geld sparen, wenn unnötige Regionalangebote wegfielen, ohne dass deshalb das Programm schlechter werden müsste. Warum fusioniert Radio Bremen, das gerade eine mittlere Großstadt abdeckt, nicht endlich mit dem NDR, warum geht der defizitäre Saarländische Rundfunk (SR), mit dem Sendegebiet kaum größer als das eines ausgewachsenen Landkreises, nicht mit dem Südwestrundfunk (SWR) zusammen? Intendanten beschwören bei solchen selten gestellten Fragen gerne die kulturell-politische Identität. SR oder Radio Bremen seien für das regionale Selbstverständnis unverzichtbar. Stimmt das wirklich? Erreichen ARD und ZDF wirklich noch die Gesellschaft? Schließlich liegt bei beiden Hauptprogrammen das Durchschnittsalter der Zuschauer jenseits der 60 Jahre.

Vorbild Frankreich und Spanien: Der Werbeverzicht

Wenn es um den Erhalt von Privilegien in der Geldmaschinerie von ARD und ZDF geht, sind die Anstalten geschickt. Bereits vor Jahren haben Frankreich und Spanien die Werbung im öffentlich-rechtlichen Fernsehen abgeschafft. Denn die Sender können dadurch ihrem Auftrag zu Information, Kultur und Unterhaltung noch besser nachkommen und müssen sich nicht den Einflüssen von Werbekunden unterwerfen. Bei den Zuschauern findet das in unseren europäischen Nachbarländern großen Beifall. Und in Deutschland? Die für den Rundfunk zuständigen Ministerpräsidenten der Länder drängen auf einen Ausstieg aus dem Reklamegeschäft. Auch in der Finanzkommission KEF gibt es Freunde dieser Lösung. »Ich war immer ein Freund des Werbeverzichts«, sagt ein erfahrenes Kommissionsmitglied hinter vorgehaltener Hand. Doch ARD und ZDF klammern sich an ihre Fernsehreklame wie der Affe an seinen Ast. Sie entlaste doch gerade die Gebührenzahler, entgegnet mir Schächter. Nach seinen Angaben kommen sieben bis acht Prozent des Budgets aus der Reklame. Das seien rund 150 Millionen Euro im Jahr.[23] Sollte die Politik Ernst machen mit ihrem Ziel, den Öffentlich-Rechtlichen die Werbung zu verbieten, werden die Anstalten sofort nach einer Kompensation, sprich höheren Gebühren, rufen. So einfach funktioniert das medienpolitische Spiel.

Im Jahr 2010 kamen 6,1 Prozent der Erträge der ARD aus Werbung und Sponsoring.[24] Die Öffentlich-Rechtlichen entziehen dem Markt viele Hundert Millionen Euro netto. Geld, das private Medienunternehmen gut gebrauchen könnten. Denn Zeitungen, Zeitschriften, private Radios und Sender können ohne Reklame gar nicht existieren. Sie ist ihre wichtigste Einnahmequelle. Die Öffentlich-Rechtlichen würden hingegen bei einem Reklameverzicht nicht umkommen, denn beispielsweise beim ZDF macht der Anteil der Werbung am Milliardenbudget nach eigenen Angaben gerade mal sieben bis acht Prozent aus.

Hinzu kommt, dass bei den Werbetöchtern des Gebührenfernsehens vieles im Argen liegt. So befeuerte der Landesrechnungshof mit seinem 23-seitigen Prüfbericht zur MDR-Werbung GmbH, der den *Dresdner Neuesten Nachrichten* zugespielt wurde, den Streit um einen Werbeverzicht von ARD und ZDF. Die Wirtschaftsprüfer entdeckten, dass zwischen 2005 und 2008 bis 2,3 Millionen Euro nicht ordnungsgemäß versteuert wurden. Sie monierten Wettbewerbsverzerrungen. So hätte die 100-prozentige Tochter des MDR Provisionen für eingeworbene Sponsorengelder unter marktüblichen Sätzen gezahlt. Zudem sei das System der Kostenerstattungen zwischen Werbetochter und Anstalt nicht marktkonform und intransparent. Offenbar wurde das Programm den Bedürfnissen der Werbekunden jahrelang angepasst. »Die Zwänge des Werbemarktes können dazu führen, dass kommerzielle Erwägungen für die Programmgestaltung in starkem Maß ausschlaggebend sind«, schrieben die sächsischen Rechnungsprüfer dem Leipziger Sender ins Stammbuch.[25] Trifft die Kritik zu, würde der MDR gegen den Rundfunkstaatsvertrag und gegen sein Versprechen gegenüber dem Gebührenzahler systematisch verstoßen.

Im Dickicht der Beteiligungen

ARD und ZDF sind heute ein Wirtschaftskonglomerat, das selbst Experten kaum noch überblicken. Die Sender haben 146 Beteiligungen und Tochterfirmen, vor allem im Produktions- und Dienstleistungsbereich, aber auch Werbung, Merchandising, Rechtehandel und Ticketing.[26] Die über 5500 Mitarbeiter bei den privaten Töchtern erzielten 2009 Erlöse von knapp 1,7 Milliarden Euro.[27] Bei der ARD halten der WDR, NDR und MDR zusammen mehr als zwei Drittel aller Beteiligungen. Unter großem wirtschaftlichen Druck stehen die privaten Tochterunternehmen von ARD, ZDF und Deutschlandradio aber nicht. Sie sollen eine Rendite von fünf Prozent nach Steuer abliefern. Schaffen sie das mal nicht, passiert so gut wie nichts. Beispielsweise schmolzen beim ZDF die Beteiligungserträge im Jahr 2011 um fast die Hälfte auf bescheidene sechs Millionen Euro. Außerhalb des Senders wurde es nicht einmal bemerkt. Das unternehmerische Risiko trägt ohnehin der Gebührenzahler. Denn bei einer Schieflage stehen die Eigentümer, die Sender, in der Verantwortung.

Deshalb scheuen die Anstalten vor unternehmerischen Risiken nicht zurück. So gehen die Bavaria Film und die Münchener Rechtehandelsfirma Telepool seit 2012 gemeinsam auf Kundenfang, um mehr Filme und Serien zu verkaufen. »Am verschärften Weltmarkt wollen wir größere Projekte stemmen«, kündigte Bavaria-Chef Matthias Esche bei der Vorstellung des Joint Ventures Global Screen im September 2011 auf einer Pressekonferenz in der Luxusherberge Bayerischer Hof in München vollmundig an.[28] Der damalige MDR-Intendant Udo Reiter war voller Selbstlob. Es sei gelungen, »eine zeitgemäße Konsolidierung der ARD-Vertriebsaktivitäten einzuleiten«, jubelte er. Die Bavaria Film verkauft selbst produzierte Filme und Serien sowie Sendungen der öffentlich-rechtlichen Anstalten WDR und SWR. Die Telepool, die mit ihren 40 Mitarbeitern in der Nähe des Münchener Hauptbahnhofs residiert, vertreibt wiederum Programme des BR, MDR und des Schweizer Rundfunks.

Pikant im Portfolio der Telepool und damit des neuen gemeinsamen Vertriebsunternehmens sind aber die Filme und Serien der Bertelsmann-Fernsehtochter RTL. Die Ware des privaten Konkurrenten ist hochwillkommen. Denn viele Inhalte verkaufen sich international wie geschnitten Brot. Vor allem Action-Serien wie *Alarm für Cobra 11* laufen rund um die Welt. Telepool-Chef Thomas Weymar, ein früherer Bertelsmann-Manager, war bei der Vorstellung von Global Screen daher auch überaus optimistisch und versprach bereits im ersten Jahr schwarze Zahlen für seine neue Firma. Wieso die Tochter von öffentlich-rechtlichen Sendern allerdings Filme des privaten Konkurrenten RTL verkauft, wurde zur Freude der ARD noch nie zum öffentlichen Thema. Schade für den Gebührenzahler. Denn zu den Aufgaben der ARD gehört es sicher nicht, für die Gewinnsteigerung eines börsennotierten Konzerns wie der RTL Group zu sorgen. Die Bertelsmann-Tochter ist Europas größter Fernseh- und Radiokonzern.

Die neue ARD-Firma Global Screen wird von den Anstalten gerne als Beispiel für Sparanstrengungen verkauft. Schließlich arbeiten nach Jahrzehnten von Doppelstrukturen in der gleichen Stadt nun die zwei Münchener ARD-Töchter unter einem Dach. Was die Senderoberen allerdings verschweigen: Das Studio Hamburg, eine 100-prozentige Tochter des NDR, macht gar nicht mit. Doppelstrukturen und damit Kosten im Millionenbereich bleiben innerhalb der ARD bestehen. Egal ob auf der Berlinale in der Hauptstadt oder auf den beiden Filmmessen im südfranzösischen Cannes, die ARD hat für ihren Rechtevertrieb zwei Messestände und zwei Verkäuferteams. Es ist eine politische Entscheidung, sagen mir Insider. Die Kosten dafür sind den Verantwortlichen offenbar egal.

Wie absurd es in Tochterfirmen zugehen kann, zeigte zuletzt die in Frankfurt beheimatete Filmtochter Degeto (*Klinik unter Palmen*, *Käpt'n Blaubär*, *Laconia*, *Donna-Leon*-Krimis). Die Filmeinkaufsorganisation der ARD darf mehrere Hundert Millionen

Euro jedes Jahr ausgeben. Doch selbst eine Tochter aller neun ARD-Anstalten mit einer solch privilegierten Ausstattung kann wegen schwerer Managementfehler noch in Schieflage geraten. Die Geschäftsführung unter Hans-Wolfgang Jurgan hatte im Überfluss produziert, ohne dass es einem der Kontrolleure aufgefallen wäre. So wurde das Geld für 2013 und 2014 bereits Jahre zuvor ausgegeben. Die Degeto geriet in ernste Liquiditätsprobleme. Am Ende musste die ARD 24 Millionen Euro an Gebührengeldern in ihre Tochter schießen, um einen Absturz der Firma zu verhindern.[29] Im November 2011 wurde der langjährige Degeto-Chef, der immer gerne auf Firmenkosten an exotischen Drehorten auftauchte, endlich in den Ruhestand versetzt. Jurgan, der das Controlling bei seiner Reisefreudigkeit offenbar vergessen hatte, wurde im Sommer 2012 durch Christine Strobl, Tochter des Bundesfinanzministers Wolfgang Schäuble (CDU), ersetzt.

Eine Liebesbeziehung: Die Sender und die Politik

In seinem Büro im Kurfürstlichen Schloss in Mainz, nur durch eine Straße vom Rhein getrennt, kann der Diplom-Volkswirt Wegner von der Finanzkommission KEF Auskünfte anfordern und Fristen setzen. Der fleißige Beamte erfüllt seine Pflichten nach bestem Wissen und Gewissen. »Ich bin dienstrechtlich bei der Staatskanzlei angebunden, weisungsrechtlich aber unabhängig«, sagt er auf meine Nachfrage. Das drücke sich auch im Organigramm der Staatskanzlei aus, wo die KEF-Geschäftsstelle »freischwebend« ohne Anbindung an eine Arbeitseinheit abgebildet wird. Über wirkliche Macht verfügt Wegner aber nicht. Sie ist in einem anderen Teil des Schlosses zuhause. Dort, wo der rheinland-pfälzische Ministerpräsident Kurt Beck (SPD) und seine engsten Vertrauten residieren.

Einer der Mächtigen ist Martin Stadelmaier, Chef der rheinland-pfälzischen Staatskanzlei. Der gelernte Sozialdemokrat mit dem stets freundlichen Lächeln zählt nicht zur Sorte Mensch, die mit ihrem Einfluss prahlt. Stadelmaier gibt sich nach außen bescheiden. Wenn die Sekretärin aber die Tür zu seinem Büro öffnet, spürt der Besucher, hier arbeitet einer, der wichtig ist. Der lange Raum mit dem gepflegten Parkett wird beherrscht von einem großen Schreibtisch. Am Fenster steht ein Stehpult mit Blick auf den Rhein. Weitblick ist alles.

Die Pracht der Verwaltungsräume lässt keine Zweifel zu: Stadelmaier ist wichtig für den Vorsitzenden der Rundfunkkommission der Länder, Kurt Beck. Der Staatssekretär zählt zu den einflussreichsten Medienpolitikern im Land. Stadelmaier hat an allen Rundfunkstaatsverträgen der vergangenen Jahre maßgeblich mitgearbeitet. Bei unserem Besuch zählt er auf, was ihm im Gebührenfernsehen gar nicht so gut gefällt: die Konzentration auf die Zuschauerquote, die späten Sendezeiten für wichtige Inhalte, laute Polit-Talkshows und zu kurze Nachrichten. Sitzen wir einem Politiker gegenüber, der gerade mit dem Programm von ARD und ZDF abrechnet?

Urplötzlich vollzieht der kluge Stratege die Kehrtwende. »Der Bedarf an öffentlich-rechtlichem Fernsehen wächst«, konstatiert der Mittfünfziger mit ernster Miene.[30] Er sehe eine wachsende Sorgfalt im Umgang mit den Gebühren. Die schnelle Wandlung des Staatsdieners kann nur Naive wirklich überraschen. Denn Stadelmaier ist ganz im Sinne seines langjährigen Dienstherrn Beck ein Verfechter des Systems von ARD und ZDF. Schließlich ist der öffentlich-rechtliche Rundfunk die letzte mediale Bühne, die den Politikern noch geblieben ist. Die Konkurrenz von RTL, Sat1 und ProSieben verzichtet liebend gerne auf die Monologe der Parteipolitiker. Denn Ministerpräsidenten wie Kurt Beck sind Gift für die Quote. Das überlassen die Privaten gerne den Kollegen aus den Anstalten.

Seit Jahrzehnten regieren Politiker in den Funkhäusern. Keine Spitzenposition wird ohne einen politischen Kuhhandel besetzt. Prominentestes Beispiel war die Absetzung des ZDF-Chefredakteurs Nikolaus Brender, der es sich mit seinen kritischen Fragen bei vielen Parteipolitikern verdorben hatte. Bei RTL oder Pro-

Sieben Sat1 wäre das undenkbar. Bei den börsennotierten Unternehmen hat die Politikerkaste nichts zu melden. Der Arm der Staatskanzleien und Parteien reicht weit. Das wissen auch die Redakteure, die noch Karriere machen wollen. Es gibt Mitarbeiter des SWR, die sprechen davon, dass sie wieder »Beck-TV« machen müssen. Sie werden auf einen Termin geschickt, damit der Politiker zufrieden und im Fernsehen präsent ist. Ob das auch den Zuschauer interessiert, ist sekundär.

Das Verhältnis der Politik zu ARD und ZDF ist eine leidenschaftliche Liebesbeziehung. Die Politiker benötigen das öffentlich-rechtliche Fernsehen für die Vermittlung ihrer Botschaften, und die Sender brauchen die Politik zur Sicherungen ihrer Milliarden aus dem Geldbeutel der Bürger. In schöner Regelmäßigkeit überarbeiten die Staatskanzleien der Länder den Rundfunkstaatsvertrag. Dann wird auch schon mal gestritten und diskutiert mit den Intendanten. Doch am Ende steht immer die Einigung. Stadelmaier ist ein Altmeister dieses Spiels aus Geben und Nehmen.

In diesem Kuhhandel hat es das Gebührenfernsehen in den vergangenen Jahrzehnten immer geschafft, sein Angebot im Fernsehen, Radio und Internet auszuweiten. Neben den beiden Hauptkanälen ARD und ZDF gibt es neun Regionalsender, Arte, 3sat, Phoenix, Kinderkanal, BR Alpha und auch noch sechs Digitalkanäle. Rund um die Uhr senden mittlerweile 67 Radiosender der ARD und des Deutschlandradios – ein neuer Rekord.[31] Das Fernseh- und Radioangebot der Deutschen Welle, das mit jährlich 271 Millionen Euro aus dem Bundeshaushalt finanziert wird, ist in dieser Auflistung noch gar nicht berücksichtigt. Vom massiven Ausbau des Internetangebots samt Videoabrufportalen von ARD und ZDF ganz zu schweigen. Stets hatten die Politiker dem Druck der Intendanten nachgegeben. Das System arbeitet längst völlig aberwitzig. Denn je mehr ARD und ZDF in einer Gebührenperiode ausgegeben haben, desto besser stehen ihre Chancen, bei der nächsten Gebührenprüfung mehr Geld zu bekommen. So funktioniert die kranke Geldmaschinerie.

Das System von ARD und ZDF hat sich nie durch skandalöse Massenarbeitslosigkeit, politische Revolutionen oder bedrohliche Wirtschafts- und Finanzkrisen vom Wachstumskurs auf Kosten der Bürger abbringen lassen. Egal ob fünf Millionen Erwerbslose in Deutschland, der Fall der Berliner Mauer, der Zusammenbruch von Lehman Brothers oder die Eurokrise – die öffentlich-rechtlichen Anstalten überstanden alles völlig unbeeindruckt. Wenn die Vergangenheit ein Hinweis auf den Durchsetzungswillen von ARD und ZDF in der Zukunft gibt, dann kann einem angst und bange weren.

2. Hollywood, wir kommen!
Das undurchsichtige Geschäft mit den Fernsehinhalten

»Dummerweise war die ganze Geschichte ans Licht gekommen,
plötzlich und unerwartet.«
*Doris Heinze, ehemalige NDR-Fernsehspielchefin und heute Krimiautorin,
in ihrem 2012 erschienenen Roman* Höhere Gewalt

Der Absturz des »Ufo« im Skandalsender MDR

Still ruht der See. An diesem Donnerstagabend ist das weitläufige
Bassin auf dem riesigen Gelände des Mitteldeutschen Rundfunks
(MDR) im Süden von Leipzig spiegelglatt. Hellgelb leuchten die
Klinkergebäude des ehemaligen Schlachthofes der Sachsen-Me-
tropole. Es herrscht Windstille. Nur Schwärme von Schnaken
tänzeln ruhelos über die Wasserfläche. Kein Mensch, kein Auto –
nichts und niemand stört die Friedhofsruhe. Die erst vor anderthalb Jahrzehnten errichtete Zentrale ist in der Zeit zwischen
ZDF-*Heute* und ARD-*Tagesschau* an diesem Sommertag wie aus-
gestorben. Die Amtsstuben sind geschlossen. Alle sind offenbar
schon zuhause. Nur Karola Wille arbeitet noch. Ihr Arbeitstag im
Büro endet selten vor 20 Uhr. Sie ist durchgetaktet. Für die seit November 2011 amtierende Intendantin der Drei-Länder-Anstalt gibt
es viel, sehr viel zu. Die gelernte Medienjuristin muss aufräumen
im Augiasstall der ARD. Denn der MDR hat sich in den vergangenen Jahren als Skandalsender einen Namen gemacht. Nirgendwo sonst im System von ARD und ZDF kamen mehr Korruption,
Amtsmissbrauch und Vetternwirtschaft zum Vorschein.

Offiziell ist der MDR seit seinem Sendestart am 1. Januar 1992
Mitglied der ARD und liefert knapp elf Prozent
Programmanteil für das Erste. Er versteht sich mit seinem
Sendegebiet in Sachsen, Sachsen-Anhalt und Thüringen
als die »Stimme des Ostens«. Zuletzt hatte die als Schunkelsen-
der veräppelte Anstalt aber nicht durch Programmhighlights,
sondern durch Skandale auf sich aufmerksam gemacht.

Prominentester Fall ist »Ufo«.[1] So hieß der entlassene MDR-Unterhaltungschef Udo Foht. Der Mann soll sich von Geschäftsfreunden und Produktionsfirmen, die mit dem MDR zusammenarbeiteten, Zehntausende Euro geliehen haben. Er soll auf dem offiziellen Papier des MDR Produzenten um große Geldbeträge gebeten haben. Zu welchen Zweck Udo Foht sein Geldleihsystem betrieb, ist unklar. »Ich habe es nie verstanden«, sagt mir einer seiner früheren Freunde. Der Staatsanwalt ermittelt noch.

Das dubiose Geldleihsystem von Foht erschütterte den Sender zutiefst. Foht, der Erfinder von publikumsträchtigen Volksmusiksendungen und Entdecker des Volksmusikstars Florian Silbereisen, wurde Ende Juli 2011 aus dem Dienst entfernt. Danach haben MDR und Foht einen Vergleich geschlossen. Dem früheren Unterhaltungschef wurde im Januar 2012 rückwirkend gekündigt. Eine Abfindung bekam er nicht. Ob es zu Schadenersatzforderungen durch den MDR kommen wird, ist noch offen.[2] Strafrechtlich war der Fall Foht bislang nicht relevant.

Wie konnte ein dubioser TV-Biedermann wie Foht jahrelang seine zweifelhaften Finanzgeschäfte betreiben, ohne dass es jemandem auffiel? Eine einfache Antwort gibt es nicht. »Der frühere Intendant Udo Reiter hat eben einfach weggeschaut. Das war der einfachste Weg«, sagt ein Leipziger MDR-Insider. Die Intendantin, die einen wesentlichen Anteil an der Aufklärung gehabt haben soll, schweigt lieber. »Zu laufenden Ermittlungsverfahren möchte und kann ich nichts sagen. Das ist Sache der Gerichte«, sagt die Juristin und lächelt ein wenig verlegen. Schließlich leitete sie selbst die juristische Direktion über viele Jahre. Kann ihr das alles entgangen sein? Manche zweifeln. Andere im Sender berichten, ihr Vorgänger, Udo Reiter, der Dauerintendant, soll angeblich seine langjährige Stellvertreterin kurzgehalten haben. Obwohl sie als Justiziarin fungierte, hätte sie offenbar wenig Einblick in das gehabt, was hinter den Kulissen tatsächlich gespielt wurde.

Reiter, einst Exportschlager des Bayerischen Rundfunks für den »wilden Osten«, war Gründungsintendant des MDR. Er regierte wie ein von Gottes Gnaden entsandter König über sein Drei-Länder-Reich. Öffentliche Selbstkritik war dem Bayer, der in seiner Heimat mit der Gründung des Radio-Informationskanals B 5 aktuell bundesweit Aufsehen erregt hatte, fremd. Der gelernte Germanist, der einst über den expressionistischen Lyriker Jakob van Hoddis promovierte, war ohnehin nie ein Wirtschaftsfachmann. Das kam den Gebührenzahler teuer zu stehen. Denn der MDR hatte sich mit einer Ecuador-Staatsanleihe mächtig verzockt. Die Wette auf die ecuadorianische Währung Sucre erwies sich als finanzakrobatische Fehlleistung. Der Schaden für den Gebührenzahler belief sich, wie Reiter kleinlaut zugeben musste, auf 2,6 Millionen Mark.[3] »Wir waren etwas risikobereiter, als wir es mit öffentlichen Geldern hätten sein dürfen«, musste Reiter bekennen.

Als Folge des Finanzskandals wurde der damalige MDR-Verwaltungsdirektor Rolf Markner suspendiert. Reiter wurde nicht zur Rechenschaft gezogen. Er durfte weiter im Amt bleiben. Ein politischer Fehler.

Denn unter Reiter sollten noch viele Skandale folgen. So wurde später der frühere MDR-Sportchef Wilfried Mohren wegen Bestechlichkeit auf Bewährung verurteilt. Der Kinderkanal in Erfurt wurde von kriminellen Mitarbeitern um viele Millionen Euro betrogen. Zu allem Überfluss machte Reiter auch noch nach einer Rede des damaligen Bundespräsidenten Christian Wulff durch einen unwürdigen Witz über Muslime per Kurznachrichtendienst Twitter von sich reden, der für Aufregung sorgte.[4]

Ganze zwei Dekaden blieb Reiter auf seinem Leipziger Chefsessel. Vielleicht schützte ihn sein politisches Netzwerk, wie manche vermuten? Vielleicht schützte den gebürtigen Lindauer eine konsequente Politik des Wegschauens? Es ist schon seltsam und fragwürdig, dass die Aufsichtsgremien, die eigentlich im Auftrag der Gebührenzahler agieren sollten, es nicht geschafft haben, diese jahrelange Fehlbesetzung zu verhindern. Am Ende wurde Reiter 2011 durch den Megaskandal um seinen Unterhaltungschef Udo Foht indirekt zum Rücktritt gezwungen. Besenrein wollte er »seinen« Sender übergeben. Genau das Gegenteil war der Fall. Reiter hinterließ einen Sender, dessen Ruf bis heute schwer beschädigt ist. MDR-Insider sprechen selbstironisch von einem »Saustall« in Anspielung auf das Schlachthofgelände als Firmenzentrale.

Heute residiert im Büro von Udo Reiter, so groß wie ein Tanzsaal, seine frühere Stellvertreterin Wille. Ihr ist das pompöse Büro im ersten Stock des früheren Leipziger Fleischbüros eher peinlich, berichten enge Mitarbeiter. Karola Wille kann ihre Iris so verdrehen, dass fast nur noch ihre weißen Augäpfel erkennbar sind. In solchen Momenten gibt sie ihrem Gegenüber das Gefühl, dass sie am liebsten verschwinden möchte. Vielleicht ist das kunstvolle Verdrehen der Augen ein Schutz, den sie sich zugelegt hat? Denn zum Augenverdrehen gab es in der ostdeutschen Rundfunkanstalt in der Vergangenheit viel, sehr viel Anlass.

Die willensstarke Intendantin ist nun angetreten, im offenbar korruptesten Sender der Republik aufzuräumen. Mit 575 Millionen Euro finanzieren die Gebühren die Drei-Länder-Anstalt. Das ist eine hohe Verantwortung für Karola Wille, die seit mehr als zwei Dekaden im Sold des MDR steht. »Wir sind jetzt dabei, gründlich im Sender aufzuräumen, um Korruption und Vetternwirtschaft für die Zukunft auszuschließen«, sagt mir die 53-Jährige und rollt mal wieder mit den Augen.

Die Medienjuristin meint es ernst. Das haben die rund 2000 festen und 2000 freien Mitarbeiter bereits zu spüren bekommen. »Ich baue den MDR in allen Bereichen um, so werden wichtige Funktionen voneinander getrennt«, sagt sie. Um einen kriminellen Missbrauch von Gebührengeldern auszuschließen, wurde außerdem das Vier-Augen-Prinzip gestärkt und eine neue, transparente Herstellungsordnung eingeführt. Darüber hinaus hat sie fast alle Führungspositionen neu besetzt. »Wir setzen beim MDR auf ein wirksames internes Kontrollsystem«, beteuert die einstige DDR-Juristin. Ihr Credo ist klar: Kontrollversagen macht Missbräuche möglich.

Die in Karl-Marx-Stadt (Chemnitz) geborene Juristin war einst SED-Mitglied. Die Wendezeit überstand sie als wissenschaftliche Mitarbeiterin an der Leipziger Universität. Heute ist sie dort Honorarprofessorin. Zum MDR kam sie 1991 schlicht über eine Bewerbung. Schnell stieg die ehrgeizige Sächsin auf, die sich am liebsten im heimischen Garten am Stadtrand Leipzigs erholt. Fleiß und Geradlinigkeit werden ihr nachgesagt. Das sind Tugenden, die der MDR bitter nötig hat. Denn der Umbau der Drei-Länder-Anstalt hat gerade erst begonnen. In fünf Jahren soll der MDR wieder mal besenrein sein. Dann steht ihre Wiederwahl an.

Ob die humorvolle Anstaltschefin die ihr gestellten Aufgaben meistern kann, ist unterdessen offen. Der öffentlich-rechtliche Rundfunk ist ein Biotop des Missbrauchs – und der MDR ein ganz besonderes. »Hier gibt es eine Kultur des Organisierens, des gegenseitigen Deckens und sogar eine Art Beschaffungskriminalität«, sagt mir eine MDR-Führungskraft in Leipzig im Vertrauen. »Frau Wille war von Anfang an dabei. Die ganze Schuld auf Reiter schieben zu wollen ist nicht richtig«, sagt ein früherer MDR-Mitarbeiter, der die heutige Intendantin aus ihrer Zeit als Verwaltungsdirektorin kennt.

Die Skandale reißen nicht ab. Erst im Mai 2012 hatte der vom MDR eingesetzte frühere Kommissar Ingmar Weitemeier, einst Chef des Landeskriminalamtes Mecklenburg-Vorpommern und jetzt freier Sicherheitsberater, einen weiteren Fall entdeckt. Reinhard Mirmseker, bislang Unterhaltungchef beim Radiosender MDR 1 Sachsen-Anhalt in Magdeburg, soll dienstliche mit privaten Interessen vermischt haben. Der Moderator und ehemalige DDR-Eiskunstläufer soll zweifelhafte Firmenbeteiligungen nicht offengelegt und ohne vorherige Ausschreibung Aufträge für Veranstaltungen des MDR an eine Firma vergeben haben, die sich im

Besitz seines langjährigen Lebensgefährten befand.[5] Beide waren einst Moderatoren bei Radio DDR. Die Agentur hat noch kurz vor ihrem Auffliegen Büroräume im Magdeburger Funkhaus an der Stadtparkstraße angemietet. Die faulen Geschäfte waren offenbar seit Jahren ein Thema im Sender. Unternommen hatte damals niemand etwas.

Mirmseker, ein ausgemachter Volksmusikliebhaber, wurde offenbar nach einer anonymen Anzeige, die zu den Ermittlungen führte, wegen gravierender Verstöße gegen seine Dienstpflichten im Mai 2012 mit sofortiger Wirkung vom Dienst suspendiert.[6] Strafrechtliche Maßnahmen gegen ihn mussten aber laut MDR trotz der faulen Geschäfte nicht ergriffen werden. Mirmseker war als Moderator der einstigen Schunkelsendung *Wernesgrüner Musikantenschenke* Teil der schrillen MDR-Starwelt, die einst »Ufo« alias Udo Foht kreiert hatte.

Im Zusammenhang mit dem Skandal um Foht wurden auch die Räume der Saxonia Entertainment (Quizsendung *Quickie* im Vorabendprogramm) in Leipzig durchsucht. Geschäftsführer Wolfgang Günther galt als Vertrauter von Foht. Die Firma gehört zu 51 Prozent der Bavaria Film und zu 49 Prozent dem MDR. Überraschend wurde Günther als Chef der Saxonia abgelöst. Den Chefsessel übernahm der frühere Bavaria-Pressesprecher Tobias Gerlach. Zu den Gründen des abrupten Wechsels in Leipzig wollte der Jurist keine Angaben machen. Gerlach kündigte nur an, künftig den Kundenkreis erweitern zu wollen.[7] Die Saxonia hatte bis zum Chefwechsel fast ausschließlich für den MDR gearbeitet.

Von einer Ost-Unternehmenskultur will die gelernte DDR-Bürgerin Wille, die sich erst mit einem Fernstudium in den 90er-Jahren an der Universität Hagen mit dem westlichen Rechtssystem vertraut machte, nichts wissen. Sie sagt mir: »Ich glaube grundsätzlich nicht, dass ein ostdeutscher Sender für kriminelle Machenschaften anfälliger ist als die Anstalten im Westen.« Ganz von der Hand zu weisen ist das Argument nicht. Denn der Hessische Rundfunk (HR) hatte bereits vor Jahren einen spektakulären Korruptionsskandal. Das Frankfurter Arbeitsgericht verurteilte den früheren HR-Sportchef, Jürgen Emig, zu rund 1,1 Millionen Euro Schadensersatz wegen Einnahmeausfällen. Bereits 2008 hatte das Landgericht Frankfurt den Journalisten wegen Bestechlichkeit und Untreue zu einer Haftstrafe von zwei Jahren und acht Monaten verurteilt.[8] Geschickt lenkte HR-Intendant Helmut Reitze, ein ehemaliger Moderator des *Heute-Journals*, von seiner eigenen Verantwortung ab. Per Pressemitteilung ließ er nach dem Urteilsspruch verkünden: »Damit ist ein weiteres Mal klar geworden, dass der HR Opfer war, nicht Täter. Emig hat durch sein Fehlverhalten dem HR und dem öffentlich-rechtlichen Rundfunk großen Schaden zugefügt. Wer gegenüber Veranstaltern und Sponsoren so tut, als gehe es ihm um den Programmauftrag, dabei Geld in die eigene Tasche steckt, der verkauft die Rundfunkfreiheit.« Jahrelang waren dem Sender die Machenschaften seines Sportchefs nicht aufgefallen. Anfang 2000 gründete ein Strohmann Emigs eine Firma zur Vermarktung von Sportevents. Der HR-Sportchef versorgte diese Firma mit Aufträgen. Laut Gericht hatte er allein zwischen 2001 und 2004 über 300 000 Euro an Schmiergeldern und Schleichwerbung in die eigene Tasche gewirtschaftet. Der HR sprach von einem Schaden von mindestens 285 000 Euro auf Kosten des Gebührenzahlers.[9]

Im Frühjahr 2012 wurde ein NDR-Redakteur von der Kieler Staatsanwaltschaft wegen gewerbsmäßiger Bestechlichkeit mit gewerbsmäßigem Betrug sowie Vorteilsnahme angeklagt. Der TV-Journalist soll zwischen 2003 und 2010 einen sechsstelligen Gesamtbetrag von Firmen, Verbänden und Politikern angenommen haben.[10] Im Gegenzug versprach er, ihre Inhalte und Interessen im Gebührenfernsehen zu berücksichtigen.

Betrügereien und Korruption in den Reihen des öffentlich-rechtlichen Fernsehens sind, und da hat MDR-Intendantin Wille Recht, beleibe kein Phänomen des Ostens. Aber nirgendwo sonst gab es ein größeres System von faulen Geschäften.

Wie sich korrupte Manager am Kinderkanal bereichern

Ausgerechnet Erfurt. Dass der von einem Korruptionsskandal erschütterte Kinderkanal (KiKa) seinen Sitz in der thüringischen Landeshauptstadt genommen hat, war eine politische Entscheidung. Auch die südlichste Region der ehemaligen DDR sollte ihr Stück vom Kuchen des milliardenschweren Gebührenfernsehens abbekommen. Sinnvoll ist der Sendersitz in der ostdeutschen Provinz nicht. Als Gemeinschaftssender von ARD und ZDF verursacht die abgelegene Tochter nur zusätzliche Kosten. Doch das war für die medienpolitische Standortentscheidung unerheblich, denn schließlich zahlt der Gebührenzahler die Zeche. Auch in der Gunst der jungen Zuschauer brillierte der Kinderkanal nicht. Der Kölner Privatsender Super RTL, ein Gemeinschaftsunternehmen der Medienriesen Bertelsmann und Disney, besitzt seit vielen Jahren die Marktführerschaft. Nach Angaben des Marktforschungsinstituts GfK kam Super RTL im Jahr 2011 in der Zielgruppe der 3- bis 13-Jährigen in der Zeit von 6.00 bis 20.15 Uhr (das ist der in der Branche übliche Zeitschnitt, da der Kinderkanal nicht rund um die Uhr sendet) auf einen Marktanteil von 24,1 Prozent, der KiKa auf 19,9 Prozent und Nick, ein Ableger des US-Medienriesen Viacom, auf 13,3 Prozent. Super RTL-Chef Claude Schmit, ein sympathischer Luxemburger, ist der am längsten amtierende Geschäftsführer eines deutschen Privatsenders – bei der schwächelnden Konkurrenz durch ARD und ZDF ist das kein Wunder.

Die Weltabgeschiedenheit des Kinderkanals in Erfurt hatte aber offenbar für die mit krimineller Energie ausgestatteten Teile des Managements einen großartigen Vorteil. Die Dunkelmänner konnten hier ganz besonders gut ihren Machenschaften nachgehen. Die Kontrolleure von ZDF und MDR saßen weit weg: auf dem Lerchenberg in Mainz und in der Südvorstadt in Leipzig.

In der 206 000 Einwohner großen Stadt Erfurt mit ihren malerischen mittelalterlichen Fachwerkhäusern flog der bislang größte Betrugsfall in der Geschichte des öffentlich-rechtlichen Fernsehens Ende 2010 auf. Er ist bis heute noch nicht endgültig aufgeklärt. Jahrelang wurden dort über Scheinrechnungen Gebührengelder in die eigene Tasche umgeleitet. Weder im Erfurter Sender fiel das auf noch beim ZDF oder beim MDR. Die Leipziger Rundfunkanstalt hat innerhalb der ARD die Federführung für den Kinderkanal inne. Wie schon im Fall des MDR herrschte offenbar auch beim Kinderkanal eine konsequente Kultur des Wegsehens. Interne Kontrollen haben völlig versagt.

Beinahe zufällig kam der bislang größte Korruptionsskandal in der Geschichte des öffentlich-rechtlichen Fernsehens ans Licht. Die Machenschaften des früheren Herstellungsleiters des Kinderkanals, Marco Kirchhof, wurden erst nach der Selbstanzeige seines Berliner Geschäftspartners entdeckt.[11] Schnell wurde klar: Beim Kinderkanal fand jahrelang ein systematischer Millionenbetrug statt. Gewaltige Summen verschwanden auf Nimmerwiedersehen, ohne dass es jemand bemerkte. Das ist umso unglaublicher, als es bei einem überschaubaren Etat von 85 Millionen Euro wie dem des Kinderkanals doppelt hätte auffallen müssen.[12] Denn schließlich riss das »Abzweigen« von Millionen von Euro doch ein riesiges Finanzloch. Offenbar nicht beim Kinderkanal. Wer war Mitwisser, wer war Mittäter? Vielleicht lässt sich das nie ganz aufklären.

Marco Kirchhof litt jahrelang unter Spielsucht. Er hatte zwischen 2005 und 2010 mit einem Komplizen in Berlin den Erfurter Sender um Millionen betrogen, ohne dass es der Revision von ARD und ZDF aufgefallen wäre. Nach Angaben von MDR und ZDF liefen die Betrügereien schon seit 2002. Die Geschäftsführung gibt sich völlig ahnungslos. »Mir ist das nicht aufgefallen, sonst wäre ich tätig geworden«, sagte KiKa-Programmgeschäftsführer Steffen Kottkamp.[13] Sein Vorgänger Frank Beckmann, heute NDR-Fernsehdirektor, sagte lapidar: »Ich war für die wirtschaftlichen Gesamtdaten zuständig und nicht für einzelne Rechnungen.«[14] Von Selbstkritik keine Spur. So verantwortungslos gehen die Verantwortlichen im öffentlich-rechtlichen Rundfunk mit Korruption und Misswirtschaft um. Staatsanwalt Frank Riemann sprach von einer massiven Schädigung des Vertrauens der Bürger in den öffentlich-rechtlichen Rundfunk. Die Schwachstellen in der Aufsicht hätten die Korruption und Untreue begünstigt. Dabei hatte ausgerechnet der MDR bereits 2006 vorbildhaft eine Korruptionsbeauftragte installiert.

Die Ermittlungen im Fall des Kinderkanals sind langwierig und schwierig. Zumindest eines ist klar: Der bislang größte Korruptionsprozess von ARD und ZDF führte bereits zu einer langjährigen Haftstrafe. Der frühere Herstellungsleiter des Kinderkanals Marco Kirchhof wurde im Juli 2011 zu fünf Jahren und drei Monaten Gefängnis verurteilt. Der Manager hatte den Kinderkanal und damit die Gebührenzahler in diesem Verfahren um 4,622 Millionen Euro betrogen. Ihm wurden Bestechlichkeit und Untreue in 48 Fällen (!) nachgewiesen. Mit Scheinrechnungen hat er die Millionen auf sein Bankkonto umgeleitet und sie offenbar anschließend verspielt.

Im August 2012 wurde Kirchhof abermals verurteilt. Das Erfurter Landgericht sprach den 45-Jährigen erneut der Untreue und Bestechlichkeit für schuldig. Nun muss der KiKa-Manager für insgesamt sechs Jahre und drei Monate hinter Gitter. In die Haftstrafe floss bereits die erste Verurteilung ein. Sein Geschäftspartner wurde wegen Beihilfe und Bestechung zu einer zweijährigen Bewährungsstrafe verurteilt. Damit ist der dritte Prozess beendet.

Zum Abschied gab es noch eine schallende Ohrfeige für das Gebührenfernsehen. In ihrer Urteilsbegründung sagte die Vorsitzende Richterin Sabine Rathemacher, die Kammer wünsche sich, dass der MDR so intensiv kontrolliere, wie die GEZ Gebühren eintreibe. Die mangelnden Kontrollen hätten die kriminellen Machenschaften erheblich erleichtert.

Der Urteilsspruch im August 2012 vermittelte einen tiefen Einblick in das illegale System. Der mit einer Bewährungsstrafe davongekommene Geschäftsführer der Produktionsfirma von Sendungen wie *Bernd das Brot* und *KiKANiNCHEN* hatte dem mächtigen KiKa-Produktionsleiter nicht nur einen opulenten Las-Vegas-Aufenthalt im Jahr 2006 und Fußballtickets wie zum Besuch des DFB-Pokal-Endspiels im Jahr 2010 spendiert, sondern ihm auch für seine Zweitwohnung in Berlin Möbel und das Heimkino bezahlt. Um dem klammen Casino-Süchtling Kirchhof aus der finanziellen Patsche zu helfen, gab der Produzent sogar größere Beträge direkt weiter.

Offenbar ist das aber noch nicht das Ende des Skandals. Insgesamt gibt es nach Angaben des MDR im Juni 2012 zehn Verfahren, von denen bislang erst drei abgeschlossen sind.

Der noch immer nicht restlos aufgeklärte Millionenschaden hat schließlich dazu geführt, dass die laxen Kontrollen beim Kika mittlerweile der Vergangenheit angehören, glaubt man der Chefetage des MDR. »Beim Kinderkanal haben wir uns im Controlling personell verstärkt, um jahrelangen Missbrauch von Gebührengeldern wie in der Vergangenheit zu verhindern«, sagt mir MDR-Intendantin Karola Wille und blickt mich ernst an. Ein ganzer Maßnahmenkatalog, der mit dem ZDF entwickelt worden ist, soll verhindern, dass der Sender noch einmal zum Selbstbedienungsladen für korrupte Mitarbeiter und Produzenten wird. Die Autonomie des Kindersenders in Erfurt wird künftig eingeschränkt.

Wie eine NDR-Managerin an sich selbst verkauft

Doris J. Heinze war beim NDR als Fernsehspielchefin eine mächtige Frau. Sie entschied über Millionenbudgets für die *Tatorte* aus Hamburg, Hannover und Kiel oder norddeutsche *Polizeirufe 110*. Ende August 2009 wurde sie von ihrem Intendanten Lutz Marmor fristlos entlassen. 34 Monate später, Anfang Juli 2012, steht sie in Hamburg vor Gericht. In der ersten Reihe des schmucklosen Saales der Wirtschaftskammer des Landgerichts starrt die strohblonde Ex-NDR-Managerin mit ernster Miene ins Leere. Sie ist nüchtern mit grauem Blazer und dazu passender Bluse gekleidet. Unter dem halblangen Haar glitzern lange Ohrringe. Der aufgetragene Lippenstift glänzt. Eine Millisekunde lang versucht sie in ihrer Unsicherheit zu lächeln, als sie die Kamera eines hanseatischen Lokalsenders ins Visier nimmt. Sie weiß, diese Fernsehbilder sind wichtig. Der Gerichtstermin zählt zu den bittersten Momenten in dem sonst von Erfolg gekrönten Leben der einstigen NDR-Karrierefrau. Rechts neben ihr sitzt ihr Ehemann und Komplize Claus Wilhelm Strobel, mit offenem weißen Hemd und braunem Sakko. Er beißt auf seinen Lippen herum. Zusammen drücken sie die Anklagebank.

Die Hamburger Staatsanwaltschaft brauchte viel Zeit, um die Drehbuchaffäre um die frühere NDR-Fernsehspielchefin aufzuarbeiten. Anfang Juli 2012 war die Wirtschaftsstrafkammer des Landesgerichts der Hansestadt so weit. Drei Jahre nach dem Auffliegen des Skandals muss sich die Angeklagte endlich vor Gericht verantworten. Der 63-Jährigen werden schwere Untreue in drei Fällen, Bestechlichkeit in vier Fällen und Betrug vorgeworfen. Mitverantworten müssen sich auch ihr Ehemann Claus Wilhelm Strobel und die Münchner Produzentin Heike Richter-Karst. Das Trio soll zwischen November 2003 und Juli 2007 insgesamt für 14 Straftaten verantwortlich gewesen sein. Heinzes Arbeitsverhältnis beim NDR endete im Spätsommer 2009 ohne Einhaltung einer Kündigungsfrist. Die unrechtmäßigen Honorare zahlte die Managerin an das Gebührenfernsehen zurück.

Der Prozess gegen Heinze im verregneten Sommer 2012 ist der Höhepunkt in der langen Reihe von Skandalen im Zusammenhang mit den undurchsichtigen Geschäften mit Fernsehinhalten. Auslöser war, dass die bis dahin hoch angesehene Fernsehspielchefin unter falschem Namen – Pseudonym »Marie Funder« – zwei selbst geschriebene Drehbücher an ihren Arbeitgeber NDR verkauft hatte. Eines soll sie sogar zweimal verkauft haben. Außerdem soll sie der Anstalt vier Drehbücher ihres Ehegatten mit dem Pseudonym »Niklas Becker« untergejubelt haben. Es ging um teils realisierte, teils nie umgesetzte Stoffe wie *Der zweite Blick*, *Dienstage mit Antoine* und *Fast ein Volltreffer*.

Das Geschäft lief offenbar denkbar einfach: Die Münchener Filmproduzentin Heike Richter-Karst soll die Drehbücher von »Marie Funder« und »Niklas Becker« bei Heinze erworben und zum Teil auch verfilmt haben, obwohl sie genau wusste, wer sich hinter den falschen Namen verbarg. Heinze sorgte im Gegenzug dafür, dass ihre Anstalt die Filme bei Richter-Karst in Auftrag gab.

Das Ganze war illegal. Denn legal hätte Doris J. Heinze nur einmal im Jahr ein Drehbuch innerhalb des ARD-Sendeverbunds schreiben dürfen. Als fest angestellte Managerin hätte sie dann auch nur die Hälfte des Honorars von 26 000 Euro bekommen.[15] Vor dem Gericht gestand sie, dass ihr Verhalten ein »irre großer Fehler« gewesen sei.[16]

Offenbar waren die Machenschaften der Fernsehspielchefin in der Branche nicht völlig unbekannt. Unmittelbar nachdem der Skandal aufgeflogen war, teilte der Berliner Verband Deutscher Drehbuchautoren (VDD) mit, es hätte Anzeichen von Vetternwirtschaft beim NDR gegeben: »Niemand wollte es sich aber mit einer so mächtigen Institution wie Doris Heinze verscherzen.«[17] Der Verband beklagt seit Jahren, dass es im Gebührenfernsehen eine weit verbreitete Günstlingswirtschaft gebe. »Der Fall Heinze ist die Spitze eines Eisbergs«, teilte der VDD mit. »Fälle, in denen Redakteurinnen Drehbücher nicht abgenommen haben, um dann selbst für kleine Korrekturen weitere Raten des Honorars zu kassieren, Drehbücher, die ohne fundierte Begründung den Autoren entzogen wurden, Producer, die für ein paar kleine dramaturgische Einfälle Autoren-Credits verlangen, und der Abbruch von Entwicklungen ohne Begründungen sind keine Einzelfälle mehr.«[18]

Der Fall Heinze ist deshalb spannend, weil er das kranke System innerhalb des Gebührenfernsehens entlarvt. Es ist so durchsichtig wie eine Nebelbank. Die extreme Macht Einzelner in den Anstalten über gewaltige Etats – offenbar ohne eine effektive Kontrolle – legt das Fundament für die Vetternwirtschaft. Sie führt oftmals zu standardisierter, langweiliger Unterhaltung. Unter Autoren entstand schon vor Jahren der Eindruck, den Geschäftsinteressen und Launen von Führungskräften des Gebührenfernsehens ausgeliefert zu sein. »Deshalb haben Kolleginnen geschwiegen, die schon seit Jahren von den Machenschaften der Doris J. Heinze und anderer wussten oder betroffen waren. (...) Verlierer sind die Kreativen und die Gebührenzahler.«[19]

Doris J. Heinze hat unterdessen ihren Frieden mit sich selbst gemacht. Zu ihrer eigenen Raffgier sagt sie: »Ich weiß, dass das absoluter Schwachsinn war, so etwas zu machen. Das sind auch Sachen, die einem im Nachhinein wahnsinnig leid tun. Aber sie sind auch nicht zurückzunehmen – und man kann auch nicht mehr tun, als sich dafür zu entschuldigen und das auch wirklich zu meinen.«[20]

Und was macht sie heute? Die einstige Karrierefrau lebt auf der eingedeichten Halbinsel Nordstrand vor Husum und genießt ihren großen Garten, schneidet ihre Apfelbäume und schreibt Kriminalromane mit dem fast schon programmatischen Titel *Höhere Gewalt*.[21]

Die Degeto in Schieflage

Die Deutsche Gesellschaft für Ton und Film, kurz Degeto, ist die Blackbox der ARD. Die Filmeinkaufsorganisation des Senderverbundes sorgt für den Filmnachschub. Das ist nicht nur eine großartige Aufgabe, sondern bedeutet auch noch viel Geld. 388 Millionen Euro gab die Degeto 2010 für Auftrags- und Gemeinschaftsproduktionen aus. Ihr Etat für die Beschaffung von Inhalten für das Erste, die Dritten und die Spartenprogramme beläuft sich jährlich auf 250 Millionen Euro, wie mir die ARD bestätigt. An ihr kommt niemand vorbei, weder Schauspieler noch Dienstleister und auch nicht der Zuschauer. Seit Jahren wird er mit TV-Kitsch zur besten Sendezeit berieselt. Junge Zuschauer schalten bei dieser Berieselung ab. Die Degeto ist einer der Gründe, weshalb die ARD unter einer Überalterung ihres Publikums leidet.

Schlagzeilen macht die Degeto aber nicht wegen ihrer spannenden Streifen, die der Gebührenzahler teuer bezahlt. Maximale Aufmerksamkeit sichert sich die Filmfirma durch ihre einmaligen Geschäftspraktiken. Hans-Wolfgang Jurgan war viele Jahre lang Degeto-Chef. Der freundliche Herr mit dem silbernen Vollbart und der randlosen Brille war ein König im öffentlich-rechtlichen System. Autokratisch regierte er sein Imperium – finanziert aus GEZ-Gebühren. Darüber vergaß der öffentlichkeitsscheue ARD-Manager ordentlich zu wirtschaften. Die Aufsichtsgremien versagten. Sie merkten nicht, dass Jurgan mit seinem Finanzgebaren die ARD-Tochter in ernste Schwierigkeiten gebracht hatte. Warum es so weit kommen konnte, bleibt bis heute ihr Geheimnis.

Als die Degeto im Herbst 2011 in ernsthafte Liquiditätsschwierigkeiten geriet, war der Schock groß. Niemand hatte eine Ahnung von der Schieflage der Frankfurter Firma. Mal wieder hatten sämtliche Kontrollmechanismen des Gebührenfernsehens versagt.

Wie konnte das passieren? Der Degeto-Chef hatte die Etats für 2012 und 2013 komplett verplant. Das Geld war weg. Die ARD pumpte einen zweistelligen Millionenbetrag in die marode Firma, um eine drohende Insolvenz zu verhindern.[22] Die Folgen für die Produzenten waren dramatisch. Neue Projekte wurden nicht in Auftrag gegeben, alte Projekte wurden gestoppt, so weit es irgendwie ging. Erst ab 2014 ist mit einer Rückkehr zur Normalität zu rechnen. Die ARD entschuldigte sich bei den Produzenten, beim Gebührenzahler entschuldigte sich bislang aber niemand – obwohl er die Rechnung der jahrelangen Misswirtschaft zahlt.

Der als selbstherrlich geltende Jurgan wurde im November 2011 aus seinem Posten entfernt. Dem Manager wäre strafrechtlich nichts nachzuweisen, meinten die Rechnungsprüfer in ihrem Abschlussbericht. Er hat halt nur die Übersicht über die Finanzen verloren. Für den Zuckerbäcker des deutschen Films ist das kein Problem. Er genießt heute seinen Ruhestand als gut bezahlter ARD-Rentner.

Die Degeto, die mächtige Produktions- und Filmeinkaufs-tochter, wurde zwischenzeitlich von Bettina Reitz vom Bayeri-schen Rundfunk (BR) geleitet. Doch die ehrgeizige Managerin hielt es kaum ein Jahr in Frankfurt aus. Sie kletterte weiter auf der Karriereleiter nach oben und wurde BR-Fernsehdirektorin. Zu ihrer Nachfolgerin wurde ab Juli 2012 Christine Strobl, die ältes-te Tochter von Bundesfinanzminister Wolfgang Schäuble (CDU) und Ehefrau des baden-württembergischen CDU-Vorsitzenden Thomas Strobl, ernannt. Wieso ausgerechnet der Schäuble-Toch-ter die diffizile Aufgabe bei der Degeto zugetraut wird, bleibt das Geheimnis der ARD. Das ProKi (wie Prominentenkinder in den Anstalten ironisch genannt werden) hatte eine steile Karriere ge-macht. Denn schließlich war die Juristin erst im Februar 2011 zur Spielfilmchefin des SWR gekürt worden. Sie hatte sich im Sender angeblich als Modernisiererin des *Tigerenten Clubs* zuvor einen Namen gemacht. Gibt es einen ProKi-Bonus in den Anstalten? »Die familiären Umstände von Frau Strobl haben beim Auswahl-verfahren weder positiv noch negativ eine Rolle gespielt«, ließ SWR-Intendant Peter Boudgoust vernehmen.[23] Nur »die Fach- und Führungskompetenz« sei entscheidend gewesen, formulier-te der ehemalige Pressesprecher des Stuttgarter Regierungspräsi-diums. Der Vertrag von Strobl läuft erst einmal über fünf Jahre.

Christine Strobl ist mit ihrem neuen Degeto-Job zur mäch-tigsten Filmfrau im Gebührenfernsehen geworden. Die Degeto ist finanziell großzügig ausgestattet. Für die Gebührenperiode zwischen 2013 bis 2016 sollen ihr nach Angaben der ARD rund eine Milliarde Euro zum Produzieren von Filmen und Serien zur Verfügung stehen. Ursprünglich wollten die Öffentlich-Rechtli-chen deutlich mehr.[24]

In der Branche wird die Degeto verächtlich die »Deutsche Ge-sellschaft für Totalschäden« genannt. Denn viele ihrer Produkti-onen haben den Tiefgang eines Schlagers aus den 70er-Jahren. Mit dem niveaulosen Einheitsbrei der Degeto will die Schäuble-Tochter aufräumen. Strobl sagte der *Heilbronner Stimme* kurz vor

Amtsantritt im Juli 2012: »Wir müssen die Filme heutiger, zeitiger, moderner und farbiger erzählen, ohne die Leichtigkeit, die Herzlichkeit und die Liebesmomente zu verlieren.«[25]

Doch die neue Geschäftsführung muss noch mehr leisten, als zeitgemäße Filme zu produzieren und einzukaufen. Sie muss mit den vielen Hundert Millionen Euro an Gebührengeldern endlich sorgfältig und verantwortungsvoll umgehen. »Vorgänge wie in der Vergangenheit wird es bei der Degeto nicht mehr geben«, sagte mir MDR-Intendantin Karola Wille, die unter den ARD-Intendanten für den Film und damit auch für die Degeto zuständig ist, bei meinem Besuch in Leipzig. »Wir haben das Vier-Augen-Prinzip gestärkt. Außerdem implementieren wir eine neue Software, die Finanzvorgänge transparenter macht. Natürlich ist auch klar, dass es noch Möglichkeiten zur Optimierung gibt. Darum wird sich die neue Geschäftsführung kümmern.«

Nach Schätzungen der Allianz Deutscher Produzenten – Film & Fernsehen, der Dachorganisation der freien Produzenten in Deutschland, geben ARD und ZDF einschließlich ihrer Nebensender wie Kinderkanal, Arte, Phoenix und 3sat jährlich rund 2,2 Milliarden Euro für TV-Auftragsproduktionen aus.[26] In welche Kanäle das Geld genau fließt, wissen nur Eingeweihte. Lediglich das ZDF und der Westdeutsche Rundfunk – die größte Anstalt der ARD – weisen ihre Budgets für Fremdaufträge aus. So vergibt das Zweite für knapp über eine halbe Milliarde Euro Aufträge an externe Produzenten. Beim WDR sind es etwas über 400 Millionen Euro. »Wir fordern von ARD und ZDF mehr Transparenz in der Auftragsvergabe«, sagt Christoph Palmer, Chef der Produzentenallianz.[27] Bislang blieb seine Forderung allerdings unerfüllt.

Insa Sjurts, Vorsitzende der Kommission zur Ermittlung der Konzentration im Medienbereich (KEK), kam beim deutschen Produzententag zu einem erschütternden Ergebnis. »Der Markt für fiktionale Kaufproduktionen ist gekennzeichnet durch ein hohes Maß an vertikaler Verflechtung, und er ist weitgehend intransparent«, schrieb die Hamburger Medienwissenschaftlerin den

48

Anstalten ins Stammbuch. »Die Notwendigkeit von Transparenz steht außer Rede und scheint erkannt. Woran es fehlt, ist die Umsetzung und die Durchsetzung. Hier ist noch viel zu tun.«[28]

Ist der ehrliche Willen zu mehr Transparenz im Firmengeflecht von ARD und ZDF wirklich vorhanden? NDR-Justiziar Werner Hahn antwortete auf dem Produzententag 2012 auf die Frage nach mehr Transparenz dem Moderator und *Spiegel*-Medienexperten Stefan Niggemeier: »Das Schöne ist ja, dass wir das in weiten Teilen schon tun. Es gibt seit Jahrzehnten das ARD-Jahrbuch, in dem man die Statistiken nachlesen kann, wie viel Prozent des Ersten, aber auch wie viel Prozent die jeweiligen Dritten an Auftragsproduktionen und Eigenproduktionen machen. Man könnte das sicherlich jetzt noch weiter in Genres runterbrechen.«[29] Was der NDR-Grande allerdings verschwieg: Das ARD-Jahrbuch wurde mit dem 2010 zuletzt erschienenen Band eingestellt – aus Kostengründen, heißt es bei der ARD.

Warum ARD und ZDF in Hollywood in der zweiten Reihe sitzen

California Rolls, Krustentiere aus dem Pazifik, Rinderstreifen aus dem Wok, Berge voller Früchte, Sauvignon Blanc, Corona, Caipirinha – an diesem lauen Frühsommerabend Ende Mai 2012 fährt der amerikanische Unterhaltungskonzern Disney alles auf, was das kalifornische Catering so hergibt. Der Micky-Maus-Konzern hat auf seinem weitläufigen Studiogelände in Burbank, im Norden von Los Angeles, die Mächtigen der Sender eingeladen – darunter auch die Oberen von ARD, ZDF, RTL, ProSieben Sat.1 und Tele München Gruppe, der Firma des Filmrechtehändlers Herbert Kloiber. Die opulente Party unter dem Sternenhimmel Kaliforniens ist der traditionelle Auftakt zur weltgrößten Fernsehmesse, den L. A. Screenings.

Die Gastgeber ziehen alle Register. Die Fernsehmanager sollen in Luxus schwelgen, damit sie ordentlich in Hollywood einkaufen. Weltvertriebschef Ben Pyne hat die 300 mächtigsten Einkäufer in eine festlich geschmückte Studiohalle gebeten. Auf einer riesigen Leinwand zeigt Disney seine neuesten Filme und Serien, die dann später auf den Fernsehschirmen in aller Welt zu sehen sind. Pyne und seine Managementkollegen trommeln für ihre Programme mit Superlativen. Auf die Bühne springen nach jeder Programmvorstellung Dutzende von Schauspielern und applaudieren sich selbst. Alles ist »außerordentlich«, »großartig« und »unvergesslich«. Dabei weiß jeder der Einkäufer, dass es zuletzt nicht mehr so gut lief. Disney kann derzeit nicht mehr an die Glanzzeiten von Erfolgsserien wie *Lost, Desperate Housewives* oder *Grey's Anatomy* anknüpfen.

In Hollywood stehen ARD und ZDF im Abseits. Obwohl das öffentlich-rechtliche Fernsehen die größten Programmetats hat, überlassen sie den Privaten die Blockbuster wie *Harry Potter, Herr der Ringe* oder *Avatar*. Die Gebührenzahler sitzen auch in Hollywood nicht in der ersten Reihe.

Seit vielen Jahren schieben sich die beiden Fernsehkonzerne RTL und ProSieben Sat.1 gegenseitig die großen Lieferverträge mit den Hollywood-Studios zu. Zuletzt hatte RTL den Münchener Konkurrenten ProSieben Sat.1 bei Disney ausgestochen. Der Vertrag läuft bis 2015.[30] RTL-Insider schätzen das Volumen des sogenannten Output-Deals auf einen dreistelligen Millionen-Euro-Betrag. Für Privatsender sind derartige Abkommen wirtschaftlich enorm wichtig. Denn die Lizenzware kostet nur einen Bruchteil von Eigenproduktionen.

Das müsste eigentlich ARD und ZDF aufrütteln. Doch in Hollywood kaufen sie nur die B- oder C-Ware. Die Ladenhüter gehen zuhauf an das Erste und das ZDF. »Das ist das silly German money«, höhnt ein Filmeinkäufer eines Privatsenders. Wie viel Geld ARD und ZDF in Hollywood für ihre B- und C-Ware bislang ausgegeben haben, wissen nur wenige. Öffentliche Zahlen gibt es nicht. »Hier macht das ZDF keine Angaben«, ist die Antwort auf meine Anfrage. Insider sprechen davon, dass das ZDF pro Jahr 50 Millionen Euro in der Traumfabrik ausgibt.[31] Dabei hätte der Gebührenzahler ein Recht, zu erfahren, wohin sein Geld fließt.

Aktuelle Welterfolge sucht man in den Programmen des Gebührenfernsehens seit vielen Jahren vergeblich. Sie laufen ausschließlich bei RTL und ProSieben. Dabei hätten ARD und ZDF ein verstärktes Engagement bitter nötig. Denn es sind vor allem die amerikanischen Serien und Filme, die junge Zuschauer vor den Fernsehbildschirm locken. Der Digitalsender ZDFneo, das vom früheren ZDF-Intendanten Markus Schächter erfundene »ZDF 2«, weiß das genau. Deshalb laufen dort auch einige wenige US-Serien wie zum Beispiel die Kultserie *Mad Men*, die ironisch und distanziert die New Yorker Werbeszene der 60er-Jahre aufs Korn nimmt. ZDFneo hat es damit geschafft, dem Nischensender ein Profil zu geben.

Das Hauptquartier der Einkäufer von ARD und ZDF ist das Hotel Sunset Marquis in der Alta Loma Road mitten im schrillen West Hollywood. Von der kalifornischen Herberge mit dem wunderschönen Pool, unweit des Sunset Boulevards mit seinen Luxusrestaurants, schwärmen die Einkäufer der Öffentlich-Rechtlichen aus, um sich eine Woche lang die neuesten Produkte der Traumfabrik anzusehen. Wie viele Einkäufer beispielsweise das ZDF nach Hollywood entsendet, bleibt das Geheimnis der Anstalt. »Das ZDF besucht die L.A. Screenings in angemessener Stärke«, teilt mir eine Sprecherin ausweichend mit. Eigentlich würde ja eine Einkaufsgemeinschaft mit der ARD Sinn machen, um bessere Preise auszuhandeln. Doch darüber zerbrechen sich die Mächtigen nicht den Kopf. »Das ist zurzeit nicht angedacht«, heißt es in Mainz.

Die Filmeinkäufer machen einen durchaus anstrengenden Job. Denn die Studios liegen weit verstreut in der Megalopolis Los Angeles. Die Einkäufer sitzen oft ganze Tage in meist viel zu kalten Kinosälen, um die unzähligen Pilotfilme zu sehen. Die Vorführung von Warner Bros., dem produktivsten Hollywood-Studio, ist ein Marathon, der dem neuen ZDF-Programmchef Norbert Himmler offenbar durch eigenes Verschulden im Mai 2012 erspart blieb. Wegen fehlender Einreiseunterlagen konnte

51

der enge Vertraute von ZDF-Intendant Thomas Bellut das Flugzeug in Frankfurt nach Los Angeles nicht besteigen, wie mir ein Insider berichtete. Die Branche in Los Angeles schmunzelte über so viel Tollpatschigkeit. Dabei hätte Himmler ohnehin nicht viel einkaufen können.

Denn die Privaten haben den Markt längst unter sich aufgeteilt. Das war früher einmal anders. In den Hochzeiten des öffentlich-rechtlichen Fernsehens bewegten Serien wie *Dallas* die Nation. Nun erlebt die Kultserie um Kabale und Liebe in einer texanischen Ölfamilie eine Neuauflage. Die Familienintrigen eines Ölclans, zuletzt 1991 mit großem Erfolg von der ARD ausgestrahlt, werden nun bei RTL zu sehen sein. Der mittlerweile über 80-jährige Larry Hagman alias J.R. steht noch einmal in den Studios von Warner Bros. »Ich werde J.R. sein, bis ich sterbe«, meint der frühere ARD-Serienstar. Auch die *Dallas*-Altstars Patrick Duffy (Bobby Ewing) und Linda Gray (Sue Ellen Ewing) werden mit von der Partie sein – doch eben nicht mehr im Ersten wie zu ihren Glanzzeiten.

Offenbar halten sich ARD und ZDF auch aus medienpolitischen Gründen in Hollywood zurück. Sie wollen sich nicht den Vorwurf einhandeln, vor allem amerikanische Ware zu zeigen, und setzen daher auf teure Eigenproduktionen. Den privaten Konkurrenten ist die Zurückhaltung nur recht. Denn so können die beiden Konzerne RTL und ProSieben Sat.1 und der in München ansässige Filmrechtehändler Herbert Kloiber um die mehrjährigen Lieferverträge mit Warner Bros., Disney, Paramount, MGM und anderen Studios zu dritt pokern.

Für ARD und ZDF würde ein verstärkter Filmeinkauf in Hollywood vor allem wirtschaftlich Sinn machen. Serien wie die Neuauflage von *Dallas* kosten sehr viel weniger als Eigenproduktionen. Die hiesigen Eigenproduktionen sind nach Angaben des früheren ZDF-Programmchefs Bellut, den ich immer wieder bei den L.A. Screenings in Hollywood traf, drei- bis viermal so teuer wie die Importware aus Amerika.[32] Eine Episode einer US-Serie koste 100 000 bis 180 000 Dollar. Bis zu 650 000 Euro, heißt es in der Branche, bezahle man für einen deutschen Serienteil. »Wenn es besonders kostengünstig werden soll, kann man eine Episode auch für 350 000 Euro produzieren«, sagt Wolf Bauer, Chef der UFA, dem Marktführer unter den deutschen Fernsehproduzenten (*Gute Zeiten, schlechte Zeiten, Deutschland sucht den Superstar*).[33]

Die Expansion der kommerziellen Töchter in die USA

Die Bucht von Cannes glitzert orangefarben. Die bereits wärmende Frühlingssonne versinkt im Meer. Im Restaurant La Mandala an der Croisette, der Flaniermeile der Schönen und Reichen, herrscht an diesem Samstagabend Ende März 2012 hektisches Treiben. Die jungen Kellnerinnen stellen den provenzalischen Roséwein kalt. Die leckeren Kanapees stehen auf den Silbertabletts bereit. Die Edel-Strandtaverne gegenüber dem legendären Hotel Miramar wurde vom ZDF für einen Cocktail zum Auftakt der Film- und Fernsehmesse MipTV in dem französischen Badeort ausgewählt.

Cannes ist traditionell mit seinen beiden Messen im Frühjahr und Herbst der wichtigste Handelsplatz für Film- und Fernsehrechte. Und ein zentraler Spieler auf diesem Wachstumsmarkt ist ZDF Enterprises, die kommerzielle Tochter der Mainzer Sendeanstalt. Dokumentationen wie *Terra X* sind weltweit gefragt. Im Doku-Genre hat sich das Zweite einen exzellenten Ruf erworben.

Nervös sieht sich Alexander Coridaß um. Der Chef von ZDF Enterprises achtet genau darauf, wer die Treppen von der Croisette zum Strandrestaurant herunterkommt. Jeden Gast begrüßt der überaus freundliche und ebenso geschäftstüchtige Manager mit Handschlag. An diesem Abend hat Coridaß seinen Kunden und Geschäftsfreunden etwas Besonderes zu verkünden. Zum ersten Mal in ihrer Geschichte expandieren die kommerziellen Töchter von ARD und ZDF in die USA. Eine neue Produktionsfirma für Dokumentarfilme soll für den amerikanischen und internationalen Markt entwickeln und produzieren. Chef des in Annapolis (US-Bundesstaat Maryland) ansässigen Unternehmens wird der US-Fernsehmanager Steve Burns.

Coridaß verkündet sichtlich glücklich den Deal. Auch Steve Burns, der frühere TV-Programmchef der US-Sendergruppen Discovery und National Geographic, strahlt. Coridaß und der amerikanische Manager kennen sich gut. Burns habe einen »unfehlbaren Instinkt für den Programmmarkt«, ließ Coridaß mich wissen.[34] »Für uns alle ist der unmittelbare Zugang zum größten Fernsehmarkt der Welt ein wichtiger und spannender Schritt«, sagte auch Jörn Röver, Geschäftsführer der Studio Hamburg Doc-Lights. Seine Hamburger Firma ist eine gemeinsame Tochter des ZDF und des NDR und hat sich neben der Gruppe 5 Filmproduktion in Köln, ihrerseits eine Tochter von ZDF Enterprises, ebenfalls an der Expansion beteiligt.[35]

Die neue Firma an der amerikanischen Ostküste soll im Auftrag der Öffentlich-Rechtlichen den englischsprachigen Fernsehmarkt aufrollen. Bereits jetzt sind 40 Prozent aller von ZDF Enterprises gehandelten TV-Inhalte auf Englisch hergestellt. Das soll ausgebaut werden. Denn Englisch ist die Lingua franca des internationalen Fernsehgeschäfts. Coridaß macht das, was ein guter Manager zur Aufgabe hat: Er gibt seinem Unternehmen ZDF Enterprises im größten Medienmarkt der Welt eine Wachstumsperspektive.

Was aber hat das noch mit den eigentlichen Aufgaben des öffentlich-rechtlichen Rundfunks zu tun? Wenig bis gar nichts. Die kommerziellen Töchter des Gebührenfernsehens dienten eigentlich dazu, für ihre Mütter Programme einzukaufen und eigene Rechte zu vertreiben. Mittlerweile haben sie sich allerdings meilenweit von ihrem Auftrag entfernt. Sie sind ein (Rundfunk-) Staat im Staate. Ihre Transparenz geht gegen null. Noch nie gab es eine Wirtschaftspressekonferenz wie bei einem herkömmlichen Unternehmen dieser Größenordnung. Seit Jahren frage ich vergeblich nach den Umsätzen von ZDF Enterprises. Dazu schweigt das Tochterunternehmen lieber, denn das könnte in der kritischen Öffentlichkeit böses Blut verursachen. Wie Insider berichten, wächst der Umsatz. Die Rendite soll auch stimmen. Zumindest im Jahr 2010 lieferte ZDF Enterprises 10,4 Millionen Euro an Gewinn ab.

Schweigen gehört auch zum Geschäftsprinzip der ARD. Denn ihre beiden großen Filmrechtefirmen Global Screen (ein Joint Venture von Telepool und Bavaria Film) und Studio Hamburg (eine 100-prozentige Tochter des NDR), haben noch nie eine Bilanz der Öffentlichkeit vorgestellt.

Im Untergeschoss des Palais des Festivals haben die Handelsunternehmen von ARD und ZDF traditionell ihre Messestände. Dort werden in fensterlosen Séparées mit einer Größe von fünf Quadratmetern mit den Einkäufern aus aller Welt die Deals eingetütet. Dabei sind sich Öffentlich-Rechtliche und Private keineswegs spinnefeind. Zu den Kuriositäten im System des Gebührenfernsehens gehört es, dass börsennotierte Konkurrenten von den mit Gebührengeldern finanzierten Komödien, Krimis und Vorabendklassikers sogar profitieren. Der WDR verkaufte beispielsweise über seine Tochter WDR Media Group im Frühjahr 2012 die Rechte von Eigenproduktionen wie *Der Fahnder*, *Die Strandclique* oder *Käpt'n Blaubär* an den privaten Konkurrenten ProSieben Sat.1. Der im Besitz der Finanzinvestoren Permira und Kohlberg Kravis Roberts & Co (KKR) befindliche Konzern wird die Rechte für seine Online-Videothek Maxdome nutzen. Die Begeisterung bei den Privaten über den Deal war groß. »Zu unserem bereits bestehenden großen Anteil an öffentlich-rechtlichen Inhalten bekommen wir noch einmal über 600 Titel hinzu«, jubelte Maxdome-Chef Markus Härtenstein.[36]

Kleine TV-Produzenten schauen hingegen in die Röhre. So wollte ein TV-Produzent aus Oberbayern für einen Lehrfilm im Auftrag des Bundesamts für Bevölkerungsschutz und Katastrophenhilfe über die Hilfe im Fall einer biologischen Katastrophe einen 30-Sekunden-Clip vom NDR erwerben. Er brauchte 2007 für sein nichtkommerzielles Filmprojekt eine Nachrichtensequenz von Schwänen auf der Insel Rügen, die an Vogelgrippe starben. Doch der Chef des NDR-Landesfunkhauses in Mecklenburg-Vorpommern lehnte das Ansinnen ab, berichtete er mir. Auch ein Brief an den damaligen NDR-Fernsehdirektor Volker Herres habe nicht weitergeholfen. Dabei handelte es sich um einen Film, der ausschließlich zu Ausbildungszwecken im Sinne der Allgemeinheit benutzt werden sollte. Bis heute ärgert er sich über den Despotismus der Anstalt.

Der Filmrechtehandel der Öffentlich-Rechtlichen ist so transparent wie eine Moorlandschaft im November. Dabei hat die Öffentlichkeit, der Gebührenzahler, ein Recht zu erfahren, wie die Geschäfte laufen – egal ob hinter verschlossenen Türen im Filmpalast von Cannes oder in den Zentralen zwischen Hamburg und München.

Die kommerziellen Töchter von ARD und ZDF agieren nicht unter normalen Bedingungen, denn ihre Mutterkonzerne können quasi per Gesetz nie pleitegehen. Ein rundfunkpolitisches Problem, sogar mit ausländischen Gesellschaftern eine private Firma in Amerika zu gründen, sehen die Öffentlich-Rechtlichen nicht. »Wir bekommen keine Gebühren und Subventionen«, sagt ZDF-Enterprises-Chef Coridaß.[37]

Peter Pan in Cannes: ZDF-Geschäfte mit Börsenunternehmen

Das pompöse Hotel Majestic gegenüber dem Palais des Festivals ist der wichtigste Treffpunkt in Cannes. In dem Fünf-Sterne-Hotel mit seinen legendären Suiten treffen sich Hollywood-Manager und Hollywood-Stars. Ein idealer Ort auch für das Gebührenfernsehen, um sich zu präsentieren. ZDF Enterprises hat in den Salon Royan im 1. Stock des verwinkelten Majestic geladen. Motto der angekündigten Weltpremiere: Hollywood, wir kommen!

Das Interesse ist nicht besonders an diesem Nachmittag. Nur die Hälfte der Stühle ist besetzt. Italienische, deutsche, englische und französische Stimmen surren durch den kleinen Saal. Kleine

Tütchen mit Mozzarella und Tomaten werden zum Champagner gereicht. Mit 3D-Brillen sind die Gäste von den Hostessen am Eingang bereits ausgestattet worden. Alle sind neugierig. Denn zusammen mit der Filmfirma DQ Entertainment, deren Aktien seit mehreren Jahren an der Londoner Börse gehandelt werden, präsentiert ZDF Enterprises die erste Folge der englischsprachigen 3D-Kinderserie *Peter Pan* mit der legendären Disney-Figur. Man habe sich sofort in dieses Programm verliebt, offenbart ZDF-Enterprises-Chef Coridaß bei der Weltpremiere in fließendem Englisch. Bei der dreidimensionalen, 26-teiligen Animationsserie vertreibt das ZDF nicht nur die Rechte, sondern ist auch noch Koproduzent. Die Zeichentrickserie wird übrigens in Animationsstudios im indischen Hyderabad hergestellt. Dort liegen die Löhne traditionell um ein Vielfaches niedriger als bei den Konkurrenten Disney in Hollywood oder Pixar in Emeryville bei San Francisco.

Links und rechts der Leinwand stehen mannshohe Plakate mit Peter Pan. »Willkommen auf der Reise nach Neverland«, sagt die aparte Moderatorin. Coridaß sitzt in der ersten Reihe. »Es ist mein persönlicher Traum, ein Junge zu sein, der niemals erwachsen wird«, sagt der Manager in dunkelgrauem Anzug mit taubenblauer Krawatte. So reden halt Verkäufer, die ein Produkt auf den Markt bringen wollen. Peter Pan kennt fast jedes Kind weltweit. Das ist schon mal eine gute Voraussetzung.

Coridaß lässt den Geburtstag von Peter Pan vorführen. Er wird von seinen Freunden auf einen riesigen Berg gehetzt, um einen magischen Stein zu holen. Das Ganze ist ein Trick, denn seine Freunde wollen nur seinen Geburtstag vorbereiten. Dann landen gefährliche Seeräuber. Im letzten Moment gelingt es Peter, sich doch den Stein auf der Spitze des Berges zu holen. Doch in einem turbulenten Kampf gelingt es den Seeräubern, Peter Pan den Stein abzujagen. Die Enttäuschung auf dem Schiff ist groß. Denn der Stein ist nicht mehr als ein Stein. So weit der kindgerechte Plot.

Als die *Peter-Pan*-Episode zu Ende ist, herrscht eher Enttäuschung im Saal. »Die Qualität ist nicht so faszinierend«, bekennen selbst ZDF-Manager hinter vorgehaltener Hand. Aber was zählt, ist die Show. Deshalb lächeln alle höchst zufrieden. Schließlich müssen 26 mal 22 Minuten erst einmal auf die Bildschirme gebracht werden.

Tapaas Chakravarti, Chairman und CEO von DQ Entertainment Ltd., grinst zufrieden. Für ihn ist die öffentlich-rechtliche Tochter eine sichere Bank, gerade in den turbulenten Zeiten der weltweiten Finanzkrise. Chakravarti hat mit den Deutschen schon einmal gute Erfahrungen gemacht. ZDF Enterprises hatte die Animationsserie *Das Dschungelbuch* als Koproduzent und Vertriebspartner mitgetragen. Allein neun Millionen Euro kostet die zweite Staffel. Hauptkoproduktionspartner waren ZDF und ZDF Enterprises.[38]

Ob ausgerechnet das Gebührenfernsehen Finanzier von börsennotierten Firmen im Ausland bei hochriskanten Animationsserien werden muss, ist mehr als zweifelhaft. Die Kooperation mag rechtlich ohne Zweifel sein, medienpolitisch ist sie es aber nicht. Warum soll der Gebührenzahler indirekt bei den internationalen Geschäften britischer Börsenfirmen mithelfen?

Das Hollywood der Gebührenzahler: Bavaria Film

Das Colombe d'Or ist nicht irgendein Hotelrestaurant an der Côte d'Azur, sondern ein Mythos. In der am Eingang des einstigen Künstlerdorfes St.-Paul-de-Vence gelegenen »Goldenen Taube« gehen seit Jahrzehnten die Großen der Film- und Fernsehbranche ein und aus: Liz Taylor, Orson Welles, Romy Schneider, Alain Delon und Francis Ford Coppola. Der Schauspieler und Chansonnier Yves Montand heiratete hier seine Kollegin Simone Signoret. Pablo Picasso war Stammgast. Fernand Léger gestaltete im Vorhof ein farbenprächtiges Keramikrelief.

Matthias Esche, Geschäftsführer der Bavaria Film, hatte an diesem kühlen Frühlingstag im Jahr 2010 diesen symbolischen

Ort als Treffpunkt für unser Gespräch gewählt. Das war kein Zufall. Denn der ansonsten öffentlichkeitsscheue Filmproduzent kündigte in dem mit kostbaren Gemälden ausgestatteten Gastraum die Wiedergeburt der ARD-Tochter im internationalen Filmgeschäft an. Nach fast einem Vierteljahrhundert Pause sollte Hollywood wieder einen Kinofilm auf dem Studiogelände in Geiselgasteig vor den Toren Münchens drehen. »Mein Kollege Achim Rohnke bereitet derzeit mit amerikanischen Partnern den Spielfilm *Learning Italian* mit Kevin Costner vor«, sagte er mir. »Das ist nach mehr als 20 Jahren wieder eine US-Produktion in der Bavaria-Filmstadt.«[39] Esche leitet seit 2006 zusammen mit dem früheren WDR-Werbemanager Rohnke den traditionsreichen Studiobetrieb. Die beiden Manager können nicht besonders gut miteinander. Doch beide sind ehrgeizig.

Die letzte Hollywood-Produktion der ARD-Tochter liegt sehr lange zurück. Als gerade die Bilder des Privatfernsehens laufen lernten, wurde bei der Bavaria von Regisseur Wolfgang Petersen der Bestseller *Die unendliche Geschichte* von Michael Ende verfilmt. Esche, der sich mit Literaturverfilmungen wie den *Buddenbrooks* einen Namen gemacht hatte, träumte von einem Hollywood der Gebührenzahler. Mit dem US-Filmprojekt wollte er an die großen Zeiten erinnern. Auf dem riesigen Gelände ganz im Süden der bayerischen Landeshauptstadt hatten Hollywood-Giganten wie Stanley Kubrick, Orson Welles, Alfred Hitchcock und John Huston gedreht. Die Bavaria wurde 1919 gegründet und gilt noch immer als eines der berühmtesten Studios in Europa.

»Wir wollen internationale Kinoproduzenten wieder nach München auf unser Gelände holen. Wir sind sicher nicht die preiswertesten unter den europäischen Studios, dafür bieten wir Qualität und Geschwindigkeit«, sagte mir Esche an diesem Abend.[40] Auch einen eigenen Kinoverleih wollte der Manager, der einst beim Studio Hamburg Karriere machte, gründen, um die letzte Lücke in der Wertschöpfungskette zu schließen. Voller Optimismus verabschiedete sich der menschenfreundliche Bavaria-Chef, ehe er sich von seinem Fahrer ins Hotel bringen ließ.

Aus den hochfliegenden Plänen ist nur leider nichts geworden. Kevin Costner zeigte der Bavaria die kalte Schulter. Auch andere Hollywood-Granden kamen nicht vorbei. Weiterhin wartet die Bavaria auf eine große Produktion eines amerikanischen Studios. Nicht einmal der eigene Kinoverleih hat geklappt. Das ist bitter für ein Unternehmen mit 1600 Mitarbeitern, das mehrheitlich im Besitz des Bayerischen, Westdeutschen, Südwest- und Mitteldeutschen Rundfunks ist.

Es ist nicht das erste Mal, dass die Bavaria unternehmensstrategisch gescheitert ist. Bereits im Jahr 2005 wollte die ARD-Tochter international expandieren und sogar ein Filmstudio in Bulgarien kaufen.[41] Das damalige Filmstudio Boyana wurde von der bulgarischen Regierung privatisiert. Mit einem Studio in Osteuropa wollte die Bavaria auch damals wieder große amerikanische Studios als Auftraggeber von Produktionen anlocken. Doch am Ende guckte die Bavaria in die Röhre. Sie bekam den Zuschlag nicht.

Heute hat ihr das privat geführte Studio Babelsberg in Potsdam längst den Rang abgelaufen. Wenn die Amerikaner nach Deutschland kommen, ist das traditionsreiche Filmstudio am Rande Berlins die erste und einzige Adresse. Die ARD-Studiobetriebe wie die Bavaria in München und das Studio Hamburg haben das Nachsehen. Sie gelten in der Branche als zu teuer.

Das börsennotierte Studio Babelsberg hat gezeigt, wie das Geschäft funktioniert. Durch die Kooperation mit dem Hollywood-Produzenten Joel Silver (*Matrix*) und seiner Firma Dark Castle Entertainment lockten die beiden Vorstände Carl Woebcken und Christoph Fisser weitere Amerikaner an. Silver sorgt mit seinen Projekten für eine Grundauslastung der riesigen Marlene-Dietrich-Halle und der Werkstätten.

»Wir werden großes Kino machen«, kündigte Woebcken, ein ehemaliger Kinderfernsehproduzent, vor Jahren an.[42] Manche belächelten den Manager des inzwischen vom Markt verschwunde-

Persönlich

Topverdiener

Tom Buhrow (63), WDR-Intendant, war mit einer Grundvergütung von 413.000 Euro im Jahr 2021 erneut der Top-Verdiener unter den ARD-Spitzen. Das geht aus einer Tabelle hervor, die der Senderverbund im Netz veröffentlicht hat. Auf dem zweiten Platz landete SWR-Intendant Kai Gniffke mit 361.000 Euro. Die Grundvergütung stellt nur einen Teil der Bezüge der Intendantinnen und Intendanten dar. Hinzu kommen Sachbezüge und zusätzliche Leistungen für Tatigkeiten bei Tochterfirmen der Sender oder der ARD. Diese zusätzlichen Bezüge veröffentlicht der Senderverbund seit 2020 nicht mehr. Buhrow verbuchte 2021 eine Steigerung seiner Grundvergütung um 9.000 Euro im Vergleich zum Vorjahr, Gniff-

kes Salär stieg um 6.000 Euro. NDR-Intendant Joachim Knuth liegt mit einer unveränderten Grundvergütung von 346.000 Euro auf Platz drei. BR-Intendantin Katja Wildermuth erhielt 340.000 Euro. HR-Intendant Manfred Krupp bekam 305.000 Euro nach 296.000 Euro im Jahr 2020. Die Grundvergütung von MDR-Intendantin Karola Wille stieg von 275.000 Euro auf 295.000 Euro. Foto: dpa

it einer Anzeige
Leser erreichen!

ma 2021 Tageszeitung

eigen-Service: Tel. 0521/555 333
. bis Fr. 6–18 Uhr, Sa. 6–14 Uhr
Online: nw.de

Neue Westfälische

nen Kinderfilmunternehmens TV Loonland. Zu Unrecht. Der zurückhaltende Unternehmer hat es geschafft, Babelsberg wieder zu altem Glanz zu verhelfen. Im internationalen Vergleich günstige Mieten und Dienstleistungen, die hohe Qualität des Studios und vor allem eine großzügige Filmförderung aus Steuermitteln machte die Erfolgsgeschichte möglich. *Inglorious Basterds* des eigenwilligen Regisseurs Quentin Tarantino (*Pulp Fiction*) mit Brad Pitt und Christoph Waltz sowie *Der Vorleser* des Hollywood-Produzenten Harvey Weinstein mit dem Hollywood-Star Kate Winslet wurden in Babelsberg gedreht. Es besteht kein Zweifel: Heute zieht Babelsberg Hollywood wieder an.

Eigentlich wollte sich das öffentlich-rechtliche Fernsehen auch noch Babelsberg einverleiben. Dann wäre eine Art öffentlich-rechtliches Monopol entstanden. Doch am Ende bot die NDR-Tochter Studio Hamburg vergeblich für das 140 000 Quadratmeter große Gelände. Das 1912 in einer alten Kunstblumenfabrik gegründete Studio wurde vom grandios gescheiterten Medienkonzern Vivendi 2004 für einen symbolischen Euro und eine Anschubfinanzierung von 18 Millionen Euro schließlich an Woebcken und Fisser verkauft.

Das war ein Glücksfall nicht nur für die beiden Investoren, sondern auch für den Gebührenzahler. Denn das Studiogeschäft ist risikoreich. Die Renditen sind schmal. Das gilt für Studio Babelsberg genauso wie für Studio Hamburg mit dem Studio Adlershof bei Berlin und die Bavaria Film.

Warum muss die ARD eigentlich eigene Studios betreiben? Einen guten Grund gibt es dafür nicht. Die Studios in München, Hamburg und Berlin könnten sicher kostengünstiger und effektiver wirtschaften, wären sie nicht vom Senderverbund und seinen komplizierten Entscheidungsstrukturen abhängig.

Doch zu einer Privatisierung fehlt der politische Wille. Regionalpolitiker halten fest zu ihren Landesrundfunkanstalten, das ist in München nicht anders als in Hamburg. Nur einmal wurde es ziemlich knapp. Die Bavaria Film hatte mit einem riesigen

Schleichwerbungsskandal die ARD und die Politik ins Mark getroffen. Vor allem in der SPD war damals der Wille zu einer Entflechtung der Bavaria Film mit ihren vielen Unterfirmen groß. »Die ARD-Anstalten sind gut beraten, sich bei der Vielzahl ihrer Produktionsfirmen ein Stück zurückzunehmen«, sagte mir damals der Chef der rheinland-pfälzischen Staatskanzlei, Martin Stadelmaier.[43] Auch der damalige nordrhein-westfälische Ministerpräsident Jürgen Rüttgers (CDU) kündigte im Beisein des WDR-Intendanten und Bavaria-Aufsichtsrats Fritz Pleitgen an, dass eine »wettbewerbsverzerrende Wirkung durch Quersubventionierung mit Gebührenaufkommen verhindert werden muss«.[44]

Die Bavaria stand damals wegen unerlaubter Schleichwerbung in den ARD-Serien *Marienhof*, *In aller Freundschaft* und *Tatort* mächtig unter Beschuss. Der umstrittene Bavaria-Chef Thilo Kleine musste im Zuge des Skandals seinen Hut nehmen.

Wenn die gebührenfinanzierten Anteilseigner bei der Bavaria aussteigen würden, gebe es endlich die Chance auf einen fairen Wettbewerb, sagte mir damals ein Fernsehproduzent. Seine Hoffnungen wurden trotz politischer Schützenhilfe nicht erfüllt. Die ARD-Sender haben den Angriff aus der Politik und den Skandal ausgesessen. Zudem ist der Freistaat Bayern über eine Landesgesellschaft direkt an der Bavaria beteiligt. Das hilft, wenn es eng wird. Alles blieb beim Alten.

Die tiefroten Zahlen der Cinemedia

Von der Öffentlichkeit weitgehend unbemerkt: Die ARD-Tochter Bavaria Film ist seit vielen Jahren an dem börsennotierten Dienstleister Cinemedia Film AG in München beteiligt. Nach eigenen Angaben hält die Bavaria 28,06 Prozent der Aktien an dem Unternehmen mit Sitz auf ihrem Filmgelände in Geiselgasteig.[45] Die Mehrheit hält der Münchener Medienunternehmer Herbert Kloiber mit seiner Tele München Gruppe (RTL II, Tele 5, ATV, Concorde).

Für den indirekten Großaktionär ARD und seinen Partner, den Freistaat Bayern, ist die Aktie eine Katastrophe. Ihr Wert sank in knapp anderthalb Jahrzehnten auf ein Hundertstel. Das Papier ist (Stand August 2012) mittlerweile kaum mehr als einen Euro wert. 1999 notierte die Cinemedia-Aktie noch bei 117 Euro.

Die katastrophale Entwicklung des Aktienkurses von Cinemedia ist für Kenner des Filmgeschäfts keine Überraschung. »Klar war, dass Cinemedia die Digitalisierung treffen wird. Das ist 2011 mit einiger Verspätung eingetroffen und in einem Ausmaß, mit dem wir nicht gerechnet haben«, sagte Großaktionär Kloiber. Die analogen Kopierwerke wurden Ende Juli 2012 in Hamburg und bereits ein halbes Jahr zuvor in München geschlossen. Die bislang über 300 Mitarbeiter (Stand Ende 2011) große Firma muss Arbeitsplätze abbauen. Der Konzernumsatz sank im Jahr 2011 angesichts der Umstellung von analoger auf digitale Filmproduktion um fast ein Fünftel auf nur noch 41 Millionen Euro. Der Konzernverlust nach Steuern schnellte auf 5,5 Millionen Euro. Und die Aussichten? Die sind so düster wie nie zuvor. Der Vorstand der Cinemedia erwartet auch für 2012 und 2013 weitere Verluste und teilte es seinen Aktionären ordnungsgemäß mit.[46]

Die Beteiligung einer ARD-Tochter an einem tiefroten Börsenunternehmen in Schieflage ist eigentlich ein medienpolitischer Skandal. Doch in der Öffentlichkeit werden solche Desaster von den Aufsichtsgremien totgeschwiegen. Wie so oft, so funktioniert auch hier das öffentlich-rechtliche Schweigekartell.

Auch in Zeiten der Finanzkrise hat die Bavaria Film keine Scheu, mit börsennotierten Filmfirmen eine Partnerschaft einzugehen. Stolz erzählt mir Helge Sasse, der Berliner Produzent und Vorstandschef der Senator Entertainment AG (*Ziemlich beste Freunde*), bei seinem Besuch in Düsseldorf von seinem jüngsten Coup. Der charismatische Chef der krisengeschüttelten Berliner Filmfirma hat sich zur Hälfte bei der Bavaria Pictures beteiligt.

Die Aufsichtsgremien der ARD-Gesellschafter haben das Geschäft anstandslos durchgewunken. Die finanziellen Details kennen nur die Beteiligten – und die schweigen. Gemeinsam will das Tandem riskante Kinofilme wie das Familiendrama *Run and Jump* des Regisseurs Dominik Graf verwirklichen. Sasse ist von der gemeinsamen Firma begeistert, denn sie eröffnet neue Geschäftsfelder und mindert sein Risiko im labilen Filmgeschäft. Er kennt das schwierige Business, schließlich war seine Firma Senator 2004 schon mal vorübergehend in der Insolvenz. Die Bavaria verkauft den Einstieg mit dem gleichen Argument wie Sasse. »Die gesellschaftsrechtliche Verbindung von Bavaria und Senator federt für die Bavaria die Risiken eines in den letzten Jahren intensiv betriebenen Kinogeschäfts ab«, sagt Bavaria-Chef Matthias Esche zur Begründung.[47] Vielleicht hat die ARD-Tochter diesmal mehr Glück als bei Cinemedia, dem Joint Venture mit dem Medienunternehmer Herbert Kloiber.

Studio Hamburg in schwierigem Fahrwasser

Am Ende des viertelstündigen Werbefilms fährt die Kamera vom weitläufigen Studiogelände in Hamburg blitzschnell zurück. In Sekundenschnelle ist nur noch die Erde auf der Leinwand zu sehen. Der blaue Planet im Weltall wandelt sich in das sonnenähnliche Symbol von Studio Hamburg. Die Botschaft des aufwendig gedrehten Trailers für die Besucher ist klar: Studio Hamburg ist ein Unternehmen von Weltklasse, ein Unternehmen auch mit globalem Anspruch.

Und tatsächlich tanzt diese Tochter auf vielen Hochzeiten. Sie liefert über ihre eigene Tochter Studio Hamburg Media Consult International GmbH Broadcast-Systeme und betreibt Unternehmensberatung in so illustren Ländern wie Nigeria, Südsudan, Indonesien oder den Vereinigten Arabischen Emiraten. Studio Hamburg produziert Filmchen und Shows auch für die private Konkurrenz, zum Beispiel den *Quatsch Comedy Club*, eine Variety-Show für ProSieben mit der Nervensäge Thomas Hermanns, die ausgerechnet im oberbayerischen Füssen, im Schatten von Neuschwanstein, von den Hamburgern hergestellt wurde. Auch das Nachrichtenstudio von N 24 am Potsdamer Platz in Berlin bastelten die Hanseaten. Selbst Show- und Musical-Unternehmen können sich auf die Dienstleistungen von Studio Hamburg verlassen. In den Werkstätten des Atelierbetriebs wurden der überdimensionale Hut für das Udo-Lindenberg-Musical *Hinterm Horizont* oder Requisiten für die Blue Man Group fabriziert, die als drei stumme, grellblaue Akteure mit ihren Musikern rund um die Welt tingeln. Willkommen in Absurdistan!

Deutschlands größte Produktions- und Dienstleistungsfirma in Sachen Film und Fernsehen hat sich – weitgehend unbeobachtet vom Gebührenzahler – seit seiner Gründung 1947 zu einem Minikonzern weit außerhalb des Sendegebiets des NDR gewandelt. Der langjährige Studiochef Martin Willich baute bis zum Ende seiner Amtszeit 2011 das Studio Hamburg mit großem Ehrgeiz und gewaltigem Selbstbewusstsein aus. Eigentlich hat die Tochter des Norddeutschen Rundfunks in Berlin gar nichts verloren, dennoch gelang es dem leutseligen Manager, die Studios in Berlin-Adlershof zu kaufen. Neben den zehn Studios in Hamburg besitzt die NDR-Tochter nun auch noch weitere zehn Studios mit einer Fläche von 125 000 Quadratmetern in der Hauptstadt. Adlershof hängt dem Studio Hamburg mittlerweile wie ein Mühlstein um den Hals, denn die Auslastung liegt gerade bei rund zwei Dritteln. Deshalb trennten sich auch die Hamburger von Personal. Knapp zwei Dutzend Mitarbeiter mussten gehen.[48]

Selbst halbwegs Eingeweihte blicken in dem riesigen Geflecht von Firmen von Studio Hamburg kaum noch durch. Die NDR-Tochter besitzt allein 29 Produktionsfirmen zwischen Freiburg, München, Köln, Leipzig, Potsdam und Kiel. Hinzu kommen noch anderthalb Dutzend weitere Firmen wie zum Beispiel die Studio Hamburg Grundstücksverwaltungs GmbH & Co. KG im Münchener Millionärsvorort Grünwald oder die Studioküche

Catering GmbH und die Studio Hamburg Gastronomie GmbH. Als Willich 2011 nach mehr als einem Vierteljahrhundert abtrat, hinterließ er seinem Eigner, dem NDR, ein bundesweites, ja sogar international agierendes Unternehmen. Von seinem eigentlichen Auftrag als Dienstleister für eine regionale Rundfunkanstalt hatte sich Studio Hamburg meilenweit entfernt.

Studio Hamburg, das Schnulzen wie *Rote Rosen* für die ARD oder *Das Traumschiff* für das ZDF produziert, profitiert von der ARD. Sie hilft aus, wenn es brennt – auf Kosten des Gebührenzahlers. Als beispielsweise die von Studio Hamburg für RTL produzierte Serie *Die Anwälte* mangels Zuschauererfolg blitzschnell aus dem Programm genommen wurde, stand die ARD als dankbarer Käufer bereit. Zufall oder Notfall? Für das Erste war das ein schlechtes Geschäft. Die Serie mit Kai Wiesinger hatte bei der ARD nach dem Wechsel nur einen Zuschauer-Marktanteil von rund neun Prozent. Und RTL? Der Bertelsmann-Sender strahlte statt dessen ein Ratespiel aus und holte damit über 22 Prozent.[49] Kurzum: RTL hat das Geld und die Quote, die ARD die wenigen Zuschauer. So einfach funktioniert das duale Fernsehsystem in Deutschland.

2012 befindet sich Studio Hamburg in schwierigem Fahrwasser. Der Konzern schreibt mit Erlösen von 280 Millionen Euro im Jahr 2011 rote Zahlen.[50] Die NDR-Tochter hat unter dem harten Wettbewerb und dem Preisdruck zu leiden. Im Vergleich zu privaten Produzenten haben Studio Hamburg und die Bavaria Film hohe Personalkosten. Allein Studio Hamburg beschäftigt über 800 Mitarbeiter. Dazu kommt noch mal die gleiche Zahl an Freien.

Carl Bergengruen, der im Februar 2011 den Chefsessel übernahm, bleibt nichts anderes übrig, als zumindest ein wenig auf die Kostenbremse zu treten. Er strich beispielsweise fünf Stellen in der Postproduktion.[51] Dafür musste der Studio-Hamburg-Chef viel Kritik einstecken. Die Belegschaft kritisierte hinter vorgehaltener Hand, dass der Eigentümer NDR Aufträge für Postproduktionen an private Firmen und nicht an seine eigene Tochter vergibt. Warum wohl? Studio Hamburg kann bei den Preisen offenbar nicht mithalten.

In der deutschen Fernsehproduktion herrscht ein harter Verdrängungskampf. Denn sowohl die RTL-Tochter Ufa als auch die Hollywood-Studios wie Sony und 20th Century Fox mit ihren lokalen Töchtern sind preisaggressiv unterwegs. Die eigenen Filmtöchter wie Studio Hamburg oder Bavaria Film wirken hingegen wie beschützte Werkstätten. Von ihren eigenen Gesellschaftern werden sie mit Aufträgen versorgt. Welche Preise ARD und ZDF dafür zahlen, bleibt ihr Geheimnis, denn die Studios sind wie eine Blackbox. Nichts dringt nach außen. Das ist kein Wunder, denn die NDR-Oberen kontrollieren die NDR-Tochter selbst. So ist NDR-Intendant Lutz Marmor der Aufsichtsratschef von Studio Hamburg, seine Stellvertreter sind Egon Thede, der Fuhrparkleiter des Studio Hamburg, und NDR-Verwaltungsdirektor Albrecht Frenzel. Man bleibt eben gerne unter sich.

In Absurdistan haben sich die Bürger daran gewöhnt, dass die ARD zwei Studios mit Standorten im ganzen Land betreibt. Das geht nur, weil im GEZ-Land immer noch Milch und Honig, sprich Gebühren, fließen. Ohne die standortpolitisch gewollten Aufträge des öffentlich rechtlichen Fernsehens wären Studio Hamburg und Bavaria in der derzeitigen Größe nicht überlebensfähig.

Zu den Absurditäten gehört auch, dass es in der über 60-jährigen Geschichte der ARD noch nie ernsthafte Gespräche über eine Fusion von Studio Hamburg und Bavaria Film gegeben hat. Nicht einmal die für den Rundfunk zuständigen 16 Bundesländer haben auf den Sendeverbund Druck ausgeübt. Warum auch? Die Kosten dieser Infrastruktur trägt der Gebührenzahler. Per Beschluss der 16 Landtage kann die ab 2013 geltende Haushaltsgebühr angehoben werden – falls notwendig. So simpel funktioniert Rundfunkpolitik in Deutschland.

Reine Privatsache

Das ungemütliche Wetter in Cannes lud nicht dazu ein, in einem völlig überteuerten Bistro an der Croisette am späten Nachmittag einen Café au Lait zu trinken. Doch abgemacht war abgemacht. Ein seit vielen Jahren im Markt präsenter Fernsehproduzent wollte mich am Rande der Film- und Fernsehmesse MipCom sprechen – nichts Besonderes. Eigentlich wollte er mir von seinen Geschäften und neuen Projekten berichten. Ich ahnte schon, dass das wieder eine traurige Geschichte werden würde. Denn nach dem Zusammenbruch der US-Bank Lehman Brothers im Herbst 2008 stornierten die Fernsehsender massenweise ihre Aufträge. Der Beginn der Finanzkrise paralysierte die Produzenten von Fernsehfilmen, Serien, Animationen und Unterhaltungsformaten. Kunden kündigten Werbeverträge bei den Sendern, die Sender Verträge bei ihren Produzenten. Alles sehr traurig.

Als wir uns schließlich zwischen den viel zu eng gestellten Tischen auf unseren Lehnstühlen niederließen, verdüsterte sich das Gesicht meines Gegenübers. Nebenan saßen Mitarbeiter der ARD-Tochter Bavaria Film aus München. Der Ärger stand ihm ins Gesicht geschrieben. »Warum müssen die Öffentlich-Rechtlichen eigene Fernsehproduzenten haben, die sowieso nur über Gefälligkeitsaufträge subventioniert werden? Das ist doch nichts anderes als eine Beschädigung des Wettbewerbs«, redete er sich in Rage – ohne dass es unser Nachbartisch angesichts des hohen Lärmpegels mitbekommen hätte. »Schreiben Sie mal darüber!«, legte er mir dringend ans Herz. »Sehr gerne, aber dann müssen Sie auch für ein Interview zur Verfügung stehen«, entgegnete ich ihm. Er wehrte mit beiden Händen ab. »Sie sind doch lang genug im Geschäft, um zu wissen, dass ich so etwas nicht bringen kann«, sagte er ernst. Wie viele andere private Produzenten scheute sich auch mein Gesprächspartner, die absurde Wirklichkeit in der deutschen Fernsehproduktion öffentlich zu attackieren. Ein Angriff auf Studio Hamburg oder die Bavaria Film – und jeder freie Produzent hat ein ernsthaftes Problem. Das ist eine Binsenweisheit in der Branche. Denn die ARD hat ein Elefantengedächtnis, wenn es um ihre Kritiker geht. Die meisten privaten Produzenten schimpfen daher nur hinter vorgehaltener Hand über den ungleichen Wettbewerb mit den öffentlich-rechtlichen Töchtern – aus Angst, bei Kritik keine Aufträge mehr zu erhalten. Mein Gespräch in Cannes war daher kein Einzel-, sondern der Regelfall.

Als die Bilder auf den kleinen Schwarz-Weiß-Fernsehern laufen lernten, brauchte die 1950 gegründete ARD die Studiobetriebe wie ein Priester sein Gotteshaus. Denn Inhalte waren mit Ausnahme von Kinoproduktionen, die meist aus Hollywood kamen, Mangelware. Tempi passati! Schon wenige Jahre nach der Einführung des Privatfernsehens zu Beginn der 80er-Jahre entstand eine vielfältige Produktions- und TV-Dienstleistungsinfrastruktur in Deutschland, die ihresgleichen in Europa suchte. Die privaten Unternehmen, vom kleinen Ein-Mann-Dokumentarfilmer bis hin zu den großen Produzenten wie Endemol oder Ufa, können jeden Programmwunsch erfüllen, egal ob für die Öffentlich-Rechtlichen oder für die Privaten. Somit entfällt das öffentliche Interesse, dass die ARD eigene Produktionstöchter überhaupt noch unterhalten muss.

Wie man es dreht und wendet: Es gibt keinen vernünftigen Grund, Studio Hamburg und Bavaria Film weiter im Verbund des öffentlich-rechtlichen Rundfunks zu belassen. Die Atelierbetriebe mit ihrem undurchschaubaren Geflecht von Tochterfirmen gehören endlich privatisiert. Das heißt, ARD und ZDF sollten ihre Anteile auf dem freien Markt verkaufen. Wenn die Studios kreativ, effektiv und kostenbewusst sind, werden sie im Wettbewerb bestehen. Sie werden wachsen und gedeihen. Wenn nicht, werden sie sich sehr stark verändern müssen, um zu überleben. Der Gebührenzahler ist auf jedem Fall der Gewinner. Er muss nicht mehr indirekt ein marodes System mitfinanzieren

3. Wer wird Millionär?
Wie Moderatoren und Medienmanager lukrative Geschäfte mit ARD und ZDF betreiben

»Fernsehen ist so eine Art geistige Neutronenbombe.«
Oliver Kalkofe, Satiriker und Schauspieler

Doppelt verdient hält länger: Starmoderatoren im Gebührenfernsehen

Egal ob Markus Lanz, Jörg Pilawa oder Günther Jauch – die Moderatoren von ARD und ZDF sind die eigentlichen Großverdiener im öffentlich-rechtlichen System. Die machen das große Geld nicht nur vor, sondern vor allem auch hinter der Kamera. Der Meister des Geschäfts ist Günther Jauch mit seiner Firma i&u TV (die Abkürzung steht für »Information und Unterhaltung«). Er soll für seine sonntägliche Talkrunde im Ersten nach dem *Tatort* 10,5 Millionen Euro bekommen.[1] Eine Bestätigung oder ein Dementi gibt es weder von der ARD noch von Jauch.

Selbst alten Freunden des öffentlich-rechtlichen Systems stoßen derartige Honorare für Jauchs meist dröge Talkrunde bitter auf. So kritisierte der angesehene SPD-Politiker Henning Scherf in der ARD-Sonntagsrunde, dass Jauch im Ersten ein Vielfaches dessen einstreicht, was die Bundeskanzlerin verdient.[2] Wie es zu diesen Top-Honoraren kommt, bleibt das Geheimnis der Öffentlich-Rechtlichen. Sie gewähren keinen Einblick in das Zustandekommen solcher Aufträge. Der ansonsten so neugierige Moderator Jauch schweigt seit Jahren eisern. Aus gutem Grund: RTL, aber auch die ARD haben den einstigen Radiomoderator des Bayerischen Rundfunks zu einem vielfachen Immobilienmillionär in Potsdam und zu einem stolzen Weingutbesitzer an der Saar gemacht.

Gut im Geschäft ist auch Jörg Pilawa, der mittlerweile von der ARD zum ZDF gewechselt ist. Der Frauenliebling hat sich mit

70

Europas zweitgrößtem TV-Produzenten Endemol (*Wer wird Millionär?*) verbündet. An seiner Produktionsfirma Herr P. hält der Moderator 49 Prozent, die restlichen 51 Prozent liegen bei Endemol Deutschland. Als Geschäftsführer fungieren Pilawa und der Endemol-Deutschlandchef Marcus Wolter.[3] Die beiden kennen sich gut, schließlich haben sie seit Herbst 2010 das ZDF-Quiz *Rette die Million!* produziert. Beim ZDF hat Pilawa viel zu tun. Neben der Quizshow *Rette die Million!* wird er eine neue Staffel der *Quizshow mit Jörg Pilawa*, die Fortsetzung von *Deutschlands Superhirn* und die neue Spieleshow *Der Super-Champion 2012* moderieren.

Auch Frank Plasberg betreibt seine eigene Produktionsfirma mit dem ironischen Namen Ansager & Schnipselmann GmbH & Co. KG in Düsseldorf. Zusammen mit dem Kompagnon Jürgen Schulte vermarktet er sich, aber auch schon mal Kollegen wie den Kabarettisten Eckart von Hirschhausen. Diskretion ist in dieser Branche eben alles. Auf der Homepage des ansonsten so mitteilungsfreudigen Journalisten gibt es außer einem Impressum nichts zu sehen.

Zu den lukrativen Geschäften der Moderatoren schweigen die Anstalten und die Kreativen. Maximal durch eine Indiskretion eines ehemaligen Mitarbeiters kann der Gebührenzahler erfahren, wohin genau die Millionen fließen. Ansonsten bleibt das Geschäft im Dunkeln. Als ZDF-Intendant Thomas Bellut vom fernseherfahrenen *Zeit*-Chefredakteur Giovanni di Lorenzo und seiner Kollegin Anne Kunze gefragt wurde, ob es bei den Moderatoren-Honoraren Grenzen für das ZDF gibt, antwortet er: »Ja. Der große Wettbewerb zwischen den Privaten und den Öffentlich-Rechtlichen hatte dazu geführt, dass wir wirklich sehr hohe Honorare hatten. Ich finde aber, dass wir mittlerweile wieder ein vernünftiges Honorarniveau erreicht haben.«[4] Was denn »vernünftig« ist, darüber spricht Bellut nicht. Zahlen nennt er schon gar keine. Wann denn die Honorargrenzen für Starmoderatoren überschritten seien, fragte das Interviewerduo nach. »Wenn ich es vor mir selbst und meinen Gremien nicht mehr rechtfertigen kann«, antwortet Bellut ausweichend.[5]

Warum müssen die Öffentlich-Rechtlichen für teures Geld Talk- und Quizformate im Studio unbedingt an Firmen ihrer Moderatoren auslagern? Ist es nicht preiswerter, die Gesprächsrunden mit eigenen Kameraleuten, mit eigener Beleuchtung und Maske zu inszenieren? Schließlich verfügt die ARD durch ihre Landesrundfunkanstalten in jeder größeren Stadt dieses Landes über eigene Studiokapazitäten, von den opulenten Ressourcen der Bavaria Film und des Studio Hamburg in den drei größten Städten Deutschlands ganz zu schweigen. Volker Herres, der glücklose ARD-Programmdirektor, gibt folgende Antwort: »Die Zusammenarbeit mit privaten Produktionsfirmen bietet der ARD die notwendige programmliche Flexibilität.«[6] Nach Ende der Laufzeit kann die Sendung einfach abgesetzt werden. Zudem gebe es einen großen Aufwand an Redaktion, Organisation und Technik. »Dies alles vorzuhalten wäre teurer als eine Auftragsproduktion«, sagt Herres.[7] Nachprüfbar sind solche Aussagen nicht, denn es gibt keine Transparenz über das Geld, das in die Kassen der Moderatoren und Produzenten fließt. »Die ARD gibt über Inhalte von Verträgen, die mit Dritten geschlossen werden, keine Auskunft, und daran halte ich mich«, sagt Herres.[8] Basta.

ARD und ZDF sind schon seit Jahrzehnten keine Talentschmieden mehr. Alle populären Moderatoren kommen vom Privatfernsehen, von Reinhold Beckmann über Kai Pflaume bis zu Matthias Opdenhövel, früher ein Gesicht von ProSieben. Das Gebührenfernsehen muss sie daher ködern. Spitzengagen reichen dafür schon lange nicht mehr aus. Die populären Gesichter von RTL, Sat.1 und ProSieben, die zum Gebührenfernsehen überlaufen, bekommen daher lukrative Produktionsaufträge.[9] »ARD und ZDF sollten von ihren Gebührengeldern besser ihren eigenen Nachwuchs pflegen, als Entertainer bei den Privaten abzuwerben«, schimpft Jobst Benthues, Chef der Redseven Entertainment, der Produktionsfirma des Münchener Fernsehkonzerns

72

ProSieben Sat.1 im *Manager Magazin*. Auch Harald Schmidt beherrscht das Spiel, zwischen Gebührenfernsehen und Privat-TV zu wechseln. Für rund acht Millionen Euro jährlich war das TV-Lästermaul vor Jahren zur ARD übergelaufen und geiferte im Studio 449 im tristen Kölner Stadtteil Mülheim über Gott und die Welt.[10]

Was ist der Unterschied zwischen der Bundesliga und der ARD/ZDF? Wenn einer wie Mesut Özil vom Fußballklub Werder Bremen für 15 Millionen Euro zu Real Madrid wechselt, erfahren es die Fans schnell aus den Medien.[11] Wenn einer wie Jörg Pilawa von der ARD zum ZDF wechselt, herrscht hartnäckiges Schweigen – obwohl er mit Gebührengeldern bezahlt wird. Eigentlich müsste es umgekehrt sein. Denn Real Madrid investiert sein eigenes, verdientes Geld – und keine GEZ-Millionen.

Doppelt kassieren: Der Fall der RTL-Ikone Günther Jauch bei der ARD

Günther Jauch ist das Gesicht von RTL, dem größten und erfolgreichsten Privatsender in Deutschland. RTL-Chefin Anke Schäferkordt war alles andere als begeistert, als sich der Publikumsliebling des Bertelsmann-Senders entschied, im Herbst 2011 die Nachfolge von Anne Will auf dem Talkshow Sendeplatz am Sonntagabend im Ersten zu übernehmen. Jauch lockte die wichtigste Talkshow im öffentlich-rechtlichen Fernsehen journalistisch und geschäftlich. Denn in seiner Plauderrunde sind die mächtigsten Politiker des Landes Dauergäste. Doch auch wirtschaftlich war das Angebot erste Sahne. 10,5 Millionen soll er wie bereits erwähnt angeblich pro Jahr an GEZ-Gebühren für seine Talkrunde bekommen. Das ist kein Pappenstiel – gerade in Zeiten der Wirtschafts- und Finanzkrise ist das Geld der ARD eine sichere Bank.

Manche haben sogar den Mut, deshalb die Gerichte anzurufen. So klagte der mit dem Grimme-Preis prämierte ehemalige WDR-Redakteur Axel Hofmann gegen die angebliche Verschwendung von Gebührengeldern durch das opulente Honorar des Sonntagabend-Talkers Günther Jauch. Doch er scheiterte mit seinem Antrag auf eine einstweilige Anordnung.[12] Das Kölner Verwaltungsgericht teilte Axel Hofmann mit, dass er seinen Kampf gegen Günther Jauch und ein wucherndes System verloren habe. Sogenannte Popularanträge seien ausgeschlossen. Die Kölner Justiz kam zu dem Entschluss, dass ein einzelner Zuschauer über ein Gericht keinen Einfluss auf die Progammgestaltung nehmen dürfe (Aktenzeichen: 6 L 1044/10). Wofür die GEZ-Gebühren ausgegeben werden, sei Sache der zuständigen Gremien. Mit seiner Entscheidung stoppte das Gericht nicht nur den Gebührenzahler Hofmann. Mit seinem Schreiben teilte es knapp 82 Millionen Deutschen mit, dass jeder Widerstand gegen einen laxen Umgang mit Gebührengeldern durch ARD und ZDF chancenlos ist.

Die Rechtsprechung und damit auch die Gesetzeslage zeigen mustergültig, wie entrechtet der Zuschauer ist. Er muss lebenslang zahlen, gegen Geldverschwendung von ARD und ZDF vorgehen darf er aber nicht.

Günther Jauch darf sich hingegen freuen. Denn mit der ARD hat er einen mächtigen, umsatzstarken Kunden an Land gezogen.

Seine Geschäfte laufen prima. Die Bilanz seiner Firma i&u Information und Unterhaltung TV Produktion GmbH & Co. KG glitzert golden. Im Jahr 2010 erwirtschaftete die Kölner Firma mit 82 Angestellten und 65 Aushilfen einen Umsatz von knapp 40 Millionen Euro. Der Jahresüberschuss belief sich auf stolze 6,12 Millionen Euro. Das geht aus der Pflichtveröffentlichung des Jahresabschlusses im *Bundesanzeiger* hervor.[13] Ein Abschluss für 2011 lag bei Redaktionsschluss noch nicht vor.

Wer wird Multimillionär? Jauch ist es längst geworden. Dass er öffentlich jammert, wie schlecht es ihm als Unternehmer geht, ist angesichts einer Umsatzrendite von zuletzt über 15 Prozent bizarr. »Wir produzieren immer mehr und erlösen immer weniger. Die entsprechende Grafik sieht aus wie das Maul eines Dinosauriers, das sich immer weiter öffnet. Das müsste sich wieder schließen, am liebsten wäre mir ein Unterbiss «, vertraute der geschäftstüchtige Produzent, Entertainer und Journalist allen Ernstes der *Süddeutschen Zeitung* an.[14]

Jauch pflegt seine Kunden. Die Zeiten, als er noch ARD-Intendanten als »Gremlins« bezeichnete, sind längst passé.[15] Der Wahl-Potsdamer verdient sich im Gebührenfernsehen offenbar eine goldene Nase. Er produzierte Jubiläumssendungen wie *60 Jahre ARD* im Ersten, aber auch *2011 – Das Quiz mit Frank Plasberg*. Seine sonntägliche Talkshow in einem Berliner Gasometer produziert er selbstverständlich mit seinen eigenen Angestellten und Aushilfen. Jauch stellt auch die ARD-Show *Countdown* mit Matthias Opdenhövel in den Nobeo-Studios in Hürth bei Köln her. Bei der Spieleshow mit vier Kandidaten geht es um 100 000 Euro. Auch prominente Kollegen wie den ehemaligen Börsenmakler Kai Pflaume und Jörg Pilawa hat er unter Vertrag. Die Auftragslage wird im letzten Lagebericht von i&u als »sehr zufriedenstellend« beschrieben.

Das ist kein Wunder, denn Jauch ist ein begnadeter Kommunikator im Umgang mit den Mächtigen. Wenn die Bertelsmann-Matriarchin Liz Mohn im Frühherbst zum Feiern und Tanzen in der verschwenderischen Berliner Konzernrepräsentanz mit der Prestigeadresse Unter den Linden 1 einlädt, ist Jauch zur Stelle. Routiniert präsentiert er sich dann auf dem roten Teppich in Berlin-Mitte. Im Hause Bertelsmann ist der Journalist und Unternehmer hochwillkommen. Die Milliardärin aus der ostwestfälischen Provinz weiß, dass ihr Sender RTL mit dem smarten Publikumsliebling schon sehr viel Geld verdient hat. Da ist ein Seitensprung zur ARD schnell verziehen.

Mittlerweile mehren sich aber die kritischen Stimmen. Die ARD leistet sich fünf Talkshows, von *Günther Jauch* über *hart aber fair*, *Menschen bei Maischberger* und *Anne Will* bis hin zu *Beckmann*. Manchen, darunter den Rundfunkräten des WDR und MDR, wird das zu viel.[16] Denn die Themen sind bisweilen identisch, die Gäste auch. So war der CDU-Politiker Peter Hintze sowohl bei Jauch zu Gast als auch einen Tag später bei Plasbergs Talkrunde. Das ist sogar dem ARD-Programmbeirat bitter aufgestoßen. In einem internen Papier heißt es: »Ein Neuigkeitswert ist auch nach 24 Stunden nicht erkennbar gewesen.« Auch Formulierungen für den Titel der Jauch-Sendung wie »Die 500 000-Euro-Frage« seien »einem öffentlich-rechtlichen Fernsehen nicht angemessen«. Summa summarum kommt der Programmbeirat zu der Auffassung: »Diese Sendung ist eher ein Show- als politischer Talk – eine beunruhigende Entwicklung für ein öffentlich-rechtliches Format! Herr Jauch sollte dringend an seiner Gesprächsführung arbeiten, ebenso an der Themen- und Gästeauswahl«, empfehlen die Experten ARD-intern.[17] Vielleicht wäre es am Ende die beste Lösung, auf die sonntägliche Politplauderei *Günther Jauch* komplett zu verzichten?

Dukatenesel: Markus Lanz als *Wetten, dass..?*-Moderator und Produzent

Es ist vielleicht der schwierigste Job in der deutschen Fernsehunterhaltung. Seit Oktober hat Markus Lanz die Nachfolge von Thomas Gottschalk bei Europas größter Unterhaltungsshow *Wetten, dass..?* übernommen. Das ZDF unter seinem Intendanten Thomas Bellut und seinem Programmchef Norbert Himmler ließ sich viel Zeit mit seiner Entscheidung. Mehr oder weniger ein quälendes Jahr. Alle möglichen Namen geisterten durch den Blätterwald. Es hagelte zahlreiche Absagen. Hape Kerkeling und Jörg Pilawa sagten ab. Am Ende fiel im März 2012 die Entscheidung auf den sympathischen Südtiroler, den Schwarm aller Schwiegermütter. Lanz gilt als zielstrebig und fleißig. Zum ZDF kam der frühere RTL-Moderator als Urlaubsvertretung für den umstrittenen Johannes B. Kerner. Bereits im Sommer 2008 übernahm er die Sendungen von Kerner. Mittlerweile ist er exzellent im Geschäft.

Die Übernahme des Gottschalk-Jobs am Samstagabend hat den Entertainer aus dem malerischen Pustertal endgültig in die erste Liga der Entertainer katapultiert. Zudem darf er seinen

ZDF-Spättalk weiterführen. Der Moderator betreibt zusammen mit seinem Geschäftspartner Markus Heidemanns die TV-Produktionsfirma Mhoch2. In einer Woche produziert sein Hamburger Unternehmen 15 Sendungen für das Mainzer Gebührenfernsehen: die Kochsendung *Die Küchenschlacht*, *Die Topfgeldjäger* mit Starkoch Steffen Henssler, das Talkformat *Markus Lanz*, die Promi-Kochschule *Lafer! Lichter! Lecker!*.

Seit Oktober 2012 ist das Tandem aus Hamburg noch besser im Geschäft. Denn Anfang März 2012 besiegelte ZDF-Intendant Bellut per Handschlag einen Deal, der Lanz und Heidemanns wirtschaftlich sehr nutzen wird. Lanz moderiert für drei Jahre *Wetten, dass..?*, und Heidemanns wird Creative Producer.[18] Die beiden kennen sich schon lange. 2005 trafen sie sich zum ersten Mal. Damals war Heidemanns schon Geschäftspartner des langjährigen ZDF-Moderators Johannes B. Kerner. Heute machen sie gemeinsam Kasse. Mhoch2 mit Sitz im Hamburger Stadtteil Ottensen gehört Lanz und Heidemanns jeweils zur Hälfte.

Wie auch in anderen Fällen ist nicht bekannt, wie tief der Gebührenzahler für die in die Jahre gekommene Unterhaltungsshow in die Tasche greifen muss. Nichts war durchgesickert. Geschäfte eben auf feine hanseatische Art.

Die Erwartungen an Markus Lanz sind hoch. Er muss die unter 60-Jährigen in das Programm des Zweiten locken. Eine interne Zuschauerbefragung der Mainzer Anstalt hatte ein katastrophales Ergebnis zu Tage gefördert. Demnach wird das ZDF nicht mehr als Familienprogramm, sondern als »ein Sender für alte Zuschauer« wahrgenommen.[19] Die Talksendung mit Lanz laufe am Abend so spät, dass sie im Gefühl der Zuschauer kaum existiere.

Trommeln für den Börsengang: Johannes B. Kerner und sein Einsatz für Air Berlin

Heute wissen wir es besser. Wer sein Geld in den Börsengang von Air Berlin investierte, hat das bitter bereut. Am 10. Mai 2006 wurde die Aktie der zweitgrößten deutschen Fluglinie erstmals auf dem Kurszettel notiert. Der Preis für das Papier damals: zwölf Euro pro Aktie. Heute ist der Anteilsschein sechs Mal weniger wert, nämlich keine zwei Euro.[20]

Für den damaligen ZDF-Moderator Johannes B. Kerner hingegen hat sich der Börsengang im wahrsten Sinne des Wortes ausgezahlt. Der Hamburger hatte in Fernsehspots mächtig für die Airline die Werbetrommel gerührt. Und er pflegte gute Beziehungen zum damaligen Vorstandschef Joachim Hunold. Im November 2005 – ein halbes Jahr vor dem Börsengang – war der sogar Gast in seiner Sendung. Zufall?

Viele Kleinaktionäre vertrauten in ihrer Naivität auf seriöse Aushängeschilder des öffentlich-rechtlichen Fernsehens wie Johannes B. Kerner. Schließlich handelt es sich um Journalisten und nicht um Pausenclowns einer Comedyshow. »Die direkte Werbung für Finanzprodukte ist problematisch, weil die Glaubwürdigkeit der öffentlich-rechtlichen Institutionen als Vehikel benutzt wird«, kritisierte Uwe Kammann, Chef des Grimme-Instituts in Marl, damals[21] – einer, der ansonsten dem öffentlich-rechtlichen Rundfunk ausgesprochen gewogen ist.

Doch Kerner ist kein Ausnahmefall. Auch sein Kollege Reinhold Beckmann von der ARD diskutierte beispielsweise in seiner Talkshow im Ersten mit dem früheren Arbeits- und Sozialminister Norbert Blüm (CDU) über das Rentenproblem und machte damals parallel Reklame für den privaten Versicherungskonzern WWK. Noch viel früher trommelten der damalige Hamburger *Tatort*-Kommissar Manfred Krug für die Aktie der Deutschen Telekom sowie der ZDF-Moderator Thomas Gottschalk zusammen mit seinem Bruder Christoph, einem Werbemanager in München, für die Papiere der Deutschen Post.

Es gab eine öffentliche Diskussion um schärfere Regeln für Moderatoren wie Johannes B. Kerner. Doch das Ansinnen perlte an ARD und ZDF ab. Natürlich waren viele in den Chefetagen sauer auf die millionenschweren Verträge für Testimonials, wie die Werbeauftritte von Prominenten in der Branche genannt werden. Doch zu ernsten Konsequenzen führte der Fall Kerner/ Air Berlin nicht. Das ZDF verwies darauf, dass Journalisten und Moderatoren wie Kerner eben freie Unternehmer seien. Die ARD sah sich nicht in der Lage, derartige Nebenbeschäftigungen auszuschließen.

Deshalb ist Misstrauen angesagt, wenn Journalisten und Moderatoren von ARD und ZDF als Werbeikonen unterwegs sind. Es empfiehlt sich, auf Fachleute zu hören, auch wenn sie weitgehend unbekannt sind, und nicht auf TV-Gesichter, die nette Gespräche mit Promis führen oder originelle Kochrezepte präsentieren können.

Übrigens, nach seinem Wechsel vom ZDF zum Privatsender Sat.1 zeigte sich Kerner im Hinblick auf mögliche Interessenskonflikte sensibler. Im Jahr 2010 war er zusammen mit dem ehemaligen Sat.1-Chef und EM.TV-Vorstandschef Werner Klatten, dem damaligen Air-Berlin-Chef Joachim Hunold und dem Deutschlandchef der Werbeagentur DDB, Tonio Kröger, Gesellschafter bei der United Professionals Agency GmbH. Die Firma wollte sich damals an Werbe- und Marketingunternehmen beteiligen. Das Quartett übernahm 75 Prozent der Promiagentur People Brand Management, um Prominente als Werbeträger zu vermitteln.[22] Zu den Kunden zählten damals Bundesliga-Star Miroslav Klose, Fußballtrainer Felix Magath oder die Schauspielerin Veronica Ferres.[23] Doch Kerner merkte schnell, dass er damit bei Sat.1 als Fußballmoderator Probleme bekommen würde, und verkaufte seine Anteile im Oktober 2010 an seinen damaligen Hamburger Geschäftspartner Klatten.[24]

Altersheim Hollywood: Günter Struve und sein ARD-Büro in Los Angeles

Günter Struve war 16 Jahre lang als Programmdirektor der ARD einer der mächtigsten Männer des öffentlich-rechtlichen Fernsehens. In seinem großzügigen Büro beim Münchener Hauptbahnhof mit einem großartigen Blick über die bayerische Landeshauptstadt peitschte er eine gnadenlose Popularisierung des Ersten durch. Mit Volksmusikorgien am Abend wollte er Marktanteile gewinnen. Die Konsequenzen dieser Programmpolitik sind bis heute zu sehen. Der Sender leidet unter Überalterung. Quote statt Klasse war die Devise des einflussreichen ARD-Managers. Er hat das Erste geprägt. Bei seinem Dogma ist es bis heute geblieben.

Die Intendanten hatte der Norddeutsche in den meisten Fällen schnell hinter sich gebracht – wenn auch manchmal mit Zähneknirschen. Denn Politik hinter den Kulissen machen, das konnte der ehemalige Redenschreiber von Willy Brandt wie kein Zweiter. Über die Politik und die SPD war er schließlich zum öffentlich-rechtlichen Rundfunk gekommen. Im Mai 1992 stieg der damalige WDR-Fernsehdirektor Struve zum ARD-Programmchef auf. Diese Position hatte er bis Herbst 2008 inne.

Zum Abschied in das Rentenalter bekam der ARD-Grande ein besonderes Geschenk – nach dem Motto: »Programmdirektor will ein wenig Sonne.« Im Alter von 69 Jahren wurde er als Chef des ARD-Verbindungsbüros nach Los Angeles entsandt. Dort sollte er den Film- und Fernsehmarkt für die ARD, Degeto und die ARD-Filmhandelstochter Telepool beobachten. Der MDR steuerte ein Honorar von 50 000 Euro für den Mr.-Sunshine-Job bei.[25]

Struve soll sich im Altersheim Hollywood wohl gefühlt haben, denn eines seiner Motive, in der Traumfabrik seine Zelte aufzuschlagen, sei familiärer Natur gewesen. Das berichten auf alle Fälle ARD-Insider. Struve selbst stand für ein Interview nicht zur Verfügung.

Ausgerechnet Struve über das 70. Lebensjahr einen Versorgungsjob im Millionärsparadies in Kalifornien zu geben, darüber staunte man sogar in den eigenen Reihen. Der ARD-Programmdirektor war vor seinem Weggang längst kein unbeschriebenes Blatt mehr gewesen. Er trug Mitverantwortung für den aufgedeckten Schleichwerbungsskandal im ARD-Vorabendprogramm wie der Serie *Marienhof*, der zum Rücktritt des damaligen Bavaria-Film-Chefs Thilo Kleine führte. Struve hatte auch einen kontroversen »Mitwirkendenvertrag« mit dem Profiradrennfahrer Jan Ullrich, der später unter Dopingverdacht geriet. Als Folge beschlossen die ARD-Intendanten, dass ihre Mitarbeiter keine Verträge mit aktiven Sportlern mehr eingehen dürfen.

Selbst ansonsten ausgesprochen loyale ARD-Intendanten verdrehen noch heute die Augen, wenn die Rede auf das Hollywood-Büro von Günter Struve kommt. Großen Sinn machte die Präsenz des ARD-Rentners unter kalifornischer Sonne offenbar eher selten, denn die ARD kauft bereits seit Jahren nur noch marginal Programme bei den Hollywood-Studios ein. Daran hat auch Struves Präsenz nichts geändert. Hinzu kam, dass er zwischendurch noch als erfolgloser Moderator der MDR-Talkshow *Riverboat* auch nach Deutschland reisen musste.

Ende 2010 wurde der Beratervertrag mit ihm nach zwei Jahren Laufzeit beendet. Seine Stelle war ausgerechnet vom MDR mitfinanziert worden. Der Ostsender musste damals ein Sparprogramm von zehn Millionen Euro auflegen – dem fiel auch Struves Altersheim in Hollywood zum Opfer.[26] Öffentliche Dankesbekundungen für seinen Einsatz in Los Angeles gab es nicht.

Heimatmelodie: Warum sich das ZDF an einem Bezahlsender in Polen beteiligt

Wer auf der Suche nach der Mainstream Media AG durch das trostlose Industriegebiet von Ismaning läuft, kommt nicht auf die Idee, dass hier das Zentrum der heilen Fernsehwelt sein Zuhause haben könnte. Doch ich wusste: Der seelenlose Ort im Norden von München, auf halbem Weg zum Franz-Josef-Strauß-Flughafen, hat es dem Medienunternehmer Gottfried Zmeck seit vielen Jahren angetan. Der ehemalige Büroleiter von Leo Kirch und einstige Chef des gescheiterten Digitalsenders DF1 hatte in Ismaning das Fernsehgeschäft gelernt. Am Ortsrand von Ismaning stand früher die Holding des legendären Medienunternehmers und Milliardenpleitiers aus Franken. Der gerissene Filmhändler Kirch schätzte den Standort aus steuerlichen Gründen. Zmeck war viele Jahre einer seiner engsten Vertrauten.

In Ismaning ist sein früherer Ziehsohn geblieben. Ausgerechnet auf dem Höhepunkt der New Economy zur Jahrtausendwende gründete Zmeck den Schlagersender Goldstar TV. Die großen Musikstars von ARD und ZDF wie Howard Carpendale, Roland Kaiser oder Roger Whittaker trällerten ihre populären Evergreens für die Abonnenten des Bezahlsenders Premiere, dem Vorgänger von Sky. Der im Frühjahr 2000 gegründete Schlagerkanal war für den fast kahlköpfigen und ausgesprochen höflich auftretenden Unternehmer das Fundament für seine Mainstream Media AG. Heute zählen zu seinem kleinen Imperium auch der Heimatkanal und, seit dem Valentinstag 2008, der Kitschsender Romance TV. Alpenglühen TVX, seinen Lederhosen-Sexsender, musste er wegen Erfolglosigkeit einstellen. Im Mai 2012 hatte sein Unterhöschen-Bezahlkanal ausgejodelt.

Der austauschbare Bürobau, den ich betrete, birgt ein prosperierendes Medienunternehmen, das ohne eine enge Allianz mit dem Gebührenfernsehen nicht vorstellbar wäre, denn Vorstandschef Zmeck betreibt seine Bezahlsender mit populären Schnulzen der Öffentlich-Rechtlichen. Romance TV zeigt Publikumsrenner von ARD und ZDF wie die Rosamunde-Pilcher-Verfilmungen, die Telenovela *Sturm der Liebe* oder den Dauerbrenner *Das Traumschiff.*[27] Ein Konzept, das funktionierte. Was lag näher, als die Idee zu exportieren?

Dafür suchte sich Zmeck, der in der Fernsehbranche als angesehener und zuverlässiger Geschäftspartner gilt, einen starken Kompagnon. Im ZDF fand er diesen Kooperationspartner. Der Mainzer Sender engagierte sich über seine kommerzielle Tochter ZDF Enterprises. Zmeck beteiligte die Vermarktungstochter der Mainzer Anstalt zur Gründung von Auslandssendern an der Mainstream Networks Holding GmbH & Co. KG über eine Kapitalerhöhung mit 26 Prozent. Nach Angaben von Brancheninsidern lag das Investitionsvolumen im einstelligen Millionen-Euro-Bereich.[28] Das ZDF hatte Enterprises bereits 1993 für die weltweite Vermarktung von Programmen, für internationale Koproduktionen und für Merchandising gegründet.

Mit dem ZDF im Boot exportierte der frühere Kirch-Manager Romance TV nach Polen. Der Sender Romance TV Polska, der ZDF-Kulturgut wie die *Schwarzwaldklink, Das Traumschiff* und schnulzige Verfilmungen der Kitschromane von Rosamunde Pilcher und Charlotte Link, Utta Danella oder Inga Lindström in Haushalte zwischen Danzig und Krakau bringt, ist das erste gemeinsame Projekt des Duos. Der Sender kann nach Unternehmensangaben bei dem Kabel-Plattformbetreiber Toya abonniert werden. Außerdem ist er über die Satellitenplattform »n« verfügbar.[29] Der polnische Ableger, den Zmeck und das ZDF betreiben, erhielt von der Medienanstalt Berlin-Brandenburg eine europäische Sendelizenz.

Das Gebührenfernsehen hat bei Romance TV Polska sp.z o.o. in Warschau allerdings wenig mitzureden, denn 69 Prozent der Anteile der Mainstream Networks Holding GmbH & Co. KG hält Zmeck selbst. Außerdem ist sein Vertrauter und Chief Operating Officer der Romance TV, Tim Werner, mit fünf Prozent beteiligt.

Ein schlechtes Gewissen brauchen die Beteiligten bei ihrer bizarren Allianz nicht zu haben. Medienrechtlich werde ZDF Enterprises kein Problem haben, verriet mir ein Beteiligter. Das Unternehmen schöpfe nur seinen Handlungsspielraum aus. Und tatsächlich, bis heute hat der Mainzer Gebührensender wegen seines Bezahlsenders in Polen weder politisch noch rechtlich Ärger bekommen. Das Engagement eines öffentlich-rechtlichen Senders im Ausland ist von der Öffentlichkeit ohnehin weitgehend unentdeckt geblieben.

Transparenz, nein danke: ARD und ZDF im Visier von Transparency International

Der ehemalige Bertelsmann-Chef Gunter Thielen ist kein großer Redner. Der nüchterne Saarländer bringt jedoch komplexe Zusammenhänge bisweilen genau auf den Punkt. 2002, als die Bertelsmann-Stiftung den Carl Bertelsmann-Preis[30] an die Anti-Korruptions-Agentur Transparency International vergab, sagte der Vertraute von Bertelsmann-Matriarchin Liz Mohn, Transparenz sei für den, der dem Gemeinwohl dienen wolle, besonders wichtig. Transparenz, so Thielen, sei die Grundlage für Wettbewerb und Effizienz.[31] Leider war bei der Preisverleihung im September 2002 unter den vielen prominenten Gästen in Gütersloh aber kein Intendant von ARD und ZDF dabei. Thielens Botschaft hat die Funkhäuser zwischen Kiel und München vermutlich nie erreicht.

Transparency International hat sich seit seiner Gründung im Jahr 1993 dem weltweiten Kampf gegen die Korruption verschrieben. Dass die in Berlin-Mitte ansässige Organisation früher oder später auch auf den öffentlich-rechtlichen Rundfunk und dessen Praxis beim Umgang mit TV-Aufträgen an Moderatoren und Produzenten aufmerksam werden würde, war nur eine Frage der Zeit. Im Herbst 2011 war es so weit. Zu viele Skandale flogen auf.

Die Botschaft von Transparency International war eindeutig. Der Verein forderte ARD und ZDF auf, künftig in einem jährlichen Bericht für den Gebührenzahler offenzulegen, für welche Produktionen wie viel Geld ausgegeben wurde. Die gemeinnützige Organisation verlangte von ARD und ZDF außerdem, die Vergabe von Aufträgen transparent zu gestalten.[32] Hintergrund der Empfehlungen in der Studie »Nationaler Integritätsbericht Deutschland« waren die zahlreichen Korruptions- und Betrugsfälle in den Reihen der ARD in jüngster Zeit. Die Studie war nach Angaben von Transparency International Teil der Initiative der Europäischen Union gegen Korruption.

Doch der Appell verpuffte. Es gab nicht einmal eine öffentliche Diskussion darüber. Der Ruf nach Transparenz für diejenigen, die mit ihrem Gebührenfernsehen dem Gemeinwohl dienen wollen, blieb in den Führungsetagen der Anstalten weitgehend ungehört. Mit einer Ausnahme: Der MDR schrieb im Frühjahr 2012 erstmals zwei Folgen seines Sonntagabendkrimis *Tatort* öffentlich aus. Die Resonanz war groß. Am Ende erhielt der in Köln und München beheimatete TV-Produzent FFP New Media für den Thüringer *Tatort* den Zuschlag. Ein erster Versuch, das Schattenreich der undurchsichtigen Auftragsvergabe zu verlassen. Doch das kann nur ein bescheidener Anfang sein. Sämtliche vergebenen Produktionsaufträge müssen transparent sein. Ein Mittel dazu wäre ein jährlicher Transparenzbericht, der es dem Gebührenzahler, aber auch den Firmen ermöglicht, zu erfahren, wer, wann, wo und weshalb einen lukrativen Millionenauftrag wie den *Tatort* bekommen hat. Es genügt nicht, dass einzelne Anstalten wie der WDR und NDR lediglich ihren Aufsichtsgremien mitteilen, mit wem sie Auftragsproduktionen abwickeln und wie viel sie dafür ausgeben.

ARD-Führungskräfte fordern öffentlich gerne Transparenz, solange sie selbst nicht betroffen sind. Thomas Leif, Chefreporter des Südwestfunks, ist so ein Fall. Als Mitglied von Transparency International und langjähriger Vorsitzender der renommierten deutschen Journalistenvereinigung Netzwerk Recherche ist er eine Art journalistischer Saubermann im Auftrag des öffentlich-rechtlichen Senderverbundes. Der Moderator der Polit-Talkshow *2+Leif* im SWR kämpft seit Jahren gegen Vetternwirtschaft und Korruption. Plötzlich geriet er 2011 aber selbst ins Fadenkreuz staatsanwaltschaftlicher Ermittlungen. Der Mainzer ARD-Moderator soll nämlich illegal Steuergelder »seines« Netzwerkes abgezweigt haben.

Von der Bundeszentrale für politische Bildung erhielt die Vereinigung offenbar ungerechtfertigt Subventionen von 75 000 Euro.[33] Wirtschaftsprüfer, die in die Bücher von Netzwerk Recherche zwischen 2008 und 2010 Einblick nahmen, merkten schnell, dass nicht alle Einnahmen korrekt verbucht wurden. Als der Sachverhalt aufflog, wurde Leif, der den Finanzskandal verantwortete, zum Rücktritt gezwungen. Die 75 000 Euro wurden vorsorglich vom Verein zurückgezahlt. Für den TV-Moralapostel des Gebührenfernsehens hatte der Finanzskandal übrigens keine Folgen. Leif schwieg. Und der SWR-Intendant und frühere ARD-Vorsitzende Peter Boudgoust? Er beließ Leif auf seinem Posten als Chefreporter. Wer schweigt, der bleibt.

4. Komödienstadel
Welchen Luxus sich Rundfunkanstalten gönnen

>»Man muss wissen, dass Sport ein Geschäft ist, dass Spaß ein Geschäft ist –
>und dass die Mischung aus Spaß und Sport eines der besten Geschäfte ist.«
>*Nikolaus Brender, Journalist und ehemaliger ZDF-Chefredakteur*

Draufzahlgeschäft Bundesliga

Der 17. April 2012 war ein Frühlingstag wie aus dem Bilderbuch. Die Sonne strahlte über der Geldmetropole Frankfurt, als Christian Seifert in den Skyloft des Luxushotels Sheraton am Rhein-Main-Flughafen gerufen hatte. Der smarte Geschäftsführer der Deutschen Fußball Liga (DFL) besitzt ein feines Gefühl für Ironie. Für die Bekanntgabe des monatelangen, knallharten Pokerspiels um die Medienrechte der Fußball-Bundesliga hatte sich der Chef der Organisation der 36 Profiklubs ausgerechnet diesen symbolträchtigen Ort ausgesucht. Die »Himmelslounge« ganz in der Nähe des Terminals 1 war gut gewählt, denn der frühere Karstadt-Manager und seine Klubmanager schwebten an diesem historischen Tag auf Wolke sieben. Sie hatten das schier Unmögliche geschafft: Sie haben die Fernseh-, Handy- und Internetrechte so teuer wie niemals in der Geschichte des deutschen Fußballs verkauft. Die von Seifert und seinen Mannen perfekt gespielte Pokerrunde mit dem Bezahlsender Sky, der Deutschen Telekom, ARD, ZDF, dem Medienkonzern Axel Springer (*Bild*, *Welt*, *Hörzu*) und der Kirch-Firma Constantin Medien (Sport 1) bescherte der Liga bei den Einnahmen eine Steigerung von unglaublichen 50 Prozent.

Als Seifert mit einem leichten Lächeln um 12.52 Uhr im Skyloft vor die Kamera trat, war er tief entspannt. Er überließ die Ouvertüre erst einmal dem Liga-Präsidenten Reinhard Rauball, der sich in umständlichen Worten für die Pokerrunde bedankte. Als dann der schlohweiße Fußballfunktionär das abgegriffene, antiquierte Wort des »Quantensprungs« in die Hand nahm, war klar: Der deutsche Fußball hat so etwas wie einen Sechser im Lotto. In den nächsten vier Spielzeiten von 2013/14 bis 2016/17 werden die Klubs rund 2,5 Milliarden Euro einnehmen. Das sind pro Saison 628 Millionen Euro und rund die Hälfte mehr, als sie bei der vergangenen Rechtevergabe eingenommen haben. Bislang erlöste die DFL durchschnittlich lediglich 412 Millionen Euro.

Im Skyloft konnte man eine Stecknadel fallen hören, als Seifert, der das Fernsehgeschäft beim legendären Medienunternehmer Leo Kirch und beim Videoclipkanal MTV erlernt hat, diese Zahlen durch den Raum schickte. Niemand unter den anwesenden Journalisten, darunter viele altgediente Hasen, hatte mit so einer gigantischen Summe gerechnet. Mit 2,5 Milliarden in vier Jahren katapultiert sich die Bundesliga an die europäische Spitze. Mit Ausnahme Großbritanniens zahlen die Sender nirgendwo mehr Geld für die Übertragungsrechte.

Wenn es um den Fußball geht, gibt die ARD jede Zurückhaltung auf. Für sie ist die *Sportschau* am frühen Samstagabend ein Nationalheiligtum. Die Intendanten, allen voran der frisch inthronisierte BR-Chef Ulrich Wilhelm, zuvor noch Berliner Regierungssprecher, wollten sich unbedingt die Rechte für die Zusammenfassung im frei empfangbaren Fernsehen sichern. Das war von Anfang an klar. Eine ideale Ausgangslage für den Verkäufer der Rechte, die DFL. »Die ARD ist eine sichere Bank«, sagte mir ein Sportmanager bereits vorher im Vertrauen. Er sollte Recht behalten.

Künftig zahlt die ARD 420 Millionen Euro zwischen 2013 und 2017. Bislang waren es 400 Millionen Euro.[1] Das berichten Beteiligte. Schon die bisherige Summe von rund 100 Millionen Euro pro Saison gilt in der Branche als hoher Preis. »Wir konnten die Rechte für den Klassiker *Sportschau* zu wirtschaftlich angemessenen Konditionen erwerben«, ließ dennoch Ulrich Wilhelm verlauten, der in der ARD für Sportrechte verantwortlich ist und intern auch schon mal als »Sportintendant« bezeichnet wird.[2] Gerechtfertigt wird die Steigerung durch mehr Rechte. Die ARD kann die Zusammenfassung der Spiele ab 18.30 Uhr nicht nur im Fernsehen, sondern auch auf dem Handy und im Internet zeigen.

Auch die Kollegen vom ZDF greifen mal wieder tief in die Tasche. Um im *Aktuellen Sportstudio* kurze Zusammenfassungen zeigen zu können, zahlen sie künftig für die nächsten vier Spielzeiten zwischen 88 und 92 Millionen Euro.[3] Das berichten Verhandlungskreise. Auch dies ist eine Steigerung zum früheren Vertrag. Warum nimmt der Mainzer Sender solche Preissteigerungen hin? Weil man auf die Bundesliga-Rechte nicht verzichten will. Nach dem Selbstverständnis des ZDF-Sportchefs Dieter Gruschwitz ist das *Aktuelle Sportstudio* die einzige Sendung im deutschen Fernsehen, die seit Bestehen der Bundesliga immer »am Ball« gewesen ist. Und das wird auch zumindest in den nächsten Jahren so bleiben.

Bei ihrem finanziellen Engagement ist allen Beteiligten in den Anstalten klar, dass sich die Bundesliga-Rechte nie und nimmer über Werbung finanzieren lassen. Für die ARD sind 105 Millionen Euro pro Saison ein gewaltiges Verlustgeschäft. Über die Werbung am frühen Samstagabend kann nur ein Bruchteil abgedeckt werden. Da sind sich befragte Fernsehwerbeexperten einig. Die ARD selbst gibt keine Zahlen dazu bekannt. Warum auch? Derartige Zahlen würden in der Öffentlichkeit nur für Unmut sorgen. Daran hat niemand wirklich Interesse.

Und das ZDF? Das darf am späten Abend für das *Aktuelle Sportstudio* ohnehin keine Werbung oder Sponsoring verkaufen. Man gönnt sich die Bundesliga-Rechte – egal wie hoch die Preise ausfallen.

Wer Intendanten auf die Kosten für die Bundesliga anspricht, erhält keine genaue Antwort. Es wird gebetsmühlenartig darauf verwiesen, dass man mit der Bekanntgabe einer genauen Summe bei diesem Millionenspiel die Verträge mit der DFL brechen würde, »da wir gemäß unserer Verträge in dieser Hinsicht zu strengstem Stillschweigen verpflichtet sind«, wie mir eine ARD-Sprecherin mitteilt. Ist das wirklich so richtig? Ist so viel Intransparenz notwendig?

Der Bezahlsender Sky Deutschland, früher bekannt als Premiere, nennt ganz offen, nur wenige Stunden nach der DFL-Pressekonferenz, seine Rechtekosten: knapp zwei Milliarden in vier Jahren. Das MDax-Unternehmen hat in seiner mehr als 20-jährigen Geschichte erst in einem einzigen Quartal einen Gewinn erzielt. Den Vereinen wird das Unterföhringer Unternehmen von der Saison 2013/14 an jährlich 486,7 Millionen Euro überweisen. Trotz der Offenbarung der exakten Zahl kam von der DFL keine Kritik, eine Klage wegen Vertragsbrüchigkeit schon gar nicht.

Wollen ARD und ZDF den Gebührenzahler absichtlich im Ungewissen lassen? Mit ihrer defensiven Informationspolitik, wenn es um die Wirtschaftlichkeit der Anstalten geht, sind sie bislang aus ihrer Sicht sehr gut gefahren.

Das Gebührenfernsehen zahlt seit Jahren nach Meinung einiger Experten »Mondpreise« für die Fußball-Bundesliga. Deshalb stehen die privaten Konkurrenten wie RTL und ProSieben Sat.1 bei diesem Preispoker im Abseits. Die Privaten wissen genau, dass selbst bei der besten Vermarktung die Bundesliga am Samstag ein riesiges Draufzahlgeschäft ist. Sie wollen und können sich daher derartige Spiele nicht mehr leisten. Der krisengeschüttelte Sender Sat.1 hatte vor Jahren mit seiner einstigen Bundesliga-Fußballshow *Ran* schlechte Erfahrungen gemacht. Das war den Privaten ein Lehrstück. Die Öffentlich-Rechtlichen leisten sich den Luxus mindestens bis zum Ende dieses Jahrzehnts.

Wären ARD und ZDF börsennotiert, hätten sie an ihren Preisen schwer zu knabbern. Sie würden abgestraft werden. Der Bezahlsender Sky kann davon ein Lied singen. Als *Bild* an diesem Dienstagmorgen, dem 17. April 2012, meldet, Sky werde die Bundesliga weiterhin live zeigen, schießt der Aktienkurs an der Frankfurter Börse am frühen Morgen um bis zu einem Viertel nach oben. Der Grund liegt auf der Hand: Der ewige Verlustbringer hat sich im Bieterkampf mit der Deutschen Telekom die wichtigsten Fernsehrechte in Deutschland bis 2017 gesichert. Als am Mittag dann DFL-Chef Seifert die Gesamtsumme für die Bundesliga-Rechte nennt, bröckelt der Kurs sofort. Den Profis in den Banken wird klar, Sky hat viel, vielleicht zu viel Geld für die Live-Rechte ausgegeben. Am Nachmittag nennt der Vorstand die genaue Summe, die Sky-Aktie beendet diesen Dienstag auf dem Parkett mit dem Tagestiefststand von 2,15 Euro. Dieser Kurs entspricht nur noch einem Plus von rund sieben Prozent gegenüber dem Vortag. Die Zweifel sind groß, ob sich die gigantischen Ausgaben für die Fußball-Bundesliga durch den Verkauf von mehr Abonnements jemals einspielen lassen werden.

Fußballmonopol, Quote, Marktversagen

Der Fußball ist für ARD und ZDF, was der Betablocker für Schlaganfallrisikopatienten ist. Das Medikament senkt den viel zu hohen Blutdruck, den Kampf um das runde Leder den miesen Altersdurchschnitt des Ersten und Zweiten von über 60 Jahren. Die Anstalten sind auf die Fußballrechte angewiesen wie ein kranker Patient.

Denn Fußball, wie zuletzt bei der EM in Polen und in der Ukraine, garantiert ihnen traumhafte Quoten. Die Niederlage der deutschen Nationalelf gegen Italien im Juni 2012 sahen knapp 27,98 Millionen Zuschauer, da sind die Fußballfans vor den Riesenleinwänden unter freiem Himmel nicht einmal mit eingerechnet. Eine Bestmarke. Es muss nicht einmal das Halbfinale sein, um bei Spielen der deutschen Mannschaft rund 24 Millionen Zuschauer vor den Bildschirm zu locken. Selbst bei Partien ohne Beteiligung der Truppe von Jogi Löw sitzen über zehn Millionen vor dem Fernseher.[4] Doch nicht nur das, auch die Informationssendungen profitieren davon. Deshalb legen ARD und ZDF ihre Nachrichtenflaggschiffe *Tagesthemen* und *Heute-Journal* auch in die Halbzeitpause. Das garantiert exzellente Marktanteile, gerade bei den Jüngeren, die sich ansonsten längst von derartigen

Nachrichtenformaten verabschiedet haben. In der werberelevanten Zielgruppe der 14- bis 49-Jährigen erzielten die *Tagesthemen* Quoten von über 40 Prozent bei der Fußball-EM, an Tagen ohne ein Spiel waren es nicht einmal fünf Prozent.

Nach dem Abpfiff der Europameisterschaft in Polen und der Ukraine jubelten nicht nur die siegreiche spanische Nationalmannschaft, sondern auch ARD und ZDF. Sie hatten das geschafft, was ihnen nur alle paar Jahre gelingt. Sie haben im Juni 2012 den Quotensieg errungen. Das Erste wurde mit 15,9 Prozent der Marktführer unter den Zuschauern ab drei Jahren, das ZDF kam auf 15,5 Prozent. Abgeschlagen folgte RTL mit 10,6 Prozent.[5]

Doch die Zahlen relativieren sich schnell, betrachtet man das erste Halbjahr 2012 in der für die Werbewirtschaft relevanten Zielgruppe der 14- bis 49-Jährigen. Dort ist RTL mit einem Marktanteil von 16,7 Prozent klarer Sieger, gefolgt von den privaten Konkurrenten ProSieben und Sat.1 mit 11,3 und 10,2 Prozent sowie Vox mit 7,4 Prozent. Erst auf Platz fünf folgt die ARD mit 7,3 Prozent. Das ZDF schlägt mit 6,8 Prozent nur knapp RTL II mit 6,1 Prozent.[6]

Im Grunde genommen sind die guten Quoten über den Fußball nur Eintags- oder Einmonatsfliegen. Dennoch haben die Öffentlich-Rechtlichen ein öffentlich-rechtliches Fußballmonopol errichtet, um ihre Quote mit Megaereignissen aufzutun. Alle wichtigen Turniere haben sie sich mit Gebührengeld mittlerweile zusammengekauft. Ihnen gehört die Weltmeisterschaft 2014 in Brasilien – angeblich für 150 Millionen. Die Fernsehrechte für die Europameisterschaft 2016 in Frankreich haben offenbar geschätzte 180 Millionen Euro gekostet. Sie haben die Rechte für die Fußballweltmeisterschaft 2018 in Russland erworben. Sie werden sämtliche 64 Spiele ausstrahlen. 200 Millionen Euro soll das gekostet haben.[7] Sowohl der Sender als auch der Weltfußballverband FIFA schweigen eisern.

Wenn ARD und ZDF die Fußballarena betreten, wächst kein Gras mehr. 2011 kauften die beiden Anstalten für geschätzte 175 Millionen ein Länderspielpaket, zu dem auch die Spiele der Damen-Nationalmannschaft, der Frauen-Bundesliga sowie die Partien der 3. Liga gehören.[8] Neben der Bundesliga besitzt das Erste die Rechte am DFB-Pokal für geschätzte 27 Millionen Euro, an der 3. Liga für 13 Millionen Euro pro Spielzeit und die Frauen-Bundesliga. Des Weiteren hat sich die ARD auch schon den Confed-Cup 2013 in Brasilien und 2017 in Russland sowie die Frauen-WM 2015 in Kanada gesichert.

Über Jahre besaß der Privatsender Sat.1 die Rechte an der Champions League. Doch das nach eigener Aussage zur Sparsamkeit verpflichtete ZDF schnappte den Münchenern auch dieses internationale Turnier noch weg – angeblich für 54 Millionen Euro pro Spielzeit. Die Übertragungskosten und die Produktion bis 2015 sind darin noch gar nicht eingerechnet. Sat.1 hatte offenbar zuvor nur 38 Millionen Euro pro Spielzeit gezahlt.[9] Im pekuniären Armdrücken kommt niemand gegen die Öffentlich-Rechtlichen an. Schweren Herzens musste sich Sat.1 im Kampf um die Champions League geschlagen geben. »Bei ARD und ZDF ist noch nicht angekommen, dass sparen auch heißen kann, einfach weniger Geld auszugeben«, schimpfte selbst RTL-Chefin Anke Schäferkordt. »Ich bin außerordentlich erstaunt über das Finanzvolumen, das ARD und ZDF ausgerechnet in Zeiten wie diesen künftig vom Gebührenzahler verlangen wollen.«[10] Jahrelang bekam der Zuschauer die Champions League kostenlos, nun muss er dafür zahlen. Auch in den eigenen Reihen der Öffentlich-Rechtlichen wächst die Kritik. So hat der Rundfunkrat des MDR sein »Unbehagen« über den »Automatismus der Sport-Finanzierungsbeschlüsse« deutlich gemacht.[11] Er fordert längst eine Grundsatzdebatte über Sinn und Zweck des Sportrechtemonopols.

Es gehört zu den Merkwürdigkeiten des Systems von ARD und ZDF, dass die Intendanten wie tibetische Gebetsmühlen über Geldnot klagen. Doch im Pokerspiel um König Fußball sind sie in der Lage, blitzschnell viele Millionen auf den Tisch zu knallen.

Sie pokern so hoch, dass die meisten Mitspieler schnell die Karten hinschmeißen und aussteigen.

Die Folgen des Fußballmonopols liegen auf der Hand. Durch den Kaufrausch der Öffentlich-Rechtlichen wird der Sportrechtemarkt ausgehebelt. Der Markt versagt, weil einige der Spieler sich nicht an die Regeln der Marktwirtschaft halten müssen. Phantasiepreise können nun mal Unternehmen, die aus Verantwortung für ihre Eigentümer auf Rendite achten müssen, nicht zahlen. Bei ARD und ZDF steht hingegen am Ende der Gebührenzahler für die Kosten gerade. Das ist seit über 60 Jahren noch immer die sicherste Bank in Deutschland.

Das schlechte Gewissen: Alles Fußball oder was?

Die eigenen kontroversen Themen fassen ARD und ZDF mit spitzen Fingern an. Ich freute mich daher, als ich die schriftliche Einladung des SWR-Intendanten Peter Boudgoust zu einer Sportrechtediskussion Anfang Mai 2012 in Mainz auf meinem Schreibtisch in Düsseldorf fand. Der frühere ARD-Vorsitzende lud mich zu einem Streitgespräch ein, das der Frage nachgehen sollte, ob die Übertragung großer Sportereignisse überhaupt zur Grundversorgung des öffentlich-rechtlichen Rundfunks gehört. Ein wichtiges Thema, das bislang noch keine Anstalt des Senderverbundes öffentlich diskutieren lassen wollte. Vielleicht hatte ja das schlechte Fußballgewissen angesichts der horrenden Summen der vergangenen Monate zu dieser Runde mit dem Titel »Fußball für alle – alles Fußball?« geführt.

Der SWR beweist Mut. Die Modernisierer unter den Sendeanstalten wissen, eine Vogel-Strauß-Politik nützt angesichts des wachsenden Unmuts über das Gebührenfernsehen nicht. Die Klugen stellen sich dem Diskurs. Das Format *@SWRdirekt* ist so ein bescheidener Versuch, heiße Eisen innerhalb des Gebührenfernsehens wie beispielsweise die teuren Fußballrechte anzupacken. *@SWRdirekt* wird allerdings nicht im Dritten Fernsehprogramm des SWR ausgestrahlt, sondern findet nur im Web statt (www.swr.de/direkt). Unter dem Motto »Meinung – Diskurs – Austausch« können angemeldete Zuschauer ihre Fragen direkt einbringen oder sogar per Mail, Twitter und Facebook selbst Themen vorschlagen – ein sehr verdienstvoller Versuch mit Gebührenzahlern, vor allem den Jüngeren, direkt ins Gespräch zu kommen.

Als ich das weitläufige Mainzer Landesstudio mit seinen endlosen Fluren am frühen Abend betrat, war ich nicht schlecht erstaunt, welchen Aufwand der Sender für ein 75-minütiges Streitgespräch im Internet mit einer immer noch sehr überschaubaren Zielgruppe betreibt. Rheinisch-fröhliche Maskenbildnerinnen warteten auf unsere fünfköpfige Diskutantengruppe, darunter ARD-Sportkoordinator Axel Balkausky und Harald Strutz, der Präsident des Bundesligisten 1. FSV Mainz 05. Nach einer guten halben Stunde geleitete uns ein SWR-Mitarbeiter in das Studio D. Dort warteten bereits Kameraleute, Kabelträger, Ton- und Beleuchtungsexperten und Regie, um pünktlich zu beginnen. Wir nahmen Platz auf dem halbrunden Sofa im 70er-Jahre-Orange. Das vornehmlich junge Publikum hatte bereits zuvor in der Arena Platz genommen.

Gleich zu Beginn stellte der Moderator, der erfahrene SWR-Sportchef Michael Antwerpes, mit seiner knalligen lila Krawatte die richtige Frage: Wie viel Geld kosten die Bundesliga-Rechte die ARD künftig? Axel Balkausky flüchtete sich in ein ungewisses Lächeln. Einen Preis nannte er nicht. Nur so viel verriet der mächtige ARD-Manager: »Das Geld ist sehr gut angelegt.« Ist es das wirklich? Doch diese Frage wurde nicht gestellt.

Als ich endlich dran war, sagte ich an die Adresse Balkauskys: »Es gibt ein Grundrecht des Gebührenzahlers, genau zu erfahren, für was sein Geld ausgegeben wird.« Strutz, der seit fast einem Vierteljahrhundert amtierende Präsident von Mainz 05 und FDP-Lokalpolitiker, guckte mich mit versteinertem Gesicht an. An mehr Transparenz haben offenbar nicht nur die ARD, sondern auch die Klubs kein so starkes Interesse. »Ich finde, die Dunkelzone sollte ausgeleuchtet werden«, schob ich in hastigen Worten nach. »Den Anspruch verstehe ich«, merkte der ARD-Sportkoordinator diplomatisch an und verwies darauf, dass auch Sat.1 nicht veröffentliche, wie viel man für die Champions League zuletzt gezahlt habe. Das ist durchaus richtig. Was Balkausky und seine Kollegen in den Chefetagen aber vergessen: Sat.1 gibt als Teil eines börsennotierten Unternehmens verdientes Geld aus, um Gewinne für seine Aktionäre, sprich Eigentümer, zu erwirtschaften. Bei der ARD ist es hingegen das Geld der Gebührenzahler, das ihnen zwangsweise anvertraut wurde.

Dass sich die Zuschauer mit ihren Lebenswelten von den Öffentlich-Rechtlichen immer mehr entfernen, wurde bei der anschließenden Online-Abstimmung schnell deutlich. Die Frage, ob Fußball Grundversorgung sei und ins frei empfangbare Programm gehörte, verneinte im Internet eine klare Mehrheit. 56,5 Prozent der Befragten waren der Meinung, »Nicht zu jedem Preis – weniger wäre auch in Ordnung« oder »Nein, Fußball kommt schon zu viel«.[12]

Ob ARD und ZDF viele Hundert Millionen Euro an Gebührengeldern ausgeben sollen, um immer mehr Fußballrechte zu kaufen? Diese Frage wurde gar nicht erst zur Abstimmung gestellt. Dabei wäre die Antwort auf diese Frage sehr spannend gewesen.

Warum setzen ARD und ZDF fast nur auf Fußball? Warum zeigen sie nicht verstärkt Sportarten, die beim Bezahlsender Sky oder bei den frei empfangbaren Privatsendern kaum eine oder gar keine Rolle spielen? Handball, Basketball, Volleyball, Tischtennis, Reiten, Rudern, Segeln, Leichtathletik – die Liste ist lang. »Ich erwarte mir von ARD und ZDF eine größere Vielfalt und nicht nur, dass sie quotenintensiven Sportarten hinterherhecheln«, rief ich in die Mainzer Runde, um ihr eine neue konstruktive Richtung zu geben. »Das ergibt eine Schieflage, was die gesellschaftliche Realität nicht widerspiegelt.« Ich guckte fest zu meiner rechten Sitznachbarin Karin Augustin, Präsidentin des Landessportbundes Rheinland-Pfalz. Diesen Ball wollte ich der

Vertreterin des Breitensports schon zuspielen, damit sie ihn ins Tor brachte. Doch die Sportfunktionärin im knallroten Blazer verwandelte die Steilvorlage nicht.

Das wäre die Chance für eine Nagelprobe gewesen. Denn die ARD hatte erst ein paar Monate zuvor versprochen, mehr Sportarten im Ersten und Dritten Programm zu zeigen. Das war eine Reaktion auf die Kritik von Thomas Bach, Präsident des Deutschen Olympischen Sportbundes. Er rügte ARD und ZDF, sie kämen ihrem Programmauftrag nicht nach, sie müssten in der *Sportschau* neben dem Profisport auch die olympischen Sportarten zeigen.[13] Nur bei den Megaereignissen zücken ARD und ZDF schnell die Geldbörse. Die Olympischen Winterspiele im russischen Sotschi und die Sommerspiele 2016 im brasilianischen Rio de Janeiro sollen sich die Anstalten angeblich für 115 Millionen Euro gesichert haben.[14] Manche Schätzungen gehen sogar noch deutlich höher. Die Anstalten schweigen.

Dabei sein ist alles! ARD und ZDF bei den Olympischen Spielen in London

Wenige Monate vor seinem Ausscheiden warnte der ZDF-Intendant Markus Schächter seine Kontrolleure aus den Parteien, Kirchen und Verbänden eindringlich. Das Jahr 2012 würde alles andere als billig werden: »Weil 2012 – mit Olympia in London und der Fußballeuropameisterschaft in Polen und der Ukraine – ein teures Programmjahr ist, steht an dessen Ende ein Minus.« Er fügte flugs hinzu, es handele sich um ein Minus, »das aber planerisch durch Rücklagen aus den Vorjahren gedeckt ist«.[15] Der erwartete Fehlbetrag der Mainzer belief sich auf 75 Millionen Euro, der durch die Finanzreserven aus früheren Haushalten ausgeglichen werden soll.

Schächter versprach insbesondere, die Personalkosten zu reduzieren. Sein Nachfolger Thomas Bellut blies bereits kurz nach seinem Amtsantritt im März 2012 ins gleiche Horn. Doch wie nachhaltig sind solche Bekundungen? Noch immer betreiben

ZDF und ARD einen Aufwand, der alles in den Schatten stellt. Nach dem Motto »Dabei sein ist alles« haben die beiden Anstalten zu den Olympischen Sommerspielen in London im Sommer 2012 mehr Mitarbeiter geschickt, als die deutsche Olympiamannschaft Sportler hat. ARD und ZDF haben nach eigenen Angaben 480 Mitarbeiter in die britische Hauptstadt entsandt.[16] In dem Olympiateam des Gebührenrundfunks sind noch nicht einmal die Mitarbeiter des *Morgen-* und *Mittagsmagazins* und die Angestellten des ARD-Studios in London oder die Mitarbeiter des Deutschlandradios mit eingerechnet. Selbst der 75-jährige NDR-Adelsexperte, Rolf Seelmann-Eggebert, wurde nochmals aktiviert. Hingegen bestand die Deutsche Olympiamannschaft für die 30. Olympischen Spiele nach Angaben des Deutschen Olympischen Sportbunds lediglich aus 391 Athleten.

Die Spiele sind für die Anstalten ein Mammutprojekt. Hotelzimmer, Reisen, Fahrservice, Technik müssen gebucht, 80 Redakteure, Moderatoren und Regisseure des Gebührenrundfunks organisiert werden. Doch ist dieser ganze Aufwand überhaupt notwendig?

Die Absurdität, dass mehr Mitarbeiter von ARD und ZDF als Sportler zu den Olympischen Spielen reisen, hat eine lange Tradition. Bei den Olympischen Spielen in Peking im Jahr 2008 war der Aufwand sogar noch größer. Damals schickten die Anstalten unglaubliche 650 Mitarbeiter in die chinesische Hauptstadt. Waldemar Hartmann, Harald Schmidt und Johannes B. Kerner plauderten damals vergnüglich aus dem eigens eingerichteten Deutschen Haus im Kempinski Hotel Beijing Lufthansa Center in Peking. Zum Vergleich: Die BBC, welche die halbe Welt mit Live-Übertragungen versorgte, brauchte hingegen ein Drittel weniger Personal. Die Briten kamen nach eigenen Angaben auf gerade einmal 437 Mitarbeiter, obwohl sie ein Vielfaches mehr an Programmstunden ausstrahlten.[17] Und zur »guten« Tradition gehört auch, dass ARD und ZDF zu den genauen Kosten der olympischen Ausflüge konsequent schweigen. Die deutschen Anstalten waren mit 20 Millionen Euro doppelt so teuer wie ihre Pariser Kollegen von France 2, France 3 und France 4.

Schweigen die Anstalten aus gutem Grund? Im Fall des ZDF hat der Rechnungshof von Rheinland-Pfalz den Personalaufwand kritisch untersucht. Allein im Zeitraum zwischen 2004 und 2009 stiegen die Kosten für Festangestellte um knapp zehn Prozent. Dies entspricht einer Summe von 32 Millionen Euro.[18] Doch es kommt noch schlimmer. Durch eine Indiskretion erblickte der interne »Bericht der ARD an die Konferenz der Gremienvorsitzenden« das Licht der Öffentlichkeit. Dort wird aufgelistet, dass ARD und ZDF für die Olympischen Winterspiele in Vancouver 2010 und die Olympischen Sommerspiele in London 2012 die Rekordsumme von rund 142 Millionen Euro gezahlt haben.[19] Das öffentlich-rechtliche Fernsehen Frankreichs bekam die gleichen Rechte sogar für nur 55 Millionen Euro.[20]

Alles digital: Zuschauerbeglückung mit neuen Digitalkanälen

Zahlen können bitter sein. Das ZDF betreibt drei Digitalkanäle, und alle drei senden praktisch unter Ausschluss der Öffentlichkeit. Der Spielfilm- und Serienkanal ZDFneo erzielte im Jahr 2011 nach eigenen Angaben eine Zuschauerquote von 0,4 Prozent, der Nachrichtensender ZDFinfo klägliche 0,1 Prozent und ZDFkultur gar 0,0 Prozent. Alle drei Kanäle zusammen kommen lediglich auf einen Markanteil von einem halben Prozent. Bei der ARD mit ihren digitalen Sendern EinsPlus, Tagesschau24 und Einsfestival sieht es nicht viel anders aus.

Bei einem herkömmlichen Wirtschaftsunternehmen hätten die katastrophalen Quoten eine Folge: Die Sender würden ziemlich bald wegen Erfolglosigkeit eingestellt.

Seit ihren Gründungen haben die Digitalkanäle sowohl vom ZDF als auch von der ARD ihr Publikum nicht oder kaum gefunden. Warum auch? Die Programmangebote sind schlichtweg weitgehend überflüssig. Wer sich für Kultur interessiert, ist mit dem Nischensender Arte, dem politischen Kind der deutschfranzösischen Freundschaft, gut bedient.[21] Einst hatten der französische Staatspräsident François Mitterrand und der deutsche Kanzler Helmut Kohl den Kanal initiiert. Mit seinem anspruchsvollen Programm und auch vielen Filmpremieren bietet er ein öffentlich-rechtliches Zusatzangebot, das es so vorher nicht gab. Auch der Drei-Länder-Sender 3sat, den ARD und ZDF mit der Schweizer Rundfunkgesellschaft (SRG) und dem Österreichischen Rundfunk (ORF) veranstalten, hat seine Kulturnische gefunden. Wozu also noch mehr Fernsehsender?

Die Antwort ist einfach: Mehr Sender sichern sich mehr Gebührengeld. Durch immer neue Kanäle können ARD und ZDF ihren Finanzbedarf rechtfertigen – nach dem Motto: »Wir haben noch zusätzliche Angebote wie ... geschaffen.« Das kommt den Gebührenzahler teuer zu stehen. Nach Belluts Angaben investiert das ZDF in die Digitalkanäle ZDFneo, ZDFinfo und ZDFkultur pro Jahr rund 50 Millionen Euro. Doch das ist nur die halbe Wahrheit. Indirekt steckt durch Querfinanzierung sehr viel mehr Geld in diesen Zusatzangeboten. Doch darüber wird lieber geschwiegen, denn in der Öffentlichkeit wächst der Unmut über die Doppelstrukturen.

Hinzu kommt noch, dass die Digitalkanäle keiner direkten Aufsicht unterliegen. Weder für Einsfestival noch für ZDFneo gibt es eigene Aufsichtsgremien. Die Anstalten verwalten sich in der Praxis selbst. In der Theorie müssten sich die Rundfunk- und Fernsehräte von ARD und ZDF auch in die finanziellen Eingeweide der Digitalkanäle vertiefen. In der Praxis gibt es aber keine effektive Kontrolle. Über Ausgaben und Einnahmen gibt es nicht einmal offizielle Verlautbarungen. Reden ist Silber, Schweigen ist Gold – wie so oft im System von ARD und ZDF.

Für den Konkurrenten RTL sind die Digitalsender so eine Art trojanisches Pferd, um auch die Expansion im Internet voranzutreiben. »ARD und ZDF versenden in ihren Digitalkanälen Inhalte vor allem, um sie danach im Netz nutzen zu dürfen. Das ist ebenso absurd wie durchsichtig«, sagt Tobias Schmid,

Medienpolitikchef der RTL-Sendergruppe (RTL, Vox, Super RTL, N-TV). Die Logik ist denkbar einfach: Nach dem Rundfunkstaatsvertrag können ARD und ZDF Beiträge nur dann ins Netz stellen, wenn sie zuvor auf einem ihrer Sender gelaufen sind. Angesichts der miserablen Quoten fordert RTL die Einstellung der Kanäle wie Einsfestival, Tagesschau24, ZDFinfo und ZDFkultur.

Die Verteidigungslinie der Intendanten von ARD und ZDF ist einfach. »Die Länder haben uns beauftragt, derartige Programme anzubieten. Darüber können wir uns doch nicht einfach hinwegsetzen«, heißt es beim ZDF. Ein anderes Argument ist, die Digitalkanäle seien als Fernsehlabor zur Verjüngung der Zuschauerschaft dringend notwendig. RTL widerlegt das Argument. »Es gibt in der Summe keinen Zuwachs von jungem Publikum. Das ist empirisch anhand von ZDF und ZDFneo nachweisbar«, sagt Schmid.[22] Bei den 14- bis 49-Jährigen haben ZDF und der Zweitkanal ZDFneo im Jahr 2011 zusammen nur noch einen Marktanteil von 6,6 Prozent erzielt. Zum Vergleich: Bei RTL ist die Quote rund dreimal so hoch.

Dieser TV-Komödienstadel ruft mittlerweile auch die für die Rundfunkpolitik zuständigen Bundesländer auf den Plan. Kurt Beck, bisweilen mit einem feinen Gespür für Stimmungen im Volk ausgestattet, fordert von den Anstalten eine neue Kultur des Sparens. Der SPD-Politiker tritt für die Einstellung von vier Digitalkanälen von ARD und ZDF ein. Auch die resolute Ministerpräsidentin von Nordrhein-Westfalen, Hannelore Kraft (SPD), sprach sich im Juni 2012 für den Verzicht auf einzelne Digitalkanäle aus. Andere Bundesländer sind noch viel radikaler. Beispielsweise fordert Sachsen, die sechs Minisender komplett einzustellen. »Die Digitalkanäle von ARD, ZDF und Deutschlandradio sollten jüngere Zielgruppen ansprechen und den Rundfunkanstalten so auch für die Zukunft Publikum sichern. Diese Rechnung ist nicht aufgegangen. Die Quoten liegen mit circa 0,1 Prozent an der Untergrenze des Messbaren. Gleichzeitig kosten die sechs Digitalkanäle mehr als 90 Millionen Euro pro Jahr. Dies ist keine gesunde Kosten-Nutzen-Relation«, heißt es in einem durch den katholischen Medienfachdienst *Funk-korrespondenz* veröffentlichten Bericht der von den Ländern eingesetzten Arbeitsgruppe »Beitragsstabilität«, die vom Chef der sächsischen Staatskanzlei, Johannes Beermann (CDU), geführt wird.[23]

Hinter den Kulissen bereiten sich die Anstalten auf einen Teilrückzug vor. Der Druck aus der Politik führt womöglich zum ersten Mal in der Geschichte des ZDF zur Einstellung eines Senders. Insider erwarten, dass die Mainzer den erfolglosesten Kanal unter den erfolglosen auf dem politischen Scheiterhaufen opfern. Dabei handelt es sich um ZDF Kultur. Intendant Thomas Bellut ging bereits im Sommer 2012 auf Distanz. »Wir müssen uns schon fragen, wie viele Digitalkanäle wir stemmen können«, sagt der frühere langjährige Programmchef.[24] An ZDFneo, das den Gebührenzahler jährlich 30 Millionen Euro kostet, will Bellut hingegen festhalten. Dabei erreicht das »ZDF 2« bis jetzt nicht sein Ziel, das Durchschnittsalter auf unter 49 Jahre zu drücken.[25] Auch in der ARD läuft eine Diskussion über einen Teilrückzug. Der Senderverbund könnte den beim WDR angesiedelten Sender Einsfestival aufgeben, der ohnehin nur mit seinem zeitversetzten *Tatort* am Sonntag um 21.45 Uhr aufgefallen ist.

Der Tabubruch: Ein ehemaliger Gründungsintendant redet Tacheles

Ernst Elitz hat eine glänzende Karriere hingelegt. Der angesehene Journalist war einst Redakteur beim *Spiegel*, später Moderator und Leiter des *Heute-Journals*, Chefredakteur des Süddeutschen Rundfunks und schließlich Intendant des Deutschlandradios. Anderthalb Jahrzehnte leitete der gebürtige Berliner das bundesweite Radio, das wie ARD und ZDF aus Rundfunkgebühren finanziert wird. Für sich selber erfand er eine Berufsbezeichnung, die es in Deutschland gar nicht gab: »Gründungsintendant«.

2009, kurz vor seinem 68. Geburtstag, hat der Mann mit der Silbermähne den Chefsessel beim Deutschlandradio verlassen. Eigentlich könnte er nun – ausgestattet mit der opulenten Rente des öffentlich-rechtlichen Rundfunks – seinen wohlverdienten Ruhestand in der Hauptstadt oder auf Mallorca genießen, doch Elitz ist in Sorge um ARD und ZDF.

Die Sorge ist so groß, dass Ernst Elitz einen Tabubruch begeht. Er macht etwas, was ein Intendant in der Geschichte des Gebührenrundfunks noch nie gemacht hat. Er fordert öffentlich die Einstellung überflüssiger Fernsehkanäle von ARD und ZDF. [26] Elitz redet Tacheles: »Im Grunde weiß jeder: Sechs Digitalkanäle, die kaum einer guckt, weil sie zu 80 Prozent nur Wiederholungen abspulen, sind rausgeschmissenes Geld.« Mit beißendem Spott beschreibt der Wortgewaltige den Blödsinn, den die Digitalkanäle verzapfen. »Hebt sich der Tisch? Gibt es Klopfgeräusche? Wir sind nicht auf einer spiritistischen Sitzung, sondern beim Digitalkanal ZDFneo. *Roche und Böhmermann* servieren ihren Talkgästen zur Begrüßung ein Döschen Viagra; und die in dieser Hinsicht einschlägig interessierte Frau Roche[27] drängt nun darauf, zu erfahren, wie sich der Penisheber auf die Statik des Studiotischs auswirkt. Jugend forscht.«

Ist damit die drohende Vergreisung des Hauptsenders zu stoppen? Wohl nicht. Elitz, der über ein exzellentes Netzwerk im System von ARD und ZDF verfügt, spricht den Öffentlich-Rechtlichen gar die Fähigkeit zur Verjüngung ab. Innovativen Projekten wie dem Politmagazin *Bambule* (ZDFneo), *Kulturpalast* (ZDFkultur) oder *in.puncto* (EinsPlus) sei die Übernahme in die Hauptprogramme verwehrt worden. »Wo kämen wir denn da hin?, blockiert die Anti-Frischluft-Fraktion: Das haben wir noch nie so gemacht«, formuliert der ehemalige Top-Journalist der ARD und ZDF.[28]

Hinter den Kulissen ist die ARD oftmals zerstritten und mutlos. Jeder stirbt eben für sich allein. Nur mühsam können sich die Intendanten bisweilen auf eine gemeinsame Linie einigen. Gegenseitiges Blockieren, gegenseitiges Ausbremsen gehört zum Handwerkszeug jeder Führungskraft. Seit Jahren wird in den Hinterzimmern der Macht über einen Jugendkanal diskutiert. Schließlich droht ARD und ZDF eine Art Methusalem-Komplott.[29] Viele in den Anstalten fragen sich: Sterben wir einen langsamen Tod mit unserem immer älter werdenden Publikum?

Die Fronten waren lange unübersichtlich: WDR-Intendantin Monika Piel will angeblich keinen Jugendkanal, SWR-Intendant Boudgoust unbedingt, MDR-Intendantin Wille wiederum auch, aber anders, BR-Intendant Ulrich Wilhelm ist auch dafür. ZDF-Chef Bellut setzt auf die eigenen Kräfte mit seinem Digitalkanal ZDF Neo als eine Art ZDF 2. Doch mittlerweile wächst die Fraktion für einen eigenen Jugendkanal innerhalb der ARD, gar mit dem ZDF. Der Rundfunkrat des Bayerischen Rundfunks spricht sich explizit dafür aus, »die rechtlichen Voraussetzungen für ein öffentlich-rechtliches Fernsehprogramm zu schaffen, das junge Menschen besser anspricht«.[30] Das von der CSU dominierte Aufsichtsgremium regt entsprechende Gespräche zwischen ARD und ZDF an.

Bei den Anstalten ist der Wille zu einem weiteren Kanal mittlerweile stark. »Wir wollen den Privaten nicht das junge Publikum überlassen. Ein Jugendkanal könnte ein Weg sein, die Lücke zwischen Kinderkanal und unseren anderen Kanälen zu schließen«, sagt mir MDR-Intendantin Karola Wille. Sie hat klare Vorstellungen. »Ein Jugendkanal sollte trimedial agieren. Deshalb muss er als Fernsehsender, als Radiokanal und im Internet präsent sein. Nur so können wir die junge Zielgruppe erreichen.« Vor dem Hintergrund internetfähiger Fernseher – Smart TV genannt – spielt die Verknüpfung eines linearen Fernsehprogramms mit Internetangeboten einschließlich sozialer Netze wie Facebook eine wichtige Rolle.

Eine Frage haben sich die Verantwortlichen in den Führungsetagen aber noch nicht gestellt: Vermisst die Nachwuchsgeneration einen öffentlich-rechtlichen Jugendkanal? Man muss kein Hellseher sein, um die Frage zu beantworten: wohl eher nicht. Denn das Segment wird von den Privaten mit erfolgreichen Kanälen wie ProSieben, RTL II, Sixx, Tele 5, MTV und Viva schon jetzt überversorgt. Ein mit Gebühren bezahlter Jugendkanal wäre das siebte Rad am Wagen.

Der neue Sender der ARD soll sich, geht es nach dem Willen des MDR, auf die Altersgruppe 13 bis 29 Jahre konzentrieren. »In dieser Altersgruppe haben wir Nachholbedarf«, sagt Wille.[31] Ernst Elitz schreibt seinen früheren Intendantenkollegen ins Stammbuch: »Nur ein von ARD und ZDF gemeinsam verantwortetes Jugendprogramm kann Profil gewinnen und Publikum binden. Stoff gibt es genug – trotz Gebührengejammer. Doch dazu braucht man Mumm und nicht versammelte Mutlosigkeit.«[32]

Ist der mittlerweile dann 23. Fernsehsender im System von ARD und ZDF die Lösung, um die drohende Vergreisung aufzuhalten? Die Schaffung eines Jugendkanals wird als Patentlösung nicht taugen. Wenn die ARD den Generationenabriss vermeiden will, braucht sie eine tiefgehende Frischzellenkur für das Erste Programm und ihre regionalen Dritten Programme. Nur dann kann sie ihrem Auftrag, nämlich den gesellschaftlichen und politischen Diskurs über Generationen zu fördern, tatsächlich nachkommen.

Die Situation in den Rundfunkanstalten ist unterdessen dramatisch. Das ZDF hat sich laut Intendant Bellut allen Ernstes als »ehrgeiziges Ziel« gesetzt, bis zum Jahr 2014 den Altersdurchschnitt von 61 auf 60 Jahre zu drücken. Das Dritte des MDR ist mit einem Durchschnittsalter von 61 Jahren (!) beispielsweise der »jüngste« Kanal unter den Regionalsendern der ARD.

Innovative Ansätze in den dritten Programmen sind noch zaghaft. Noch wachen die Landesfürsten über ihre Stammplätze in den Landesprogrammen. Der von Finanz- und Vetternwirtschaftsskandalen gebeutelte MDR, zuständig für die Bundesländer Sachsen, Sachsen-Anhalt und Thüringen, will beispielsweise möglichst schnell weg vom Image des Schunkelsenders. Deshalb experimentiert die im November 2011 auf sechs Jahre gewählte Intendantin Wille im Dritten. Der von ihr eingesetzte junge Fernsehdirektor Wolf-Dieter Jacobi probiert es mit neuen Gesichtern und Inhalten. So strahlt der MDR aus dem Festivalsommer unter der Marke Sputnik in Thüringen, Sachsen und Sachsen-Anhalt sechs Rock- und Popkonzerte aus. Der Sender hat zudem Moderatoren wie den *Bauer-sucht-Frau*-Star Inka Bause (RTL) ins Programm geholt und schrullige Volksmusiksendungen wie die *Wernesgrüner Musikantenschenke* dichtgemacht. Die Verjüngungskur soll nach den jetzigen Plänen bis 2017 abgeschlossen sein.

Doch junge Moderatorengesichter alleine werden nicht ausreichen. Das wissen alle Beteiligten. Ausgerechnet der stockkonservative Bayerische Rundfunk wagte im Mai 2012 ein spannendes Experiment. Er startete das multimediale TV-Experiment *Rundshow* am späten Abend. Mit Bloggern wie Daniel Fiene oder Sascha Lobo versuchte BR-Moderator Richard Gutjahr, die Medien Fernsehen und Internet zu verbinden. Es sollte gefacebookt, getwittert und gemailt werden, was das Zeug hielt. Vier Wochen dauerte der interaktive Versuch. Social TV ist ein schwieriges Terrain. Auch der Düsseldorfer Computerspielkanal NBC Giga versuchte das vor Jahren und scheiterte. Das Unternehmen schloss das Jahr 2008 mit einem hohen zweistelligen Millionenverlust ab. Der Bezahlsender Premiere (heute Sky), damals schon Hauptaktionär der News Corp, drehte als Eigentümer der jungen Truppe im Medienhafen der nordrhein-westfälischen Landeshauptstadt wegen Erfolglosigkeit im Februar 2009 den Saft ab.[33]

Doch wer nicht probiert, hat schon verloren. ARD und ZDF sind daher mit der Suche nach interaktiven Formaten auf dem richtigen Weg. Allerdings haben sie schon viel Zeit verloren. Um das Schlimmste zu verhindern, haben sie sich mit luxuriösen Rechten im Fußball ausgestattet, um für junge Zuschauer attraktiver zu werden. Auf der Strecke blieb dabei aber die Innovationsfähigkeit im Programm.

Derzeit sind die Anstalten auf der Suche nach der verlorenen Zeit. Sie müssen schnell und stringent handeln. Durch die Umstellung der Rundfunkfinanzierung Anfang 2013 wächst die Entfremdung zwischen Anstalten und jungen Zuschauern noch schneller. Wenn es die Öffentlich-Rechtlichen nicht schaffen, mit ihren Flaggschiffen auch junge Gebührenzahler für das Programm zu interessieren, tickt mittelfristig eine hochgefährliche Langzeitbombe. Der öffentlich-rechtliche Rundfunk muss attraktive Inhalte für alle Altersgruppen der Gesellschaft anbieten. Wenn das nicht gelingt, schafft er sich am Ende selbst ab.

Tatort Köln-Bocklemünd: Die Mutation der GEZ zur Beitragszentrale

Der Autorenfilmer Hans W. Geißendörfer (*Der Zauberberg*) hat auf der oft verstopften Autobahn A1 sein halbes Filmleben verbracht. Seit mehr als einem Vierteljahrhundert produziert der Franke im Kölner Stadtteil Bocklemünd seine Dauerserie *Lindenstraße*. Nach dem Vorbild der englischen *Coronation Street* produziert der Menschenfreund Geißendörfer auf dem riesigen WDR-Gelände die bislang einzige Endlosserie des deutschen Gebührenfernsehens. Nur wenige Hundert Meter von der malerischen Filmkulisse der *Lindenstraße* entfernt gibt es eine Welt jenseits von Kreativität und Gutmenschentum – die Gebühreneinzugszentrale, kurz GEZ. Als ich ihn vor dem Start seiner mittlerweile legendären Serie im Winter 1985 zum Interview in Köln-Bocklemünd traf, sah ich zum ersten Mal das Fort Knox des öffentlich-rechtlichen Rundfunks.

Wer seinen Ausweis in dem in die Jahre gekommenen Pavillon des WDR-Außengeländes Bocklemünd erhalten hat, darf das Gebührenkombinat betreten. Hier gibt es so innovative Straßennamen wie Mittelstraße, Nordstraße und ausgerechnet Verteilerstraße. Nur wenige Schritte hinter dem Pavillon – Modell VEB Friedrich Nowottny – stehen die beiden Gebäude der GEZ. Der Name in froschgrünen Versalien lässt keine Zweifel zu. Von außen sieht die GEZ-Zentrale aus wie die AOK in den 70er- und 80er-Jahren. Doch hinter den Mauern steht die allerneueste Technik. Im Keller des trostlosen Gebäudes befinden sich die Räume mit gewaltigen Servern, die nur nach strengen Kontrollen über eine Sicherheitsschleuse im Beisein von GEZ-Angestellten betreten werden dürfen. Die Computer sind das Herzstück. Es gibt kaum eine andere Institution außerhalb des Bundeskriminalamtes und des Bundesnachrichtendienstes, die so viele Daten über die Bürger ihres Landes gesammelt hat, wie die GEZ. Schließlich werden Milliardenbeträge von 42 Millionen Gebührenzahlern eingetrieben. 2011 kam die Summe von 7,5 Milliarden Euro zusammen.[34] Die Daten wachsen ständig. Mit der Einführung der Haushaltsgebühr werden die letzten Lücken geschlossen. Die Einwohnermeldeämter übermitteln sämtliche Daten, damit die GEZ alle Haushalte in Deutschland für die ARD-ZDF-Steuer erfassen kann. Ein alter Traum für die Gebührenbehörde geht in Erfüllung.

»Wir verpflichten uns zur transparenten, offenen und dialogorientierten Kommunikation mit den Rundfunkteilnehmern, den Rundfunkanstalten und der allgemeinen Öffentlichkeit«, heißt es in den Ethikgrundsätzen der GEZ unter Punkt 6 »Transparenz und integres Berichtswesen«.[35] So weit die Theorie. Bei unserem Besuch im Jahr 2010, um den wir immer wieder bitten mussten, war der damalige Chef Hans Buchholz nicht zu einem Gespräch bereit. Antworten auf Fragen und Daten? Fehlanzeige. Stattdessen wurden wir durch die trostlosen Gänge geführt. Mitarbeiter stellten die Funktionsweise der Poststelle vor, und ein Manager wurde nicht müde, zu betonen, wie effektiv und erfolgreich die GEZ im Sinne des Gebührenzahlers unterwegs ist.

Stimmt das wirklich? Eine interne Statistik des Südwestrundfunks, die der Zeitschrift *Focus* im Juli 2012 zugespielt wurde, lässt daran Zweifel aufkommen.[36] Demnach haben 1173 Gebührenbeauftragte im vergangenen Jahr nur 25,81 Millionen Euro von Schwarzsehern und -hörern eingetrieben. Das ist ein Fünftel weniger als im Jahr zuvor. Im Klartext heißt das: Die GEZ-Gebühreneintreiber kamen gerade auf einen Bruttoumsatz von rund 22 000 Euro. Mit anderen Worten: Der Personalaufwand lässt sich angesichts der Erlöse nicht rechtfertigen.

Eigentlich hätte die GEZ die Pflicht, genau über ihre Aktivitäten zu berichten. Doch die spannenden Informationen bleiben in den Schubladen fest verschlossen. Geheimniskrämerei hat hinter den Zäunen von Bocklemünd Tradition. Selbst Pressemitteilungen haben Seltenheitswert. Die letzte stammt von Ende September 2011.[37] Damals wurde GEZ-Chef Buchholz, der ehemalige Sicherheitsreferent des WDR, in Rente geschickt und sein Nachfolger Stefan Wolf installiert. Er gilt als IT-Organisations-Experte und kam von einer Siegburger Firma namens Civitec – Zweckverband Kommunale Informationsverarbeitung. Wolf hat in der knapp 40-jährigen Geschichte der GEZ eine Mammutaufgabe vor sich. Er muss die reibungslose Einführung der ARD-ZDF-Steuer bewältigen.

In der Vergangenheit hatte die GEZ so ihre Probleme. Im Januar 2007 ließ die Staatsanwaltschaft Wuppertal wegen Verdacht auf Bestechlichkeit die Zentrale in Bocklemünd mit einem Dutzend Beamten durchsuchen. Wie die damalige Staatsanwaltschaft berichtete, sollen GEZ-Mitarbeiter vom Chefeinkäufer und einem Buchhalter einer Wuppertaler Computerfirma mit Besuchen in Bordellen und Luxusrestaurants sowie Spielen der Fußball-Bundesliga und Formel-1-Rennen bestochen worden sein. Auch Geld sei geflossen.[38] In solchen Zusammenhängen bekommt das Wort »Gebühreneinzug« eine ganz neue Bedeutung. Auslöser war eine anonyme, aber sehr konkrete Anzeige. Die beiden GEZ-Mitarbeiter wurden schließlich wegen Korruption angeklagt. Nach der Aufdeckung wurde der für den Einkauf verantwortliche Manager fristlos entlassen. Der andere Beschuldigte war schon im Ruhestand. Die Ermittlungen gegen die Geschäftsführung wurden eingestellt.[39] Negative Schlagzeilen sind für die GEZ nichts Ungewöhnliches. Bereits 2005 geriet die Beinahe-Behörde wegen angeblicher Geldverschwendung ins Visier des Rechnungshofes. Mitte der 90er-Jahre ermittelte ebenfalls die Staatsanwaltschaft wegen illegaler Preisabsprachen bei der Beschaffung von Broschüren und Formularen gegen Verdächtige.

Im Umgang mit ihren Kunden ist die GEZ hingegen nicht zimperlich. Immer wieder gab es in der Vergangenheit Ärger mit Gebührenzahlern, die sich unfair behandelt gefühlt hatten. Sich bei der GEZ abzumelden war schier unmöglich. Abmeldungen sind angeblich nicht akzeptiert worden. Sogar Tote sollen unter Drohung von Zwangsgeld von 1000 Euro angemahnt worden sein, ihre Gebühr zu zahlen.[40]

Angesichts des miesen Images kommt die Umbenennung des 1973 gegründeten Dienstleisters zu Beginn des Jahres 2013 wie gerufen. Die rund 1200 Mitarbeiter arbeiten dann für den »ARD ZDF Deutschlandradio Beitragsservice«. Offiziell gibt es dann auch keine Rundfunkgebühren mehr, sondern nur noch Rundfunkbeiträge.

Für den Gebührenzahler ist die GEZ – sprich Beitragsservice – ein teures Vergnügen. Die rund 42 Millionen Rundfunkteilnehmer zahlen jährlich mehr als vier Euro für die Geldeintreibungsinstitution in Köln-Bocklemünd. Das sind insgesamt rund 200 Millionen Euro.[41]

Das geht doch sicher billiger? Warum nicht über die Finanzämter? Da die Haushaltsgebühr nichts anderes als eine Steuer für ARD, ZDF und Deutschlandfunk ist, wäre es nur logisch, die Abgabe durch die Finanzämter einziehen zu lassen. Die GEZ beziehungsweise der Beitragsservice könnte dann endlich geschlossen und die Rundfunkgebühr sofort gesenkt werden – um fast 40 Cent monatlich, denn so viel kostet die Gebühreneinzugszentrale den Bürger im Monat.

MDR-Fernsehballett im Kaukasus: Geburtstagstänze für einen Despoten

Mit Ramsan Achmatowitsch Kadyrow, dem seit 2007 amtierenden Präsidenten von Tschetschenien, ist nicht zu spaßen. Als Chef der Sicherheitstruppe Kadyrowzy werfen ihm Menschenrechtsorganisationen Verbrechen wie Entführungen, Folter, Vergewaltigungen und Ermordungen vor. Ein Mitglied seiner Leibgarde, das nach Österreich geflohen war und beim Europäischen Gerichtshof für Menschenrechte eine Klage eingereicht hatte, wurde 2009 auf offener Straße in Wien getötet. Doch der Politiker, den der russische Staatschef Wladimir Putin seit vielen Jahren massiv unterstützt, ist kein Kind von Traurigkeit. Er feiert auch gerne.

Kadyrow, am 5. Oktober 1976 geboren, wollte es zu seinem 35. Geburtstag in der Hauptstadt Grosny richtig krachen lassen – mit möglichst viel Prominenz. Einladungen rund um die Welt wurden verschickt. Die kolumbianische Popikone Shakira, die sich seit Jahren für soziale Projekte einsetzt, roch den Braten und sagte kurzfristig ab. Andere konnten der Versuchung nicht widerstehen und reisten nach Tschetschenien – darunter die Hollywood-Stars Kevin Costner und Jean-Claude Van Damme sowie der Sänger Seal (Ex-Ehemann von Heidi Klum) und die Geigerin Vanessa Mae. Oscar-Gewinnerin Hilary Swank trällerte für den höchst umstrittenen Machthaber im Stile Marilyn Monroes »Happy Birthday, Mr. President«. Und auch eine ARD-Tochter, das Deutsche Fernsehballett, verschönerte den Abend im gerade neu eröffneten Einkaufszentrum Grosny City. Die vom Gebührenzahler subventionierte Tanzgruppe aus Leipzig schwang das Tanzbein für Kadyrow. *Bild am Sonntag* deckte den selbst für ARD-Verhältnisse einmaligen Skandal auf. Kleinlaut musste der

Geschäftsführer des MDR-Ballett-Ensembles, Bodo Bergmann, zugeben: »Ja, wir waren mit sechs Tänzern in Grosny.«[42] Flugs teilte der Rundfunkrat auf seiner Sitzung im thüringischen Friedrichsroda mit, dass die Gage von Grosny einer Menschenrechtsorganisation gespendet werde.[43]

Die MDR-Tänzer waren über eine externe Agentur zusammen mit dem Zauberer Jan Rouven, der ansonsten gerne auf dem Strip von Las Vegas seine Kunststückchen vorführt, für den Auftritt im Kaukasus gebucht worden. Bedenken hatte offenbar niemand in der MDR-Truppe. Schließlich winkte für den 20-minütigen Auftritt nach Senderangaben ein Honorar im mittleren vierstelligen Bereich.

»Die sind von allen guten Geistern verlassen«, ärgerte sich Tom Koenigs (Grüne), Vorsitzender des Bundestagsausschusses für Menschenrechte, über die Tänzertruppe, die seit zwei Dekaden zum MDR gehört.[44] Der MDR bedauerte den Vorfall umgehend per Pressemitteilung. Doch dabei blieb es nicht. Die MDR-Intendantin stieg 2012 aus der Deutschen Fernsehballett GmbH aus, an der ihr Sender über die hundertprozentige Tochter Drefa Media Holding in Leipzig mit 40 Prozent als größter Gesellschafter beteiligt war. So ein Desaster soll nicht wieder vorkommen. »Wir setzen beim MDR auf ein wirksames internes Kontrollsystem«, sagte mir Intendantin Wille. Denn Kontrollversagen mache Missbräuche überhaupt erst möglich.

Die Medienjuristin hatte auch ein wenig Glück. Fernsehproduzent und Künstlermanager Peter Wolf, der auch den Berliner Entertainer Harald Juhnke bis zu seinem Tod 2005 vertreten hatte, kaufte 90 Prozent der Anteile an dem Ballett, das 1962 vom DDR-Fernsehen gegründet worden war. Die restlichen zehn Prozent hält ein Verein, der den Ensemblemitgliedern gehört. 2014 will der heutige Manager des Volksmusikstars Carmen Nebel mit der defizitären Deutschen Fernsehballett GmbH in die schwarzen Zahlen kommen.[45] Wie auch immer, der MDR ist froh, die Truppe als Gesellschafter los zu sein.

Als ich an diesem nasskalten Novembertag im Jahr 2011 im Smoking auf dem Weg zum Bambi in der Dunkelheit die Rheinstraße in Wiesbaden hinunterhastete, staunte ich nicht schlecht. Dabei war es nicht das ohrenbetäubende Gekreische pubertierender Mädchen, weil gerade Teenie-Star Justin Bieber seine schwarze Limousine verließ und auf dem roten Teppich entlangtänzelte, was meine Aufmerksamkeit weckte. Ich wunderte mich vielmehr über die große Zahl von Lastwagen mit dem Logo des MDR. Mitten in der hessischen Landeshauptstadt hatte nicht etwa der Hessische Rundfunk seinen großen Auftritt, sondern die Stimme des Ostens. Der MDR aus Leipzig übertrug den ältesten und größten Medienpreis Deutschlands live für das Erste. Die Sachsen sorgten dafür, dass das Sendesignal in jeden deutschen Haushalt gelangte.

Der Medienkonzern Burda (*Bunte, Focus*) hatte sich für seine Gala mächtig ins Zeug gelegt. Knapp 30 Kilometer Stromkabel, 24 Kilometer Datenkabel waren verlegt, 11 500 Blumen zierten die Tische, 6000 Gläser standen bereit. Neben Justin Bieber durfte Lady Gaga in ihrem schrillen Silber-Outfit das goldene Rehkitz in der Kategorie Pop International in Empfang nehmen. Sie sollten dafür sorgen, dass jüngere Zuschauer einschalten. Ebenso wie das Enfant terrible Bushido. Der kontroverse Rüpel-Rapper sorgte zudem wie bestellt für einen Eklat. Die deutsche Popgruppe Rosenstolz protestierte klar und deutlich gegen die Bambiverleihung an einen Sänger, dem vorgeworfen wird, auch frauenfeindliche und menschenverachtende Texte gesungen zu haben. Für Würde im Saal war Altbundeskanzler Helmut Schmidt zuständig, der von der Moderatorin Sandra Maischberger im Rollstuhl auf die Bühne gefahren wurde. Ein ergreifender Moment. Bambi, die große Wundertüte der Fernsehunterhaltung. Die 800 Gäste, darunter der ehemalige Bundesaußenminister Hans-Dietrich Genscher, fühlten sich in der Rhein-Main-Halle prächtig unterhalten.

Der Mann, der jahrelang symbolhaft für die enge Partnerschaft zwischen MDR und Burda stand, war nicht dabei. MDR-

Unterhaltungschef Udo Foht war bereits wegen seiner dubiosen Geldgeschäfte suspendiert. Auch der Name Burda fiel in diesem Zusammenhang. Denn produziert wird die Gala nicht vom MDR, der erhält bereits das fertige Sendesignal, sondern vom Schwarzwälder TV-Produzenten Werner Kimmig, einem uralten Freund des Hauses Burda. Kimmig wiederum war eng mit Foht befreundet. Foht hat ihn für die SWR-Sendungen *Immer wieder sonntags* gegen Honorar beraten, obwohl solche Nebentätigkeiten als Mitarbeiter eines öffentlich-rechtlichen Senders normalerweise untersagt sind. Doch nicht so im Fall des MDR-Unterhaltungschefs. »Udo Foht hat uns auf Wunsch der ARD-Unterhaltungschefs bei der Neupositionierung von *Immer wieder sonntags* beraten. Da er dafür eine Nebenbeschäftigungsgenehmigung seines Senders vorgelegt hat, hat ihm die Werner Kimmig GmbH ein marktübliches Beraterhonorar bezahlt«, teilt mir Werner Kimmig auf Anfrage mit. Bei *Immer wieder sonntags* handelt es sich um eine Volksmusiksendung, die seit 2005 vom Trompeter Stefan Mross aus dem Europapark im badischen Rust moderiert wird und bei der Schlagerstars wie Nicole, Roger Whittacker oder Patrick Lindner auftreten.

Nützliche Beziehungen? Heute hat Werner Kimmig keinen Kontakt mehr zu Foht. Heute spielt er die Bedeutung Fohts herunter. »Die Verantwortung für die Auftragsproduktionen der Werner Kimmig GmbH wie auch für die Zusammenarbeit zwischen Burda und dem MDR beim Bambi trug und trägt der Fernsehdirektor«, sagt Kimmig. »Die Kompetenzen der Werner Kimmig GmbH in der Produktion von TV-Shows passten von Anfang an gut zum Programmschema des MDR. Diese Kompetenzen wurden auch nicht von Udo Foht für den MDR entdeckt, sondern durch den damaligen Programmdirektor Henning Röhl.«

Kimmig, der erfolgreiche Produzent aus Baden, kann gut rechnen. Rote Zahlen, so sagte er mir, habe er noch nie geschrieben. Sein Umsatz liegt nach eigener Aussage im Korridor zwischen 15 und 20 Millionen Euro. Er ist aus Burda-Sicht als Auftragsproduzent für den MDR eine Idealbesetzung für die Übertragung im Ersten. Denn der im Schwarzwaldstädtchen Oberkirch, unweit vom Burda-Stammsitz Offenburg, geborene Produzent (*Verstehen Sie Spaß?*, *Krone der Volksmusik*) ist seit fast einem halben Jahrhundert mit dem einst badischen Verlagshaus verbunden. Bei Burda lernte Kimmig Verlagskaufmann. Später stieg er zum Werbeleiter beim People-Magazin *Bunte* auf und machte sich mit Senator Franz Burda, dem Vater des heutigen Verlegers Hubert Burda, 1970 im Wahlkampf stark gegen ein Auseinanderbrechen Baden-Württembergs. Heute ist er mit Führungskräften im Konzern befreundet.

Kimmig ist der Zeremonienmeister des Hochamts unter den Gala-Abenden. Er ist seit 1989 der Bambimacher. »Unsere Aufgabe ist es, eine Bambiwelt zu schaffen. Das heißt, eine Blechhalle in eine Galabühne zu verwandeln«, sagt mir der Badener.[46] Das mag stimmen und sogar ganz ausgezeichnet gelingen. Muss sich aber das öffentlich-rechtliche Fernsehen in den Dienst eines Medienkonzerns stellen? Müssen auch noch dafür Gebührengelder ausgegeben werden? Doch das ist keine Frage, die sich der freie Produzent Kimmig als erfolgreicher TV-Unternehmer stellen muss. Er arbeitet schließlich genauso gerne für RTL bei der Übertragung des Deutschen Fernsehpreises aus Köln. Es ist eine Frage an das öffentlich-rechtliche Fernsehen. Die ist schnell beantwortet. Es war der ausdrückliche Wille des Ersten und des MDR, den Bambi zu übertragen und dafür Geld zu zahlen. Die Öffentlich-Rechtlichen hatten in einem Bieterwettbewerb die privaten Konkurrenten Sat.1 und RTL schlichtweg ausgestochen, berichtet mir ein Beteiligter. Für das öffentlich-rechtliche Fernsehen soll die Höhe des Angebots, die große Werbekampagne auf dem Sender und im Gegensatz zu den Privatsendern das Ausbleiben von Werbeunterbrechungen gesprochen haben. Rund 25 bis 30 Prozent des Etats des Bambis sollen aus der ARD-Kasse kommen. Über die genaue Summe herrscht Stillschweigen. Der Vertrag hat eine Laufzeit von sechs Jahren. 2013 schreibt Burda die Übertragungsrechte für Europas größte Fernsehgala neu aus. Marktteilnehmer sind sich einig, dass das Interesse an der strahlenden Marke Bambi wieder groß sein wird.

Wirft das Erste mit dem MDR abermals seinen Hut für die Senderechte in den Ring? Sollen Gebührengelder für die Übertragung eines Medienprodukts eines privaten Medienkonzerns ausgegeben werden?

ARD und ZDF haben damit bislang keinerlei Probleme. Auch das ZDF steht nicht im Abseits. Seit Jahren übertragen die Mainzer die Fernsehgala *Goldene Kamera* des Medienkonzerns Axel Springer aus der Ullstein-Halle am Berliner Axel-Springer-Platz 1 am Samstagabend. Besonders erfreulich für das Zweite im Jahr 2012: Die ZDF-Produktion *Liebesjahre* wurde als bester Fernsehfilm prämiert. Der Auflauf der Stars wie Scarlett Johansson, Denzel Washington oder Mario Adorf unter der sympathischen Moderation von Hape Kerkeling kam beim Zuschauer gut an. 5,23 Millionen Zuschauer, das entspricht einem Marktanteil von 16,9 Prozent, sahen die Übertragung aus Berlin. Vor allem in der für das ZDF spannenden Zielgruppe der 14- bis 49-Jährigen schnitt die Gala mit einem Marktanteil von 8,7 Prozent ordentlich ab.[47] Das dürfte auch die Partner der *Goldenen Kamera* wie Mercedes-Benz, den koreanischen Elektronikhersteller Samsung, die Brauerei Krombacher und die Deutsche Post gefreut haben.

Marktführer ist aber der Bambi. Im deutschen Fernsehen gibt es kaum vergleichbare Plattformen für die Inszenierung von Marken wie Mercedes-Benz oder Haarwaschmittelhersteller Schwarzkopf und natürlich für die Verlagsprodukte aus dem Hause Burda. Rund 3,5 Milliarden Kontakte ziehen große Markenartikler Jahr für Jahr magisch an.[48] Schließlich ist der Tausend-Kontakte-Preis die entscheidende Größe bei jeder Werbeplanung. Das Erste spielt mit seiner Live-Übertragung bei diesem Erfolg eine wichtige Rolle.

Um 22.45 Uhr war dann in der Rhein-Main-Halle mit der Live-Übertragung Schluss. Alle waren schon während des Marathons der Live-Übertragung auf ihren Stühlen unruhig hin und her gerutscht. Denn die anschließende Party ist traditionell der eigentliche Höhepunkt der Gala. Die illustren Gäste, darunter auch ZDF-Chef Markus Schächter, zogen sich schnell in die Partylounge zurück. Bushido durfte erstmals seine Freundin Anna-Maria Lagerblom, eine Schwester von Sarah Connor, vorführen. Doch das interessierte die Fernsehprofis und die Konzernmanager wenig. Sie bangten um die Quote.

Sechs Millionen Zuschauer sahen diesmal die Rehkitzverleihung. Das sorgte für gute Laune. Im Vorjahr waren es nur rund fünf Millionen. Doch die großen Zahlen relativieren sich. Bei der Frauenfußballweltmeisterschaft saßen im gleichen Jahr 6,2 Millionen Zuschauer bei der Begegnung Brasilien gegen Norwegen vor den Bildschirmen – ganz ohne Justin Bieber, Lady Gaga und Bushido.

Selbstbefruchtung: Die Preisvergabe des Adolf-Grimme-Instituts

Preisverleihungen beim Grimme-Institut sind eine eher langweilige Veranstaltung. ZDF-Sportmoderator Michael Steinbrecher gab sich alle Mühe, einen einigermaßen spannenden Abend im Theater von Marl, einer Stadt am Rande des Ruhrgebiets, zu kreieren. »Wir fahren da nicht mehr hin. Wir lassen uns doch nicht zu Claqueuren machen, welche tollen Programme der öffentlich-rechtliche Rundfunk macht«, sagte mir ein langjähriger RTL-Manager aus Köln. Tatsächlich ist der Grimme-Preis nach Meinung mancher Marktteilnehmer zu einer »Inzuchtveranstaltung« der Öffentlich-Rechtlichen mutiert.

Das Grimme-Institut hat einen besonders illustren Kreis von Gesellschaftern. Es hat die Rechtsform einer gemeinnützigen GmbH. Gesellschafter sind, neben dem Deutschen Volkshochschul-Verband mit 40 Prozent der Anteile, der WDR und das ZDF mit jeweils zehn Prozent. Außerdem sind noch die Düsseldorfer Medienaufsichtsbehörde Landesanstalt für Medien Nordrhein-Westfalen, die Film- und Medienstiftung NRW, das Land NRW und die Stadt Marl mit je ebenfalls zehn Prozent beteiligt. Kurzum, den Hauptteil der Rechnung für die Gala zahlt der Steuerzahler in Nordrhein-Westfalen beziehungsweise der Gebührenzahler.

Wer diese Gesellschafterstruktur kennt, weiß auch, wie die Preisverleihung funktioniert. Es werden fast alle Preise an Filme und Dokumentationen des Gebührenfernsehens vergeben – egal ob in der Fiktion, in Information und Kultur oder in der Unterhaltung. Die private Konkurrenz findet bei der formell unabhängigen Jury keine Beachtung. 2011 gab es gar keine preiswürdige Produktion von RTL, Vox, Sat.1, ProSieben oder N 24. 2012 gab es eine einzige: Tele 5 erhielt für die Comedysendung *Walulis sieht fern* einen Grimme-Preis in der Kategorie Information und Kultur. Die Freude bei dem kleinen Sender auf dem Gelände der Bavaria Film im Münchener Vorort Geiselgasteig war riesig. Damit hatte offenbar niemand gerechnet. Tele 5 ist ein Tochterunternehmen des Rechtehändlers Herbert Kloiber, der seit Jahrzehnten ARD und ZDF mit Serien und Filmen versorgt.

Wer sich die Träger der Grimme-Preise genauer ansieht, wird eine Anomalie feststellen: Die beiden Gesellschafter des Grimme-Instituts, WDR und ZDF, werden besonders häufig bedacht. 2012 holten die beiden Anstalten 44 Prozent aller Preise, im Jahr zuvor räumten sie sogar 53 Prozent der Auszeichnungen ab.[49] Nun wird schnell klar, warum die private Konkurrenz sich die Alibiveranstaltung immer weniger antun möchte. Der Grimme-Preis scheint sich zu einer Selbstbefruchtung des Gebührenfernsehens entwickelt zu haben. Man klopft sich gegenseitig auf die Schulter, und in *Tagesschau* und *Heute-Journal* wird dann der Zuschauergemeinde berichtet, welche tollen Preise das Gebührenfernsehen so gewinnt.

Einst war der Medienjournalist Bernd Gäbler angetreten, den Fernsehpreis von seinem Ruf als öffentlich-rechtliche Lobpreisung zu befreien. Der damalige Grimme-Chef scheiterte hoffnungslos. Entnervt gab der selbst ernannte Erneuerer Anfang 2005 auf. Seitdem gucken RTL und Sat.1 meist in die Röhre.

Sparen nach schwäbischer Art

Viktor von Oertzen hat im Gebührenfernsehen eine beneidenswerte Karriere gemacht. Der Abkömmling eines alten Adelsgeschlechts aus Mecklenburg erhielt nach drei Jahren freier Mitarbeit an seinem Studienort Tübingen bereits im Alter von 24 Jahren eine Festanstellung beim Südwestfunk.[50] Dort lernte er auch seine Ehefrau kennen. Vom ARD-Fernsehkorrespondenten für Lateinamerika mit Sitz in Buenos Aires über den Hauptabteilungsleiter »Land und Leute Fernsehen Baden-Württemberg« in Stuttgart schaffte er es 2007 zum Verwaltungsdirektor des SWR. Das ist eine mächtige Position in einem der großen ARD-Sender. Außerdem ist er Vizevorsitzender des Verwaltungsrates der GEZ in Köln-Bocklemünd.

Im Sommer 2012 legte er dem Rundfunkrat seinen letzten Jahresabschluss vor – zum letzten Mal in seiner Karriere, bevor es in die Pension geht. Oertzen ist ein Mann, der mit sich und der Welt am Ende seines Berufswegs im Reinen ist. Da darf auch ein wenig Selbstlob vor den Politikern und Verbandsvertretern im Rundfunkrat nicht fehlen. Wie ein Berufspolitiker formulierte er: »Rückblickend ist das Jahr 2011 für den SWR also ein durchweg positives Jahr gewesen. Wichtig war mir, in meinem letzten Jahr als Verwaltungsdirektor neben dem Sparkurs finanzielle Freiräume für die Modernisierung des SWR zu schaffen und ein deutliches Zeichen für ein Umsteuern zu setzen.« Unterstützung erhielt Oertzen natürlich von seinem Chef, SWR-Intendant Peter Boudgoust. »Nur wenn wir an unserem Einsparkurs festhalten und dabei auch unbequeme Entscheidungen treffen und durchhalten, können wir den strategischen Umbau des SWR zu einem modernen multimedialen öffentlich-rechtlichen Medienhaus auch leisten.[51]«

Welche Einsparungen? Die vor dem Rundfunkrat zelebrierten Kostensenkungsmaßnahmen durch Oertzen und Boudgoust sind eigentlich ausgesprochen bescheiden. Im Jahr 2011 senkte die zweitgrößte Anstalt der ARD ihre Kosten um gerade mal 1,18 Prozent – das sind 13,5 Millionen Euro. Der Betrag ist verschwindend gering, wenn man ihn mit den üppigen Einnahmen vergleicht. 1,14 Milliarden Euro nahm die Landesrundfunkanstalt im Südwesten der Republik ein. Der SWR alimentiert damit 3600 Mitarbeiter auf Planstellen und noch ein paar Tausend Freie. Sie unterhält drei Funkhäuser in Stuttgart, Baden-Baden und Mainz, außerdem noch neun Studios, elf Korrespondentenbüros und zwölf Regionalbüros.

Selbst in Orten, in denen nicht einmal Bewohner des Südwestens so genau wissen, wo sie liegen, ist der SWR mit eigenen Ablegern präsent, beispielsweise in Traben-Trarbach, Betzdorf, Gerolstein und Bad Neuenahr-Ahrweiler. Auch in so aufregenden Zentren wie Idar-Oberstein oder Mosbach und Buchen ist der SWR vor Ort mit Büros präsent – am Bodensee verfügt die Anstalt sogar über zwei: in Konstanz und dem benachbarten Friedrichshafen. Der Rundfunkrat nickte den vorgelegten Jahresabschluss einstimmig ab – nichts Besonderes im Rundfunkstaat von ARD und ZDF.

Dabei hätte es genügend kritische Punkte gegeben. Der von Boudgoust auf der Sitzung herausgestellte Umbau des Digitalsenders EinsPlus, der quasi unter Ausschluss der Öffentlichkeit sendet, ist so ein Fall. Ende April 2012 startete der für Digitalsender zuständige SWR gleich neun Formate, um das dröge Programm für ein junges Publikum aufzupeppen. Vier Stunden will EinsPlus Sendungen für die Youngster machen. Dabei droht der Sender mangels Erfolg längst eingestellt zu werden. Die Überlebenschancen sind nach den Ankündigungen aus den Ländern wie Rheinland-Pfalz, Nordrhein-Westfalen oder Sachsen ausgesprochen gering. Warum hat sich der SWR nicht das Geld für neun Formate bei dem Gemeinschaftssender der ARD gespart – so lange, bis klar wird, ob die Politik sich durchringt, auf

120

den Ausschaltknopf des in Baden-Baden angesiedelten Minisenders zu drücken? Braucht es überhaupt einen Jugendsender in der ARD?

Der SWR unterhält seit Jahrzehnten zwei Rundfunkorchester, das SWR Sinfonieorchester Baden-Baden und Freiburg sowie das Radio-Sinfonieorchester Stuttgart des SWR. Außerdem besitzt er noch die Deutsche Radio Philharmonie Saarbrücken Kaiserslautern, das SWR Vokalensemble Stuttgart und die SWR Big Band für die gehobene Unterhaltungs- und Tanzmusik. Warum müssen Rundfunkanstalten eigentlich über so viele Musiktöchter verfügen und Kulturveranstalter sein? Warum werden die beiden Klangkörper erst frühestens 2016 fusionieren?

Auf meine Nachfrage wird mir in der Stuttgarter SWR-Zentrale die Erklärung geliefert, dass jede Rundfunkanstalt selbst entscheidet, wie sie ihren »programmspezifischen Kulturauftrag« erfülle. Das gilt für die Organisation von Konzerten genauso wie für die Unterhaltung von Orchestern, Chören und Bands. Auch für die spät avisierte Fusion der Rundfunkorchester gibt es eine simple Erklärung: Die Mietverträge für die Räumlichkeiten liefen wie andere mit dem Orchester verbundenen Verträge erst 2016 aus. »Der Spar- und Reformprozess im SWR ist nicht auf Kurzfristigkeit ausgerichtet, sondern hat ein mittelfristiges bzw. langfristiges Ziel«, teilt mir eine Sprecherin der Stuttgarter Anstalt mit. Das ist auch gar nicht notwendig. Denn wer sich das Gebührenaufkommen des SWR mal genau ansieht, merkt schnell, dass der viel beschworene Einbruch bei den GEZ-Gebühren ein PR-Märchen ist. In den vergangenen vier Jahren nahm der Sender lediglich 7,5 Millionen Euro pro Jahr an GEZ-Gebühren weniger ein. Das ist bei Einnahmen von 1,14 Milliarden Euro wie 2011 gerade ein Minus von 0,6 Prozent – also nicht der Rede wert.

In Wahrheit machen dem Sender ganz andere Probleme zu schaffen, nämlich die gesunkenen Zinserträge bei seinen von der Finanzkrise gebeutelten Wertpapieranlagen oder die hohen Personal- und Reisekosten. Der SWR schöpft in Sachen Personal traditionell aus dem Vollen. Allein die Online-Redaktion umfasst nach eigenen Angaben 49 Stellen. Und gereist wird beim SWR im Dreieck Mainz-Baden-Baden-Stuttgart ohnehin immer viel. Im August 2012 kündigte Intendant Boudgoust groß an, nun die redaktionellen Kräfte im Online-Bereich an einem Standort bündeln zu wollen. Wer genau hinsieht, ist über die Sparanstrengung erstaunt. Von den 49 Online-Stellen werden künftig nur 23 in Mainz sein, dafür müssen elf SWR-Mitarbeiter in die rheinland-pfälzische Landeshauptstadt umziehen – auf Kosten der Gebührenzahler. Eine effektive Bündelung von redaktionellen Kräften sieht wahrhaftig anders aus. Im Bereich des Sports werden ab Januar 2013 die Fernseh-, Hörfunk- und Online-Journalisten des Senders erstmals in einer Abteilung zusammengeführt. Intern gilt das als revolutionär. Unglaublich, aber wahr: Bislang arbeiteten die Redakteure völlig unabhängig voneinander. Ob und wie viel Geld durch den Umbau eingespart wird, konnte die Anstalt allerdings nicht beziffern.

Wo kommt denn dann der Spardruck her? Die Antwort aus der Intendanz: »Nach unseren Berechnungen werden im Jahr 2010 166 Millionen Euro fehlen, wenn wir unsere Ausgaben und Aufgaben ungesteuert weiter wachsen lassen.« Wie man seine Aufgaben ungesteuert wachsen lassen kann, zeigte der SWR mit seinem opulenten Apparat und seiner Expansion in der Vergangenheit vorbildlich. Es ist immer das gleiche Spiel: Die Anstalten erfinden für sich neue Aufgaben wie beispielsweise einen Jugendkanal oder Digitalangebote und kommen anschließend in vermeintliche Sparzwänge, die eigentlich gar keine sind.

Doch vielleicht löst sich ja das angebliche finanzielle Problem ab 2013 ohnehin von allein, wenn die neue Gebühr alle Haushalte auch im Ländle erfasst und noch mehr Geld in die Kassen der Stuttgarter Anstalt spült.

5. Lost in Translation
Die absurde Eroberung des Internets

> »Kleinlebewesen vermehren sich durch Zellteilung,
> Bürokraten durch Arbeitsteilung.«
> *Jerry Lewis, Filmkomiker*

»Alles Weitere finden Sie im Internet unter Tagesschau.de«
Das Medienforum NRW ist so etwas wie das fünfte Rad am Wagen der deutschen Medienkongresse. Denn eigentlich braucht niemand so recht die dreitägige Medienkonferenz in Köln-Deutz in unmittelbarer Nachbarschaft von RTL, Vox, Super RTL und N-TV. Der Termin eine Woche nach Europas größter Kabelmesse, noch dazu kurz vor den Sommerferien – ein schlechterer Zeitpunkt ist kaum möglich. Viele der Manager schleppen sich zu den Podien, um es sich nicht mit der Landesmedienanstalt NRW und der Landesregierung zu verderben. So auch Anke Schäferkordt. Die Vorstandschefin von Europas größtem Fernseh- und Radiokonzern, der RTL Group, machte bei der sogenannten Elefantenrunde zum Auftakt des Medienforums aus ihrer Unlust keinen Hehl. Mal guckte sie auf die Uhr, mal starrte sie ins Leere, mal strich sie sich durch die Haare. Manche RTL-Mitarbeiter im Saal fanden das gut und kicherten.

So langweilig wie das Medienforum begann, endete es diesmal aber nicht. Traditionell lädt das Grimme-Institut am letzten Tag zur Verleihung der Grimme Online Awards ein. Denn diesmal wartete das Medieninstitut mit einer Überraschung auf. Die seit Jahren höchst umstrittene *Tagesschau*-App wurde zum Publikumsliebling gekrönt. Die meisten Nutzer hätten sich für die App der ARD entschieden, teilte das Marler Institut mit. Zuschauer konnten über eine Plattform der Fernsehzeitschrift *TV Spielfilm* abstimmen. Eine kuriose Zusammenarbeit, denn die Fernsehzeitschrift gehört ausgerechnet dem Münchener Verleger und Präsidenten des Verbandes Deutscher Zeitschriftenverleger (VDZ) Hubert Burda. Er gilt als ein prominenter Kritiker einer ungehemmten Expansion von ARD und ZDF im Netz. Als Mitglied der Elefantenrunde bei den Medientagen München, der Konkurrenzveranstaltung zum Kölner Medienforum, hat er diese Kritik immer wieder anhand praktischer Beispiele geäußert. Doch vielleicht hat der Medienunternehmer von dieser Zusammenarbeit in seinem weitläufigen Milliardenkonzern noch gar nichts mitbekommen?

Die Macher der *Tagesschau*-App waren bei der Gala mächtig stolz auf ihre Auszeichnung. Die *Tagesschau* im Ersten Programm, aber auch die Kollegen vom ZDF meldeten an prominenter Stelle die Ehrung für den öffentlich-rechtlichen Internetauftritt. Am Morgen danach stand die kleine Glastrophäe namens Grimme-Preis auf dem Tisch der ersten Morgenkonferenz in Hamburg. »Schon die Nominierung war eine große Ehre für uns. Dass es dann der Publikumspreis geworden ist, bedeutet für uns eine wichtige Bestätigung der Arbeit«, schrieb Kai Gniffke, der Chefredakteur von ARD Aktuell, in seinem Blog am Tag nach der Prämierung.[1] Stimmt das wirklich? Wurde der Publikumspreis wirklich unter fairen Bedingungen vergeben? Der Blogger Tim Mok sprach von einem »angeschobenen Preis«. »Der Link auf die Wählseite zum Grimme-Award war auf die Hauptseite der *Tagesschau* gesetzt worden. Frei nach dem Motto ›BITTE WÄHLT UNS!‹. Was für eine Frechheit, um jetzt den Vorzeigejournalismus vorzugaukeln«, schrieb er in einem offenen Brief an den Chefredakteur. Eine Antwort erhielt er nie.

Wenn es um die kontroverse *Tagesschau*-App geht, kennt die ARD keine Schmerzgrenze. Das Geiche gilt für das ZDF mit dem *Heute-Journal*. In den Nachrichtensendungen wird für die Internetangebote die Werbetrommel gerührt. »Alles Weitere finden Sie im Internet unter Tagesschau.de«, tönen die Sprecher aus dem NDR-Nachrichtenstudio. Dabei weiß doch jedes Kind, dass

124

es im Internet zu Nachrichten auf jeder Plattform vertiefende Informationen gibt. Immer wieder gibt es daher öffentliche Kritik an der nervigen Eigenwerbung. Die Proteste bleiben jedoch ohne Erfolg. Die Verantwortlichen schalten auf stur, denn sie wissen: Diese Art der Eigenreklame wirkt. Die kostenlose *Tagesschau*-App wurde bislang rund vier Millionen Mal heruntergeladen.[2]

Die Applikation der ARD ist eine Macht im Nachrichtenmarkt. Dem Nutzer wird neben der üblichen Nachrichtenflut die *Tagesschau* in 100 Sekunden und ein Livestream des Minikanals Tagesschau 24 angeboten. Zudem kann er sich über die Pushfunktion Eilmeldungen auf das Handy senden lassen. »So transportiert sich die Verlässlichkeit der alten Tante *Tagesschau* ins mobile Zeitalter«, hieß es in dem von der RTL-Tochter Grundy Light Entertainment produzierten Trailer bei der Preisverleihung in Köln.

Kai Gniffke weiß um die wachsende Bedeutung der Internetexpansion. Deshalb will er Kooperationen mit privaten Medien ausloten. Was Zeitungen, Zeitschriften oder Internetportale nicht haben, besitzen die Öffentlich-Rechtlichen im Überfluss: bewegte Bilder – ein teures Gut. Doch eine Kooperation mit der ARD im Informationsbereich ist wie vom Schierlingsbecher zu trinken. Eine solche Zusammenarbeit führt früher oder später zum sicheren Tod. Vielleicht ist deshalb noch kein führendes Medium auf derartige Angebote eingegangen?

Es handelt sich immer wieder um die gleiche Taktik der Öffentlich-Rechtlichen. Google, Apple & Co. werden als Schreckgespenst an die Wand gemalt. »Die globalen Player, die da draußen auf dem Medienmarkt aktiv sind, stellen eine knackige Herausforderung dar. Da werden die deutschen Medien ganz schön die Pobacken zusammenkneifen müssen, um da mitzuhalten«, schrieb Gniffke in seinem *Tagesschau*-Blog. Auch der frühere ZDF-Intendant Schächter blies in das gleiche Horn. Zum Verhältnis mit den privaten Konkurrenten sagte er uns: »Wir müssen uns endlich verbünden. Die starren Fronten erinnern mich manchmal an den Stellungskrieg von Verdun.«[3]

Natürlich verfügen Giganten wie Google oder Apple über eine ungeheure Marktmacht, eine gefährliche dazu. Man kann ihnen alles mögliche vorwerfen – nicht aber, gegen marktwirtschaftliche Gesetze verstoßen oder den unternehmerischen Impetus der Gewinnmaximierung verraten zu haben. Nur der öffentlich-rechtliche Rundfunk steht außerhalb des ökonomischen Modells. Er macht Angebote, die sich nicht rechnen müssen, die nicht einmal unbedingt gebraucht werden. Müssen ARD-Anstalten einen Blog zur Internetwirtschaft wie den Digitalien-Blog oder einen Blog zu Palästina und Israel betreiben? Rechtlich hat das Gebührenfernsehen kein Problem damit. Denn solange die Angebote im Netz »sendungsbezogen« – eine Worterfindung der ARD/ZDF-Bürokratie – sind, können sie nicht beanstandet werden. Und ein Bezug zu irgendeiner Sendung oder einem Beitrag kann immer konstruiert werden. Das ist der Trick.

Die Klicks im Internet sind bare Münze. Sie sind Geld wert, bei der richtigen Zielgruppe sogar sehr viel Geld. Die junge Videotruppe Y-Titty, die 2010 vom Kinderkanal mit dem KiKa-Web-Award ausgezeichnet wurde, drehte den Spieß um. Sie parodierte die Welt des Gebührenfernsehens und stellte ihr Video mit dem programmatischen Titel *Reich durch Gebühren – Die Anstalt* auf YouTube ein. Da tritt Moderator »Hans Hetzer« in einem Anzug, der jedem Bestattungsunternehmer alle Ehre machen würde, in der Sendung »Nachgefragt – die Webshow, die erst handelt und dann fragt« auf. Im Hintergrund sieht der Betrachter ein graues, trostloses Bürogebäude, in der Bildzeile als »Die Anstalt« bezeichnet. »Kommen Sie mit auf eine spannende Reise in die Welt des Bewegtbildes«, fordert Hans Hetzer, der immer das linke Auge zukneift, seine Zuschauer auf. »Öffentlich-rechtliches Fernsehen ist quasi staatlich aufgezwungenes Pay-TV«, formulieren die jungen Macher aus Franken frech zu Beginn ihrer Reportage aus der Anstalt namens DDR, Dem Deutschen Rundfunk. Das fünfminütige Video überdreht die Wirklichkeit in den Anstalten gekonnt. »Mit unseren Gebühren wird sorgfältig umgegangen, beispielsweise für Kuchen, die man überall in der Anstalt findet, oder auch Kunstwerke.« Da kommt Cutterin »Kathrin« nach drei Stunden aus der Mittagspause, der Kaffee- und der Raucherpause, oder ein Arthouse-Regisseur mit Schwarz-Weiß-Schal erzählt nur Nonsens und wird als fachliche Pfeife entlarvt. Und das Lustigste: Y-Titty drehte an Original-schauplätzen, nämlich beim Westdeutschen Rundfunk in Köln.

Natürlich kann man über eine solche Parodie schmunzeln, sie als Quatsch von Nachwuchsfilmern abtun. Das Interessante daran ist aber, dass Videos wie das von Y-Titty zeigen: Zwischen ARD/ZDF und der digitalen Generation liegen Welten. Für viele haben das Erste und das Zweite offenbar den gleichen Charme wie die DDR. Die herbe Comedy trifft das Lebensgefühl der unter 30-Jährigen. Allein in den ersten sechs Wochen der Veröffentlichung wurde der Clip über 700 000 Mal angeklickt. Über 93 Prozent bewerteten die ironisch-freche Abrechnung als positiv. »Ich guck nur noch YouTube«, schrieb »Tamaschenputtel« und sprach damit vielen in ihrer Altersgruppe aus dem Herzen.

Bürokratisches Monstrum: der Dreistufentest

In einer Ecke des Büros der MDR-Intendantin Karola Wille steht ein besonderes Geschenk: eine kleine ausziehbare Treppe mit drei Stufen, wie sie in keinem Haushalt fehlt. »Treten Sie ruhig näher. Das war ein Geschenk zum Amtsantritt«, sagte mir die promovierte Juristin. Erst als ich unmittelbar davor stand, sah ich die Aufschrift: »Drei-Stufen-Test«. Wir mussten beide lachen. Ein schönes Geschenk – von Kollegen mit Selbstironie. Das ist keine häufige Tugend in den Anstalten.

Was verbirgt sich hinter dem Dreistufentest, über den sogar so eine mächtige Medienrechtlerin und Intendantin lachen muss? Beim Dreistufentest handelt es sich um ein umständliches und teures Prüfungsverfahren, das mit der Novellierung des Rundfunkstaatsvertrages 2009 eingeführt wurde. Die 16 Länder wollen in einem dreistufigen Verfahren feststellen lassen, ob die Online-

Angebote vom im Gesetz festgelegten Auftrag gedeckt sind. Nur bei einem Bestehen des Dreistufentests können die Rundfunkanstalten die Inhalte für sieben Tage ins Netz stellen.

Der Dreistufentest ist eine Beschäftigungsmaßnahme für Juristen. Die Rundfunk- und Fernsehräte schalteten bei der Einführung Anzeigen in Fachdiensten, um genügend Experten zu finden. In der ersten Stufe wird geprüft, ob das Web-Angebot demokratischen, sozialen und kulturellen Bedürfnissen entspricht, danach wird untersucht, in welchem Umfang es hinsichtlich der Qualität zum medialen Wettbewerb beiträgt. Zu guter Letzt werden auch noch die Kosten geprüft. So weit die Theorie.

Hat der Dreistufentest, der indirekt auf Druck der Brüsseler EU-Kommission eingeführt wurde, den Durchbruch für mehr Fairness im Wettbewerb mit den privaten Medien gebracht? Die Gremien haben alle wesentlichen Angebote durchgewunken und dadurch den ungleichen Wettbewerb zwischen öffentlich-rechtlichen und privaten Medien sogar noch verschärft. Neben den gestiegenen Kosten für die Herstellung der unübersehbaren Online-Angebote von ARD und ZDF hat auch der Dreistufentest viele Millionen verschlungen. Eine genaue Aufstellung gibt es nicht – nur den Freibrief, dass beispielsweise der ZDF-Fernsehrat bei allen »entscheidungserheblichen Fragen« externe Sachverständige auf Kosten des ZDF und damit des Gebührenzahlers beauftragen darf.[4] Ruprecht Polenz, Vorsitzender des ZDF-Fernsehrates, freut sich über das Verfahren aus strategischen Gründen. »Der Fernsehrat wurde durch die neue Aufgabe als Kontrollorgan, das seine Legitimation aus der Binnenpluralität schöpft, aufgewertet«, glaubt der CDU-Politiker.[5]

Doch was für eine Qualität haben die Aufsichtsgremien des Gebührenfernsehens? Manche Oberaufseher stehen sogar unter Korruptionsverdacht, so zum Beispiel Karl Gerhold, Chef des MDR-Verwaltungsrates. Gerhold ist im Hauptberuf Vorstandssprecher des Magdeburger Energieversorgers Getec AG, war früher einmal Chef der Staatskanzlei in Sachsen-Anhalt und dabei an der Gründung des MDR mitbeteiligt. Gegen ihn ermittelt nun die Frankfurter Staatsanwaltschaft im Zusammenhang mit Korruptionsvorwürfen bei der Deutschen-Bahn-Tochter DB Energie.[6] Drei Bahnmitarbeiter sollen bestochen worden sein, um der Getec Millionenaufträge zuzuschustern. Deshalb trat Gerhold Anfang Juli 2012 vorsichtshalber vom Amt als Oberkontrolleur einer von Skandalen erschütterten ARD-Anstalt zurück.

Das Wunder von Dresden

Im Herbst 2008 vollbrachten die Ministerpräsidenten der Länder bei ihrem Treffen in der sächsischen Bilderbuchstadt das Wunder von Dresden. Sie einigten sich auf den 12. Rundfunkänderungsstaatsvertrag. Für die Anstalten gab es Grund zu feiern: Der von ihnen gefundene Kompromiss war der Freibrief für die Online-Welt. ARD und ZDF hatten das noch vor Jahren Undenkbare geschafft. Sie durften das Internet erobern.

Den Länderchefs war schon damals die damit mögliche Wettbewerbsverzerrung durchaus klar. Warnende Stimmen gab es genug.[7] Doch den Politikern, egal welcher Partei, ist häufig das Hemd nun mal näher als die Weste. Schließlich sind die Landesrundfunkanstalten und das ZDF fester und wichtiger Bestandteil des politischen Machtgefüges – auf die private Konkurrenz haben sie keinen Einfluss. Die Anstalten sind ihre letzten noch verbliebenen Bühnen.

Die Privaten kümmerte die mit dem Dreistufentest eingeführte Legitimation von immer neuen Online-Angeboten nur am Rande. Sie überließen den politischen Kampf gegen die Eroberung des Internets durch ARD und ZDF bei den Ministerpräsidenten der Länder weitgehend ihrer Branchenvereinigung, dem Verband privater Rundfunk und Telemedien (VPRT), weil sie voll und ganz damit ausgelastet waren, Gewinne zu erwirtschaften sowie sich und ihre Programme umzubauen. Schließlich musste RTL zu dieser Zeit mithelfen, den gewaltigen Schuldenberg des Mutterkonzerns Bertelsmann abzutragen. Der von Luxemburg aus gesteuerte Senderverbund mit Schwerpunkt Deutschland, Frankreich und Benelux ist seit vielen Jahren der mit Abstand größte Gewinnbringer der Gütersloher. Die hohen Verbindlichkeiten waren entstanden, als die Familie Mohn beschloss, die Anteile des ungeliebten belgischen Milliardärs Albert Frère für 4,5 Milliarden Euro zurückzukaufen. Auch ProSieben Sat.1 kreiste vornehmlich um sich selbst. Der Springer-Konzern verkaufte Anfang 2008 jeweils zwölf Prozent der Stammaktien an die Großaktionäre Permira und KKR. Damit kontrollierten die Finanzinvestoren Europas zweitgrößten Fernsehkonzern komplett. Ein hoher Schuldenberg, der in den vergangenen Jahren aufgehäuft worden war, drohte der TV-Gruppe den Hals abzuschnüren. Der damalige Vorstandschef Guillaume de Posch, heute CEO des Konkurrenten RTL Group, strich radikal Programmkosten der Münchener Sendergruppe zusammen. Hinzu kam noch die Werbekrise nach dem Zusammenbruch der US-Investmentbank Lehman Brothers. »Im ersten Halbjahr 2009 haben wir in den Abgrund geguckt«, sagte mir ein RTL-Vorstand, der nie ein Mann von Übertreibungen war.

Mit anderen Worten: Der Zeitpunkt war ideal, über die Einführung eines Dreistufentests die digitale Exspansion einzuleiten.

ARD und ZDF planen das YouTube Deutschlands

Michael Loeb ist ein sympathischer Zeitgenosse. Der Chef der WDR Media Group GmbH, der Werbetochter des WDR, sprüht vor Ideen, ist immer auf der Suche nach Neuem und dazu noch ein Zeitgenosse ohne irgendwelche Berührungsängste. Als der Kölner Jurist vorschlug, wir sollten uns in Düsseldorf treffen, es gebe Neuigkeiten, war ich gespannt und willigte sofort ein. Loeb, der noch immer aussieht wie ein in die Jahre gekommener Surfer, wartete schon auf der Terrasse der Pardo Bar des Kunstmuseums K 21 mit einem Lächeln auf den Lippen. Wie immer war er betont lässig im offenen Hemd und mit sportlichem Sakko unterwegs. Mein kleiner Spaziergang in das nach dem kubanischen Künstler

130

Jorge Pardo benannte Café im Ständehaus, dem ehemaligen nordrhein-westfälischen Landtag, sollte sich lohnen. Denn Loeb hatte wirklich eine Neuigkeit auf Lager.

Der Manager, der seit Sommer 2008 die WDR Media Group führt, berichtete mir von einem unglaublichen Projekt mit dem kuriosen Namen »Germany's Gold«. Dahinter verbarg sich nichts anderes als ein YouTube von ARD und ZDF. Das Videoportal sollte sich wie das Tochterunternehmen des Internetriesen Google vor allem über Werbung finanzieren. Hinzu kämen noch Nutzergebühren für Abonnements oder Einzelabrufe. Auch private Konkurrenten, egal ob Sender oder Produzenten, sollten sich daran beteiligen können. Über die Website wären Gebührenzahler dann in der Lage, Spiel- und Fernsehfilme, Dokumentationen und Features herunterzuladen, um sie sich auf ihrem Computer oder Fernseher anzugucken. Das Ganze hörte sich verwegen an. Loeb bat mich darum, vorerst nicht darüber zu schreiben, bevor nicht alles in trockenen Tüchern sei. Daran hielt ich mich.

Zwei Jahre später ist Germany's Gold in trockenen Tüchern. Ende 2012 starten ARD und ZDF zusammen mit privaten Produzenten ihr eigenes Videoportal. Loeb, ein enger Vertrauter der WDR-Intendantin Monika Piel, hat seinen unternehmerischen Traum eines YouTubes unter öffentlich rechtlicher Führung durchgesetzt. Medienrechtlich gab es kein Problem, denn die Werbetöchter von ARD und ZDF können bislang so ziemlich alles tun und lassen, was ihnen gefällt. Das neue Angebot soll sich durch Reklame und Nutzer finanzieren. Das Kartellamt gab sich zurückhaltend. Eine Wettbewerbsverzerrung befürchteten die Bonner Beamten nicht.

Für ARD und ZDF ist dieses deutsche Gold ein strategischer Sieg. Damit erhalten sie eine Plattform, mit der sie ihre Inhalte gemeinsam vermarkten können. Für die Konkurrenten ist das bitter. Auch RTL und ProSieben Sat.1 hatten ähnliche Pläne für ein gemeinsames Videoportal. Sie nannten ihr Projekt »Amazonas«. Doch die Kartellwächter untersagten ihnen das Vorhaben.

Die Beamten befürchteten eine marktbeherrschende Stellung in diesem Sektor. Ein langwieriger juristischer Kampf gegen die Entscheidung der Wettbewerbshüter vor dem Düsseldorfer Oberlandesgericht scheiterte.

Das Gebührenfernsehen hat sich mittlerweile die Pole-Position gesichert. Germany's Gold wird zu zwei Dritteln von den Anstalten kontrolliert werden. Die kommerziellen Töchter von ARD und ZDF halten jeweils 33 Prozent. Weitere 17 Prozent hält der Münchener Filmrechtehändler und Produzent Jan Mojto (*Borgia, Napoleon*). Der beliebte Medienunternehmer kontrolliert auch die Filmbibliothek von Leo Kirch, die er aus der Insolvenzmasse der Kirch-Gruppe gekauft hat. Mojto – Intellektueller, papsttreuer Unternehmer und Klassikliebhaber – kannte ihren Wert, da er einst Stellvertreter des im Juli 2011 verstorbenen Pleitiers Leo Kirch war. Weitere 17 Prozent entfallen auf ebenfalls private Produzenten, darunter die Kölner Filmfirma Brainpool (die unter anderem Stefan Raab vermarktet), Ziegler Film (*Axel Springer, Mordkommission Istanbul*), die Neue deutsche Filmgesellschaft (*Der Bergdoktor*) und Schmidtz Katze (*In Darkness*). Auch die NDR-Tochter Studio Hamburg hält einen kleinen Anteil. Allen Gesellschaftern ist gemeinsam, dass sie entweder Töchter des Gebührenfernsehens oder eng mit ihm verbunden sind. Ein Familiengeschäft.

Nach offizieller Lesart soll das öffentlich-rechtliche YouTube keine GEZ-Gebühren kosten. Ist das wirklich wahr? Die Gesellschafter werden, so lassen sie durchsickern, einen niedrigen zweistelligen Millionenbetrag für das Videoportal investieren müssen. Wie kann sichergestellt werden, dass es keine weitere Quersubventionierung gibt? Verkaufen ARD und ZDF ihre Filme für Germany's Gold zu marktgerechten Preisen an ihre kommerziellen Töchter? Fließen vielleicht nicht doch quasi durch die Hintertüre Gebühren in das Projekt? Das Misstrauen ist groß. »Die rasante Entwicklung der digitalen Medien darf nicht dazu führen, dass private Anbieter durch subventionierte Konkurrenten vom

Markt gedrängt werden«, sagte mir Andrea Verpoorten, die damalige medienpolitische Sprecherin der CDU-Landtagsfraktion in Nordrhein-Westfalen.[8] Sie galt als eine der schärfsten Kritikerinnen des WDR, bis sie 2012 ihr Direktmandat in Köln verlor.

Dass der WDR schon im Vorfeld von Germany's Gold Wettbewerber benachteiligt hat, davon ist die deutsche Niederlassung der amerikanischen Online-Videothek Bitbop überzeugt. Die Firma, die erst im Herbst 2011 in Deutschland an den Start ging, wunderte sich, dass die ARD- und ZDF-Töchter nur wenige und auch noch unattraktive Inhalte aus ihren Archiven wie den angestaubten *Beat-Club* und *Loriot* angeboten hatten. Bei Bitbop handelt es sich um ein Videoportal auf Abonnementbasis ohne Werbung. »Es ärgert uns sehr, dass ARD und ZDF ein Video-on-Demand aufbauen und das auch privaten Unternehmen anbieten«, sagte mir Bitbop-Prokurist Michael König bei unserem Treffen in Düsseldorf. Er spielte auf die vereinbarte Zusammenarbeit mit Jan Mojto an, der schon seit vielen Jahren mit ZDF exzellent im Geschäft ist.

Der Gebührenzahler kann nur darauf vertrauen, dass ARD und ZDF bei Germany's Gold keine Quersubventionierung betreiben wollen. Einen Einblick in die wirklichen Zahlen des Videoportalprojektes der Öffentlich-Rechtlichen erhält er nicht.

»Wir wollen in zwei bis drei Jahren die Gewinnzone erreichen«, sagte mir Alexander Coridaß, Chef von ZDF Enterprises, im Frühjahr 2012 bei einem Gespräch in Cannes.[9] Kann der ehrgeizige Businessplan aufgehen? Niemand weiß das derzeit so genau. Der Markt für Videoportale wächst auf alle Fälle schnell. Nach Erhebungen der GfK schnellte der Umsatz der Filmabrufportale im ersten Halbjahr 2012 um 41 Prozent auf 41 Millionen Euro nach oben. 2012 soll erstmals die Grenze von 100 Millionen Euro übersprungen werden, sagte mir Dirk Lisowsky, Geschäftsführer der Universal Pictures Germany und Vorstandsvorsitzender des Bundesverbandes Audiovisuelle Medien (BVV). Eine Vielzahl von Unternehmen buhlt um die Gunst der Kunden auf dem noch embryonalen Markt. Eine starke Marktposition hat sich Apple mit seinem Online-Medienkaufhaus iTunes erobert. Amazon ist mit Love Film und die Deutsche Telekom mit Videoload in den Markt eingestiegen. RTL offeriert über sein Portal RTL NOW und ProSieben Sat.1 das Filmabrufportal Maxdome. Ein harter Wettbewerb um einen noch überschaubaren Markt. Dabei sind die digitalen Datenträger keineswegs tot. Der DVD-Umsatz wies im Jahr 2011 nach BVV-Angaben ein Volumen von 1,1 Milliarden Euro auf.[10]

Natürlich haben Online-Portale durch das immer schneller werdende Internet ein enormes Wachstumspotenzial. Schließlich verfügte bereits im Jahr 2012 nahezu jedes zweite Fernsehgerät über einen Internetanschluss.[11] Jeder sechste Haushalt in Deutschland verfügt über ein netzfähiges TV-Gerät, in der Branche Smart TV genannt. Doch die reale Nutzung ist noch bescheiden. Die Schätzungen gehen weit auseinander. Maximal die Hälfte aller Smart-TV-Nutzer setzt ihre Online-Möglichkeit auch tatsächlich in den eigenen vier Wänden ein. Das Videoportal unter Führung von ARD und ZDF wird sich daher erst einmal auf niedrige Umsätze einstellen müssen.

Hinter den großen Plänen von ARD und ZDF steht ein großes Fragezeichen. Die Buchbranche liefert dafür ein schönes Beispiel. Dort setzen die Verlage schon seit Jahren große Hoffnungen in das elektronische Buch, genannt E-Book. Sie haben bereits viele Millionen in die digitalen Inhalte investiert. Doch die Konsumenten wollen davon bislang wenig wissen. Sie kaufen weiterhin gedruckte Bücher. E-Books spielen noch immer nur eine marginale Rolle in Deutschland.

Misslungener Schulterschluss

Wenn es um die Online-Expansion von ARD und ZDF geht, nimmt Christian Nienhaus kein Blatt vor den Mund. Der Chef der Essener WAZ-Gruppe, eines der größten Zeitungskonzerne Europas, sieht in der *Tagesschau*-App ein presseähnliches Produkt mit einem Anfang und einem Ende, so eine Art Zeitung der Zukunft. Im September 2011 im Berliner Maritim-Hotel an der Friedrichsstraße zog der gebürtige Westfale, einst Vorstandsassistent beim legendären *Capital*-Chefredakteur Johannes Gross, im Streitgespräch mit dem NDR-Intendanten Lutz Marmor richtig vom Leder. Bei Nienhaus hatte sich in den vergangenen Monaten viel Ärger über das Gebührenfernsehen angestaut. Bei dem Thema »Auftrag erfüllt? Zur Rolle des öffentlich-rechtlichen Rundfunks in einer digitalen Medienkultur« konnte er ihn endlich loswerden. Der Zeitungskongress des Bundesverbandes Deutscher Zeitungsverleger (BDZV) war für ihn schließlich ein Heimspiel. Sein Kontrahent Lutz Marmor, der das Nachrichtenangebot wie die *Tagesschau* in der ARD verantwortet und sich mutig in die Höhle des Löwen gewagt hatte, hörte konzentriert zu. »Früher hatten wir nie Streit miteinander. Sie machten Radio und Fernsehen und die Verleger Zeitungen«, sagte Nienhaus dem NDR-Intendanten.[12] Zwei getrennte Welten, die im operativen Geschäft nichts miteinander zu tun hatten. Tempi passati.

»Wenn man sich die *Tagesschau*-App anguckt, bekommt man seitenlange Texte«, schimpfte Nienhaus, im Nebenjob Vorsitzender des Zeitungsverlegerverbandes in Nordrhein-Westfalen und Verhandlungsführer im Streit um die Apps. Wie zum Beweis hielt er den vielen Kongressgästen mitgebrachte Screenshots vor.

Dabei war es die WAZ-Gruppe, die vor Jahren getrennte Welten miteinander vermischen wollte – allerdings lange vor dem Amtsantritt von Nienhaus in der tristen Essener Konzernzentrale. Damals war der WAZ das mit großen Ambitionen gestartete Internetportal DerWesten.de zu textlastig. Es sollten Videos aus der Region auf die Homepage, um das Heimatportal sexy zu machen. Bewegtbilder im Netz hieß damals die Zauberformel, das dem ehrgeizigen Regionalportal des Ruhrpotts zum Durchbruch verhelfen sollte. Dafür beging die WAZ einen Tabubruch. Erstmals ließ sich 2008 ein Zeitungskonzern Bilder von einem ARD-Sender liefern.

Um die zwischenzeitliche Allianz zwischen WAZ und WDR zu verkünden, wählten der damalige Konzernchef und frühere Kanzleramtsminister Bodo Hombach und WDR-Intendantin Monika Piel einen bedeutsamen Ort: die Düsseldorfer Staatskanzlei, einen schicken Glasbau am Rande des Medienhafens der nordrhein-westfälischen Landeshauptstadt. Statt weiter gegen die Gummiwand des Gebührenfernsehens anzurennen, suchte ein Zeitungsriese erstmals den Schulterschluss. Hombach hatte die Vereinbarung klug eingefädelt. Nicht nur der damalige nordrhein-westfälische Ministerpräsident Jürgen Rüttgers spendete Applaus, sondern auch die NRW-Zeitungsverleger lobten den Schulterschluss. »Die Zusammenarbeit zwischen öffentlich-rechtlichen Sendern und Verlagen bei Bewegtbildangeboten im Internet kann die Attraktivität unserer Online-Portale weiter steigern«, frohlockte der Verband. »Wichtig ist, dass eine solche Zusammenarbeit mit ARD und ZDF grundsätzlich allen Zeitungsverlagen offensteht«, sagte der damalige Verbandschef.[13] Das WAZ-Modell beinhaltete, dass aktuelle Magazinbeiträge des WDR eine Stunde nach Ausstrahlung an das Nachrichtenportal der WAZ geliefert werden sollten. Das Geschäft wurde über die kommerzielle Tochter WDR Media Group abgewickelt. Laut WDR-Intendantin Piel hat die WAZ damals eine Gebühr für die Videos zu üblichen Marktpreisen gezahlt. Der Preis soll angeblich bei weniger als 100 Euro pro Video gelegen haben.[14]

Kaum einem Mediengewaltigen fiel auf, dass der Verkauf dieser Inhalte an private Medienunternehmen höchst problematisch war. Nur der Verband der Privatsender VPRT sah darin einen Tabubruch und einen »Angriff auf die Meinungsvielfalt und den fairen Wettbewerb«. Der Bürger finanziert schließlich die Videos der Anstalten. Dass mit diesem Content ein privater Medienkonzern Geschäfte machen durfte, war auch in den eigenen Reihen der Anstalten ein Thema. Kritiker glaubten, dass es eines EU-Verfahrens bedurft hätte, um nachzuprüfen, ob solche Lieferverträge mit Verlagen überhaupt mit dem Status einer Anstalt des öffentlichen Rechts vereinbar sind. Doch WDR-Chefin Piel wollte davon nichts wissen. Ihrer Meinung nach handelte es sich bei der Allianz mit der WAZ um ein Stammgeschäft, nämlich die Vermarktung von Inhalten. Die größte Anstalt der ARD hatte in früheren Jahren die lokale Berichterstattung zwischen Paderborn und Bonn massiv ausgebaut.

Die Zeitungsverlage brachten sich durch die Allianz mit dem Gebührenfernsehen in eine schwierige Lage. Seit Jahren gehören sie zu den schärfsten Kritikern der Expansion der Öffentlich-Rechtlichen im Netz. Zwar hatte die *Süddeutsche Zeitung* monatelang mit dem ZDF ebenfalls über eine Allianz verhandelt. Doch auf Druck des Mehrheitsgesellschafters, der Südwestdeutschen Medien Holding (SWMH), platzte das Geschäft.[15]

Schließlich schaltete sich Kanzlerin Angela Merkel in die Debatte ein – mit einer klaren Ansage an die Verleger. Die Regierungschefin trat für eine saubere Trennung zwischen privatwirtschaftlichen und gebührenfinanzierten Medienangeboten ein. »Dafür waren die Rundfunkgebühren nicht gedacht. Wir müssen schon auf eine bestimmte Trennung achten«, schrieb Merkel den Verlegern beim Festakt zum 60. Geburtstag der Deutschen Journalistenschule in München ins Stammbuch.[16]

Wenn man heute Bodo Hombach auf die Kooperation mit dem WDR anspricht, winkt er ab. In der Praxis hat sich die Zusammenarbeit als nicht besonders praktikabel herausgestellt. Heute wird das Online-Portal DerWesten.de wieder ohne die Filmchen des WDR produziert.

Das Duell mit den Verlegern

Die Zentrale des Axel-Springer-Konzerns ist ein Mythos. 1966 eröffnete Axel Cäsar Springer zusammen mit Bundespräsident Heinrich Lübke den Verlagssitz direkt an der Berliner Mauer. Das in den vergangenen Jahren modernisierte Hochhaus gehörte für Jahrzehnte zum Feindbild der Linken. Früher wie heute ist das Gebäude unweit des Checkpoint Charlie Sitz von *Bild, Welt, Ber-*

liner Morgenpost und natürlich des Vorstands. Mittlerweile ist Frieden in dieser Ecke des Berliner Stadtteils Kreuzberg eingekehrt. Der Konzern hat seinen Axel-Springer-Platz, und die einstigen Widersacher der Außerparlamentarischen Opposition haben ihre Rudi-Dutschke-Straße, gleich nebenan. Nicht einmal zum groß inszenierten 100. Geburtstag von Axel Cäsar Springer am 2. Mai 2012 wollten sich Gegendemonstranten einfinden. Stattdessen stand der sozialdemokratische Künstler und heutige Präsident der Akademie der Künste in Berlin, Klaus Staeck, der mit seinen Fotomontagen in den 60er- und 70er-Jahren das politische Establishment provozierte, als geladener Gast auf dem roten Teppich.

Noch heute ist der Antrittsbesuch einer designierten ARD-Vorsitzenden im Springer-Hochhaus keine alltägliche Angelegenheit. Ihre Vorgänger hielten zum *Bild*-Konzern lieber Distanz. Doch diese Tradition wirft die bisweilen unkonventionelle WDR-Intendantin Monika Piel über Bord. Noch bevor sie ihre zweijährige Amtszeit als ARD-Vorsitzende antritt, besucht die Rheinländerin in der Adventszeit 2011 Springer-Chef Mathias Döpfner in Berlin. Mit größter Aufmerksamkeit und selbstbewusst sitzt Piel in der ersten Reihe im obersten Stockwerk der Springer-Zentrale, begleitet unter anderen von Michael Loeb, dem Chef der kommerziellen Tochter WDR Media Group. Den Blick über Berlin, der sich in der 19. Etage der Springer-Zentrale bietet, kann die erste Frau an der Spitze des Senderverbunds in der Geschichte der ARD an diesem Abend nicht genießen. Draußen ist es längst zu dunkel. Nur die Reklametafeln leuchten in der Finsternis. Monika Piel ist Zuschauerin einer großen Show, die der Zwei-Meter-Mann Döpfner abzieht. Der Springer-Chef, ein enger Vertrauter der Mehrheitsgesellschafterin und Verlegerwitwe Friede Springer, setzt auf sein Charisma, als er die ehrgeizige Internetstrategie seines Konzerns verkündet. »Die Medienmärkte stehen vor einer Renaissance«, sagt der Manager an diesem Abend. Und das Wichtigste: Die Bereitschaft der Menschen für Inhalte auf Mobiltelefonen und Tablet-PCs wachse. Döpfner will die scheinbare Gunst der Stunde nutzen und stürmt ein Jahr nach dem Start kostenpflichtiger Inhalte – in der Branche gern als »Paid Content« tituliert – weiter voran. Der ehemalige Musikkritiker der *Frankfurter Allgemeinen Zeitung* präsentiert die iPad-App der *Bild*. Das Tollste: Die multimediale Ausgabe ist sogar teurer als die gedruckte. »Mit der iPad-App tritt *Bild* in eine neue Dimension der Erlebbarkeit«, ist sich auch deren Chefredakteur Kai Diekmann sicher.[17] Ob Piel beeindruckt ist? Die mächtige Vertreterin des Gebührenfernsehens lässt sich auf alle Fälle nichts anmerken.

Nach der rund einstündigen Präsentation lädt Döpfner die Gäste, darunter fast nur Journalisten, in den hauseigenen Clubräumen zu einem Umtrunk ein. In dem Journalistenclub mit der originalgetreuen Vertäfelung der Londoner *Times* waren schon viele Mächtige zu Gast, von Bundeskanzlern über US-Präsidenten bis hin zu »Gottheiten« wie dem Dalai Lama. Die Atmosphäre an diesem Abend ist gelöst, obwohl sich Springer und das öffentlich-rechtliche Fernsehen feindlich gegenüberstehen. Mit der neuen ARD-Vorsitzenden scheint es Bewegung im Streit um die Internetpräsenz der Öffentlich-Rechtlichen zu geben.

Springer hat eine klare Position. Der Zeitungskonzern ist sich mit den anderen Verlagen einig, dass kostenlose Angebote wie beispielsweise die *Tagesschau*-App den Markt zerstören und nichts anderes als eine Wettbewerbsverzerrung sind. Für die gute Stimmung sorgt unterdessen die unorthodoxe ARD-Frau mit ihren Ideen. »Wenn alle kommerziellen Apps kostenpflichtig wären, würde ich mich in der ARD dafür einsetzen, dass keine kostenlosen mobilen Anwendungen angeboten werden würden«, sagt Piel nach dem Treffen mit Döpfner. Ein schlauer Satz. Denn damit setzt die ARD-Vorsitzende die Zeitungsverlage unter Druck und zeigt gleichzeitig Flexibilität in den Gesprächen.

Piel kennt die Kakophonie im gegnerischen Lager haargenau. Sie weiß: Jedes Printhaus sucht seine eigene Strategie, um die rückläufigen Werbeeinnahmen und die sinkenden Auflagen im Printgeschäft zu kompensieren. Die Unsicherheit über den richtigen Weg ist groß. Springer setzt auf Paid Content, Burda und Gruner + Jahr setzen auf ein Mischmodell, der *Spiegel*-Verlag ist trotz internen Streits von der Werbefinanzierung seines Informationsportals überzeugt. Die Voraussetzung für einen Verzicht auf eine Gratis-App wie die *Tagesschau* wird auf absehbare Zeit also nicht erfüllt werden.

Piel will an der ARD-Spitze vieles besser machen als ihr glückloser Vorgänger, der SWR-Intendant Peter Boudgoust. Der frühere Pressesprecher des Stuttgarter Regierungspräsidiums hatte mit seiner Haltung zu den kostenlosen Internetangeboten der Öffentlich-Rechtlichen im Netz viel Porzellan in der Medienbranche zerschlagen. Das versucht die ehemalige Assistentin von Werner Höfer beim *Internationalen Frühschoppen* mit zu ändern.

Als ich, zusammen mit *Handelsblatt*-Chefredakteur Gabor Steingart, Monika Piel wenige Wochen nach ihrem Auftritt bei Springer in der Kölner Innenstadt besuche, ist sie noch ganz beseelt von ihrem Ausflug nach Berlin. »Ich verstehe die Lage der Zeitungen und Zeitschriften, von denen viele in einer ungeheuer schwierigen wirtschaftlichen Lage sind. Mir liegt daran, dass die Printbranche überlebt«, sagt sie uns. Man biete Kooperationen an. Der Springer-Chef denke bei diesem Thema in die richtige Richtung. »Er will eine Allianz der Qualitätsanbieter im Wettbewerb, unter anderem gegen Google, Apple und Vodafone. Die ARD steht dafür bereit«, formuliert Piel. »Wir sollten das Online-Geschäft nicht nur den multinationalen Konzernen überlassen.«[18] Ein Ablenkungsmanöver oder ein Strategiewechsel?

Kein Zweifel, die ARD-Vorsitzende tritt an, nicht alles anders, aber vieles besser zu machen, dachte ich mir nach unserem Gespräch in der WDR-Machtzentrale. Berührungsängste mit Wettbewerbern und Gegnern hat sie nicht. Das ist ein Vorteil gegenüber ihren Vorgängern. Bei heiklen und kritischen Themen genau nachzubohren hat die langjährige Radiojournalistin gelernt. Doch Piel ist auch jemand, der nie eine andere Welt als die des Gebührenrundfunks kennen gelernt hat. Bereits nach ihrem Studium der Betriebswirtschaft an der Kölner Fachhochschule fing sie 1979 beim WDR an. Dort traf sie auch ihren Mann, den mittlerweile altgedienten Radiomoderator Roger Handt, den jeder an Rhein und Ruhr durch seine Musiksendung *Yesterday* auf WDR 2 kennt. Als der Oldie-Spezialist die leicht verrückte Idee hatte, in den 80er-Jahren ein Radioprogramm für Touristen in Portugal aufzuziehen, folgte ihm seine Frau Monika dorthin. Es war ein unternehmerischer Seiltanz mit sicherem Netz. Denn die Gattin arbeitete zwei Jahre lang als freie Hörfunkkorrespondentin für ihren alten Arbeitgeber in dem kleinen Land auf der Iberischen Halbinsel. Als das Experiment gescheitert war, kehrte sie in den Schoß des WDR zurück und trieb zielstrebig ihre Karriere voran. Schließlich wurde sie 2007 Nachfolgerin des populären WDR-Intendanten Fritz Pleitgen. Der WDR ist mit einem Etat von knapp 1,4 Milliarden Euro und annähernd 4300 Festangestellten die größte ARD-Tochter.[19]

Die großen Hoffnungen, die Piel in ihren Auftritten und Gesprächen zu Beginn ihre Amtszeit als ARD-Vorsitzende weckte, haben sich unterdessen nicht erfüllt. Von ihrem unorthodoxen Ansatz ist wenig übrig geblieben. Die gemeinsame Allianz gegen Google, Apple & Co. war offenbar nur ein Ablenkungsmanöver, denn ARD und ZDF brauchen sich im Gegensatz zu privaten Medienunternehmen nicht gegen Umsatzeinbrüche abzusichern. Ihr Geld kommt ab 2013 von jedem Haushalt in Deutschland – ganz automatisch. Das ist die bittere Realität aus Sicht der Konkurrenten.

Piel hat es nicht einmal geschafft, ihre Kollegen in der ARD hinter sich zu bringen. Die Interessenskonflikte der Intendanten des Senderverbundes hätten sich vergrößert, berichten Insider. Die Betonfraktion innerhalb der ARD hat offenbar an Macht gewonnen. So sind die Gräben zwischen ARD und ZDF und den privaten Medienunternehmen wegen der Gratisoffensive im Netz größer denn je.

Am Rande der Internationalen Funkausstellung im September 2011 versuchte Döpfner mit einem smarten Kompromissvorschlag Piel und ihre Kollegen aus den Funkhäusern zu einem Übereinkommen zu bewegen. Der Medienmanager hatte eine verblüffend einfache und dennoch überzeugende Idee. Er schlug im Streit um die *Tagesschau*-App vor: Bilder sollten bei den Öffentlich-Rechtlichen uneingeschränkt umsonst, Zusatzangebote mit Text im Internet hingegen kostenpflichtig sein. Der Vorschlag macht auch auf den zweiten Blick eine Menge Sinn, weil er klar zwischen dem vom Gebührenzahler finanzierten Fernsehen und Radio auf der einen Seite und den Online-Textbeiträgen auf der anderen Seite trennt. Zum anderen können ARD und ZDF mit einem Verzicht auf seitenlange Texte auf ihren Apps redaktionelle Kosten einsparen – zur Freude der Bürger.

Doch Döpfner scheiterte mit seinem Vorschlag grandios an der ARD. Dagmar Reim, die Intendantin des Rundfunks Berlin Brandenburg (RBB), betonte in Windeseile, dass Text, Bild und Ton im Internet untrennbar verbunden seien.[20] Der Kompromiss war tot.

Mittlerweile ist das Tischtuch zwischen ARD auf der einen und Springer auf der anderen Seite zerschnitten. Als im Frühjahr 2012 der *Bild*-Konzern für fünf Millionen Euro pro Saison die Zusammenfassungen der Fußball-Bundesliga für Handys und Tablet-PCs ab Sommer 2013 von der DFL kaufte, war klar: Die ARD sehen das als Angriff auf die *Sportschau* am frühen Samstagabend, für die innerhalb des Senderverbunds ausgerechnet Piels Sender WDR verantwortlich zeichnet. Die Bundesliga-Spiele werden auf Bild.de allerdings nur gegen Bezahlung abrufbar sein.

Der Kompromiss scheiterte offenbar vor allem an der widersprüchlichen oder gar chaotischen Verhandlungsführung der ARD. Wie Christian Nienhaus, WAZ-Geschäftsführer und Verhandlungsführer der Zeitungsverleger, im Juni 2012 berichtete, war zweimal ein unterschriftsreifer Vertrag mit ARD und ZDF ausgehandelt worden, doch jedes Mal hätten die Intendanten neue Ideen angekündigt.[21]

So bleibt es den Gerichten überlassen, eine Entscheidung zu treffen. Bei der Wettbewerbskammer des Landgerichts Köln hatten acht Zeitungsverlage, darunter die WAZ-Gruppe, DuMont Schauberg (*Frankfurter Rundschau*, *Kölner Stadt-Anzeiger*, *Berliner Zeitung*) und der Süddeutsche Verlag, eine Klage eingereicht. Sie sehen in der kostenlosen *Tagesschau*-App mit ihrer »textlastigen« Berichterstattung einen unfairen Wettbewerb. Doch die Hoffnung der Verleger auf einen Richterspruch wurde bislang enttäuscht. Im Juli 2012 mahnte das Kölner Landgericht die ARD und die Zeitungsverleger, doch bitte schön eine außergerichtliche Lösung zu finden. »Ein Gericht kann keine generellen Aussagen zur Medienpolitik machen. Das geht uns nichts an«, sagte Richter Dieter Kehl. »Wir werden die *Tagesschau*-App nicht verbieten oder nicht nicht verbieten.«[22]

Bis der Streit endgültig geklärt ist, geht das ZDF auf Distanz zur ARD. Der politisch geschickte Intendant Thomas Bellut ist an einer friedlichen Koexistenz der Qualitätsmedien interessiert. »Unser Online-Angebot orientiert sich am Bewegtbild. Und das bleibt auch so«, sagt Bellut. »*Zeit Online* oder *Spiegel Online* werden nicht von Heute.de ersetzt werden können.« Schon die Vernunft gebiete ihm zu sagen: »Lasst die ausführlichen Textangebote den Verlagen, den Zeitungen und Zeitschriften! Wir sind die Spezialisten für bewegte Bilder.«[23] Jetzt muss Belluts neues Dogma nur noch in der Senderwirklichkeit umgesetzt werden.

Facebook zu Diensten

Facebook lügt nicht. Wer in dem sozialen Netzwerk die ARD aufruft, wird feststellen, dass die Arbeitsgemeinschaft der öffentlich-rechtlichen Rundfunkanstalten der Bundesrepublik Deutschland nur wenig Freunde in der jungen Zielgruppe des Imperiums von Mark Zuckerberg aus dem Silicon Valley hat. Ganzen 30 950 Mitgliedern »gefällt« die ARD.[24] Zum Vergleich: Der Minisender Viva, ein Ableger des amerikanischen Medienkonzerns Viacom, kommt auf 664 000. Der Link zu YouTube führt dann zu ARD-Videos wie der *Tageswebschau* mit dem Rüpel-Rapper Bushido und Nachrichtensprecher Jens Riewa als Legionär. Interesse finden die bemüht jugendlichen Videos aber kaum. Bushido kam bei meiner Stichprobe gerade auf 942 Views, Jens Riewa sogar nur auf 336.

Und Facebook kann unerbittlich sein: Das hat die ARD lernen müssen. Als im Mai 2012 der *Tatort* mit Ulrike Folkerts mit dem Titel »Der Wald steht schwarz und schweiget« ausgestrahlt wurde, rief das Erste die Zuschauer auf, erstmals selbst den Mörder über das Internet zu suchen. Denn der Täter wurde in der Sendung nicht enttarnt. Der SWR rühmte den Krimi als »Tatort+« und innovatives Stück. Doch das Online-Spiel, bei dem sich 110 000 der 8,4 Millionen Zuschauer unter Tatort.de eingeloggt hatten, funktionierte nicht. Die Server waren selbst bei dieser überschaubaren Zahl von Nutzern an diesem Sonntagabend überlastet. Ewiges Hochladen, absurde Fehlermeldungen etc. waren die Folge. Bei Facebook brach angesichts der Tollpatschigkeit ein Shitstorm über das Erste herein. Am Ende hatten nur rund 8000 Teilnehmer in ganz Deutschland den Täter online überführt.[25] Eine jämmerliche Zahl. Mal wieder hatte die ARD im Netz Gebühren verschleudert.

Es gibt viel für die Öffentlich-Rechtlichen zu tun, wenn sie jugendliche Zielgruppen erreichen wollen. Dabei finanziert ihnen der Gebührenzahler seit vielen Jahren bereits ihr Engagement im Netz. Die Facebook-Seite zum ZDF-*Fernsehgarten* ist so ein Beispiel. Da gibt es unzählige Fotos von der angestaubten Unterhaltungssendung, selbst die Proben in Usedom sind dokumentiert. Marina U. aus Klein Pankow bei Parchim sendet Grüße, und Anja H. fragt nach Themen und Gästen. Auf der Facebook-Seite der Unterhaltungsshow, die sonntagmorgens auf dem Mainzer Lerchenberg produziert wird, ist durchaus was los. Auch andere Sendungen wie die Klatschsendung *Leute heute* oder die Doku-Reihe *Terra X* fehlen nicht auf Facebook.

Gehört es eigentlich zur Aufgabe der Sender, Gebührengelder auch für eine Präsenz in sozialen Netzwerken auszugeben? Müssen ARD und ZDF Spiele und Ähnliches auf Facebook, Google+ oder Twitter veranstalten? In Deutschland wurde diese Frage nie ernsthaft gestellt. Warum eigentlich? Brauchen wir einen Gebührenrundfunk, der alle Kommunikationskanäle wie Facebook, Twitter oder Google+ nutzt, unabhängig davon, wie viele Nutzer ein solches Angebot überhaupt annehmen?

In Österreich erregt der öffentlich-rechtliche Rundfunk mit seinem Engagement bei Facebook und Twitter unterdessen seit Jahren die Gemüter. Die Lage ist dort politisch und rechtlich verzwickt.

Der Österreichische Rundfunk (ORF) hat die mögliche wichtige Rolle der sogenannten sozialen Medien früh erkannt. Der Sender, der in seiner Rechtsform eine Stiftung des öffentlichen Rechts ist, betreibt vier landesweite Fernsehprogramme und dazu zahlreiche Radiosender. Er hat im Vergleich zu ARD und ZDF eine Sonderstellung. Denn der ORF ist trotz aller Anfeindungen privater Konkurrenten Teil der nationalen Identität. Österreich ohne den ORF ist für viele Österreicher schlichtweg nicht vorstellbar. Deshalb war es kein Wunder, dass der ORF mit seinen 39 Facebook-Seiten mühelos zum Facebook-Kaiser avancierte. Der landesweit populäre Radiosender Ö3 zählt auf seiner Facebook-Seite 270 000 Fans. Beim Jugendsender FM4 waren es immerhin knapp 140 000.

Die Medienaufsichtsbehörde KommAustria und der Bundeskommunikationssenat untersagten aber im November 2011 die Facebook-Offensive. Vor allem den österreichischen Zeitungen, aber auch den wenigen Privatsendern war das ORF-Engagement in den sozialen Netzen ein Dorn im Auge. Ursprünglich verbot das ORF-Gesetz es dem Sender, ein eigenes soziales Netzwerk aufzubauen oder Kooperationen mit dem Internetkonzern Facebook einzugehen. Dagegen kämpfte der ORF mit Klagen vor dem Verwaltungs- und dem Verfassungsgerichtshof und errang einen ersten Teilerfolg. Im Juni 2012 hob der Verfassungsgerichtshof in Wien das Facebook-Verbot vorläufig auf. »Das Anliegen einzelner, sendungsbezogener Facebook-Seiten als einfacher User ist nach unserem Rechtsverständnis noch lang keine Kooperation im landläufigen Sinn. Darum hat der ORF in dieser Angelegenheit auch die Höchstgerichte angerufen«, sagte Martin Biedermann, Büroleiter des ORF-Generaldirektor Alexander Wrabetz.[26] Eine endgültige Entscheidung steht allerdings noch aus.

»Das ist ein Sieg der Vernunft. Für den ORF ist die vorläufige Entscheidung ein ganz wichtiger Etappensieg. Denn einige wollen offenbar den ORF in die mediale Steinzeit katapultieren«, jubelte Thomas Prantner, der zupackende ORF-Online-Chef, als ich unmittelbar nach der Gerichtsentscheidung mit ihm telefonierte. Innerhalb von Stunden gingen Facebook-Seiten wie die zu Ö3 wieder online. »Es ist eine Serviceleistung für unser Publikum. Wir wollen damit kein Geld verdienen«, beteuerte Prantner, der seit 2007 das ORF-Internetengagement in Wien leitet.[27]

Mit »Serviceleistung« für den Gebührenzahler lässt sich natürlich alles rechtfertigen. Eine Serviceleistung wäre es auch, österreichische Volksmusik auf CD zu pressen und zu verschenken oder gratis ins Netz zum Herunterladen zu stellen. Das Publikum würde sich freuen.

Das Argument, mit dem Facebook-Engagement kein Geld verdienen zu wollen, ist für die Wettbewerber aus der Privatwirtschaft bitter. Denn bei Zeitungen und Privatsendern ist die Interessenslage genau umgekehrt. Die Unternehmen brauchen Gewinne, um neue Angebote überhaupt erst auf die Beine zu stellen. Wenn der Marktführer hingegen unabhängig von der Arithmetik des Marktes agiert, führt er einen fairen Wettbewerb ad absurdum.

Während des monatelangen Facebook-Verbots gab es eine kuriose Entwicklung. Da der ORF die Facebook-Seiten per Gerichtsbeschluss nicht pflegen durfte, übernahmen einfach die Fans von

Ö3 und FM4 die Aufgabe. Sie machten ihre Arbeit gut. Warum nicht für immer? Die vielen Stunden, die dann die Aficionados von Radiosendern wie Ö3 auf Facebook verbringen, kosten den Gebührenzahler nichts. Es ist ein gratis erbrachter Social-Media-Service vom Publikum für das Publikum.

6. Politischer Frühschoppen
Die gefährliche Symbiose des Gebührenfernsehens mit der Politik

»Die beste Medienpolitik ist gar keine.«
Johannes Gross, Journalist und ehemaliger stellvertretender Intendant der Deutschen Welle

Die Mär von der Staatsferne

Wer die Internetseite Rundfunkbeitrag.de öffnet, bekommt von den Anstalten und der GEZ angeblich gute Gründe geliefert, weshalb ab 2013 eine ARD/ZDF-Steuer erhoben werden soll. Unter dem Oberbegriff »Unabhängigkeit« heißt es dort wörtlich: »Entstanden als Gegenentwurf zu den Propagandamedien im Nationalsozialismus, berichtet er [der öffentlich-rechtliche Rundfunk] unabhängig und stützt Demokratie und moderne Gesellschaft« – und weiter: »Er garantiert einen freien Zugang zu Informationen und bietet Raum für gesellschaftliche Debatten.«[1]

Solche Argumente mögen in den 50er-Jahren des vergangenen Jahrhunderts gegolten haben. Im Internetzeitalter sind sie hingegen seit vielen Jahren überholt. Heute braucht niemand mehr einen öffentlich-rechtlichen Rundfunk, um einen freien Zugang zu Nachrichten zu haben. Jeder Konsument hat heute zu jeder Zeit zu fast jeder Information Zugang. Damit entfällt eine der zentralen Legitimationen des öffentlich-rechtlichen Rundfunks. Der Gegenentwurf zu den gleichgeschalteten Medien in den zwölf Jahren der nationalsozialistischen Gewaltherrschaft funktioniert nicht mehr so wie noch im analogen Zeitalter.

Der Raum, den ARD und ZDF gesellschaftlichen Debatten in ihren Programmen einräumen, ist tatsächlich groß. Das Problem ist nur, dass die vielen Talkshows bloß noch eine ältere Minderheit ansprechen. Sogar die Intendanten denken mittlerweile darüber nach, ob dieser Overkill an Geplaudere mit den Günther Jauchs und Maybrit Illners dieser TV-

Welt überhaupt noch notwendig ist. Der ARD-Programmbeirat nahm in einem internen Papier den »Mercedes unter den Moderatoren«, Günther Jauch, aufs Korn. Die RTL-Ikone, die von der ARD für den Sonntagabend eingekauft wurde, kam als Einziger schlecht weg: »Er hakt selten nach, setzt sich sogar teilweise über die Antworten seiner Gäste hinweg, vertritt keine klar erkennbare eigene Meinung, folgt strikt seinem vorgefertigten Konzept, hakt eine Frage nach der anderen ab, polarisiert, schürt mit seinen Suggestivfragen teilweise Politikverdrossenheit und kommt damit der Verpflichtung zur journalistischen Sorgfalt nicht nach.«[2]

Heute braucht kaum noch jemand den gesellschaftlichen Raum von ARD und ZDF für gesellschaftliche Debatten. Wichtige Konflikte, wie zum Beispiel der Streit um die Zukunft des Euro, oder auch Spezialthemen, wie das richtige Urheberrecht im digitalen Zeitalter, werden auch in anderen Medien, insbesondere im Internet, intensiv geführt. Der historisch begründete Gegenwurf zum Propagandarundfunk der Nazis kann daher nicht mehr der Freifahrtschein sein wie damals in den ersten Nachkriegsjahrzehnten – vor der Erfindung privater Radio- und Fernsehsender und vor dem Siegeszug des Internets in der zweiten Hälfte der 90er-Jahre.

Die historische Situation nach dem Zusammenbruch der nationalsozialistischen Diktatur war tatsächlich einmalig. Der gleichgeschaltete Rundfunk des Hitler-Regimes sollte für immer der Vergangenheit angehören. Die westlichen Alliierten, die Briten, Amerikaner und Franzosen, wollten einen öffentlich-rechtlichen Rundfunk begründen, auf den der Staat und die Parteien – egal welcher politischen Couleur – keinen Zugriff mehr hatten. Er sollte unabhängig sein, er sollte demokratisch sein. »Staatsferne« hieß das Zauberwort. Vorbild war die BBC – die Stimme der Wahrheit. Im Hitler-Deutschland hatte das Hören des britischen Senders, in dem beispielsweise Literaturnobelpreisträger Thomas Mann an den Anstand der wenigen Aufrechten im Dritten Reich appellierte, unter Todesstrafe gestanden.

Hugh Carleton Greene hatte schon während des Zweiten Weltkriegs mit dem deutschsprachigen Dienst der BBC gegen die Nazibarbarei angesendet. Er übernahm dann nach Kriegsende die schwierige Aufgabe des Chief Controller of Broadcasting in der britischen Besatzungszone. Niemand konnte damals ahnen, dass der jüngere Bruder des berühmten Schriftstellers Graham Greene nicht nur zum Chefarchitekten des NWDR, des Vorläufers des NDR, sondern des gesamten öffentlich-rechtlichen Rundfunks in Deutschland aufsteigen sollte. Der erfahrene, weltoffene Journalist war bis 1948 der erste NWDR-Generaldirektor. Er hatte das richtige Gespür, den öffentlich-rechtlichen Rundfunk vor dem Zangengriff des Staates und der Parteien zu bewahren. Zu seinen Ehren wurde die Straße zum riesigen NDR-Gelände in Hamburg-Lokstedt, unweit des Flughafens, nach ihm benannt. In seiner Abschiedsrede am 15. November 1948 ermahnte Greene die Politiker, künftig ihren »guten Willen« und den »gesunden Menschenverstand« walten zu lassen.[3] Nur drei Jahre nach dem Ende der faschistischen Gewaltherrschaft beeindruckte der idealistische Appell Greenes damit junge demokratische Politiker. Heute wird er von den Realos nur belächelt.

Nach Greenes Rückkehr nach London vergingen nur dreizehn Jahre, bis der große Sündenfall namens ZDF begangen wurde. Bundeskanzler Konrad Adenauer wollte ein staatsnäheres Fernsehen, das durchaus kommerziell sein durfte. Es wurde eine von Bund und Ländern gemeinsam getragene Betreibergesellschaft mit dem schönen Namen »Freies Fernsehen GmbH« gegründet, die in Eschborn (zwischen Frankfurt und Wiesbaden), genannt »Telesibirsk«, ihren Sitz hatte. Doch das Projekt war selbst in Adenauers Partei CDU heftig umstritten. Schließlich blockierte das Bundesverfassungsgericht in Karlsruhe die Vorbereitungen für den »Adenauer-Sender«, denn laut Grundgesetz waren die Länder für den Rundfunk und der Bund für das Fernmeldewesen zuständig. Damit waren die Verhältnisse ein für alle Mal klar. Die Länder waren es dann, die sich im Juni 1961 auf die

Gründung einer Anstalt des öffentlichen Rechts mit dem Namen Zweites Deutsches Fernsehen einigten.

Doch das ZDF hatte einen Geburtsfehler. Es war von Anfang an im Zangengriff der Politik. Die Länder inthronisierten den CDU-Kandidaten, den katholischen Universitätsprofessor Karl Holzamer. Er war bereits als Chef für das »Adenauer-Fernsehen« vorgesehen. Die Personalentscheidung hatte Folgen. Damit wurde der Konservatismus in die DNA der Mainzer Anstalt implementiert. Holzamer blieb bis 1977. Er wurde dann von Karl-Günther von Hase abgelöst, der in den CDU-Regierungen zwischen 1962 und 1967 als Chef des Presse- und Informationsamtes der Bundesregierung fungiert hatte. Schon damals gab es ein ausgesprochen enges Verhältnis zwischen politischer Macht und medialer Macht im öffentlich-rechtlichen Rundfunk. Daran hat sich bis heute wenig geändert.

Politisches Lehrtheater auf dem Mainzer Lerchenberg

Im staatstragenden dunkelgrauen Anzug mit Manschettenhemd präsentierte sich Markus Schächter an diesem sonnigen Märztag des Jahres 2002 im großen Saal des ZDF-Konferenzzentrums. Der damals 52-Jährige war vom Mainzer Stadtteil Hechtsheim, wo Schächter bis heute immer noch wohnt, in wenigen Minuten auf den nahen Lerchenberg geeilt. Der damalige Ministerpräsident von Thüringen und ZDF-Fernsehrat Bernhard Vogel (CDU) hatte ihn bei der Gartenarbeit erreicht. Blitzschnell wechselte der ZDF-Programmdirektor die Kluft und fuhr eilig los. Er war nach einer Hängepartie zum neuen ZDF-Intendanten gewählt worden. »Ich bin überrascht, dass ich gewählt wurde«, sagte der ehrliche Fernsehmann verlegen.[4] Es erging ihm so wie uns, den rund zwei Dutzend Journalisten. An diesem Samstag waren die meisten von uns bereits zum dritten Mal nach Mainz gefahren, um über die Nachfolge des ewigen Intendanten Dieter Stolte zu berichten. Die Strecke von meinem Wohnort Düsseldorf durch das Rheintal auf den Lerchenberg kenne ich seitdem auswendig.

Fast ein halbes Jahr lang hatten sich der damalige CSU/CDU-Kanzlerkandidat Edmund Stoiber und Nordrhein-Westfalens Ministerpräsident Wolfgang Clement (SPD) um den Chefposten gestritten – einmalig in der Geschichte des Gebührenfernsehens. Doch nun waren die Würfel endlich gefallen. Das Geschacher zwischen schwarzem und rotem Block war entschieden. Danach hatte es am Samstagmorgen noch nicht ausgesehen. Draußen vor dem Konferenzzentrum langweilten sich die Fahrer der schwarzen und marineblauen BMWs, Audis und Mercedes, drinnen ging es hoch her. Schließlich hatte die politische Schmierenkomödie bereits ein halbes dutzend Kandidaten, darunter ZDF-Gewächse wie Helmut Reitze oder Gottfried Langenstein, Ehemalige wie ARD-Programmdirektor Günter Struve, Bertelsmann-Kommunikationschef Manfred Harnischfeger und Endemol-Deutschlandchef Werner Schwaderlapp, verschlissen.

Schächter war schließlich der Kompromiss des Kompromisses des Kompromisses, weil sich keiner der beiden politischen Blöcke durchsetzen konnte. Vize-Chefredakteur Reitze und 3sat-Chef Langenstein, beide unionsnah, strichen an diesem Morgen umsonst durch die Gänge. Erst als sich Bernhard Vogel, einst auch Ministerpräsident von Rheinland-Pfalz, und sein indirekter Nachfolger Kurt Beck (SPD) zusammensetzten, konnte das Patt beseitigt werden. Beck brachte den Namen Schächter ins Spiel. Vogel kannte den studierten Historiker seit vielen Jahren, weil der in seiner eigenen Amtszeit Pressesprecher im Mainzer Kultusministerium gewesen war. Die Devise des Duos: nur kein radikaler Wechsel. Dafür schien der konservativ-liberale Schächter der richtige Mann zu sein. Am Ende erhielt er 51 Ja-Stimmen bei zehn Nein-Stimmen und fünf Enthaltungen und damit die notwendige Dreifünftelmehrheit. Mit dieser Rückendeckung konnte er das Steuer auf dem TV-Traumschiff in Mainz übernehmen. Die Konservativen hatten sich wie so oft beim ZDF durchgesetzt. Ich dachte an diesem Nachmittag an Bertolt Brechts Meisterwerk *Der gute Mensch von Sezuan*, das 1943 in Zürich Premiere hatte, als Europa in Schutt und Asche versank. Im Epilog heißt es dort: »Wir stehen selbst enttäuscht und sehn betroffen / Den Vorhang zu und alle Fragen offen.«

Die Wahl Schächters war ein politisches Lehrstück. Statt mit dem Anspruch heranzugehen, den besten Mann für den Sender zu finden, veranstalteten alle im Fernsehrat vertretenen Parteien einen peinlichen Kuhhandel. Nicht der Nutzen im Sinne der Bürger und damit der Gebührenzahler stand im Vordergrund, sondern die politische Machtbalance.

Es gab damals auch einige Aufrechte wie den damaligen NRW-Ministerpräsidenten Wolfgang Clement. Der gelernte Journalist sprach aus, was viele Gebührenzahler schon vor mehr als einer Dekade dachten. »Die jetzige Situation ist unerträglich«, sagte der charakterstarke Politiker, der mittlerweile aus der SPD ausgetreten ist. »Wir wollen den ZDF-Staatsvertrag ändern.«[5] Der Fernsehrat sollte verkleinert und vor allem entpolitisiert werden. Miriam Meckel, seine Regierungssprecherin und frisch gekürte ZDF-Fernsehrätin, versprach, eine Entscheidung solle zügig innerhalb der nächsten zwölf Monate fallen. Clement und seine Nachwuchskraft scheiterten. Am Ende blieb alles beim Alten.

Die Parteien haben das ZDF seit der Niederlage Clements so gut vereinnahmt wie nie zuvor. Alle wichtigen Positionen werden nach Parteibuch und Parteinähe durchdekliniert, versichern mir Insider hinter vorgehaltener Hand. Nur selten dringen die Wahrheiten nach außen, denn so etwas ist tödlich für die Karriere. Das System von ARD und ZDF verzeiht Transparenz gegenüber dem Gebührenzahler nicht.

Markus Söder, einst CSU-Generalsekretär und heute bayerischer Finanzminister, hält sich für einen echten Medienexperten. Von öffentlich-rechtlichen Anstalten versteht der nicht nur in seiner fränkischen Heimat umstrittene Politiker tatsächlich etwas, schließlich startete der »Lautsprecher aus Nürnberg« seine Karriere nach einem Volontariat beim Bayerischen Rundfunk dort als Redakteur. Wo sonst? Vor dem Dienstantritt bei der Münchener Anstalt war er bereits zehn Jahre bei der Jungen Union und bei seinem Amtsantritt als Volontär sogar Landesvorsitzender der CSU-Nachwuchsorganisation. War es extremes Glück, die einzigartige Qualifikation als Jurist oder doch das Parteibuch, warum ausgerechnet der Nachwuchspolitiker einen der begehrten Arbeitsplätze beim Bayerischen Rundfunk erhielt? Ein ehemaliger Kollege von Söder, den ich in München treffe, gibt eine klare Antwort: »Natürlich die Partei.«

Söder hat beim Bayerischen Rundfunk schnell gelernt, wie das Gebührenfernsehen politisch funktioniert. Nach seiner Rückkehr in die Politik hat er dieses Wissen angewandt. »Ich erinnere mich, wie Markus Söder hier vorbeischaute, der da gerade Generalsekretär der CSU geworden war. Vielfalt und so, das fand er alles in Ordnung«, erzählt der frühere Mainzer Chefredakteur Nikolaus Brender über den Besuch des ehemaligen ZDF-Fernsehrats in Mainz. »Aber dann erklärte er mir, dass die leitenden Stellen in einer Anstalt wie dem ZDF natürlich nach den Mehrheitsverhältnissen in den Parlamenten besetzt werden müssten. Ich fragte ihn, ob er mal Artikel 5 des Grundgesetzes gelesen habe. Politiker wie Söder sind sich in ihrem Proporzdenken absolut sicher. Dass dieses Denken zu einer verbogenen Wirklichkeitswahrnehmung und zu einer verzerrten Berichterstattung führt, stört sie als Parteipolitiker nicht.«[6]

Bei der Wahl von Thomas Bellut Mitte März 2012 hatten die Parteien dazugelernt. Alles war bereits hinter verschlossenen Türen geklärt. Der konservativ-liberale Osnabrücker, der sein ganzes Berufsleben beim ZDF verbracht hatte und einem breiten Publikum als Moderator von ZDF-Wahlsendungen bekannt ist, sollte es werden. Das Wahlergebnis erinnert ein wenig an die Abstimmungen in der Volkskammer der DDR. Von den 73 anwesenden Fernsehräten erhielt Bellut 70 Stimmen. Es gab nur eine Gegenstimme und zwei Enthaltungen. »Der FC Bayern wollte nur Manuel Neuer als Torwart haben und keinen anderen, das ZDF wollte nur Thomas Bellut und keinen anderen«, sagte ZDF-Fernsehratschef Ruprecht Polenz plakativ zur Begründung.[7] Was der Gebührenzahler wollte, spielte kein Rolle. Der gelernte Politologe Bellut, der einst zur *DDR-Berichterstattung in den Nachrichtenmedien der Bundesrepublik Deutschland* promovierte, sitzt nun im 14. Stock des ZDF-Hochhauses. Das Chefzimmer kennt er bestens, denn zehn Jahre lange saß er als Programmdirektor nur ein paar Zimmer weiter.

Der verlässliche ZDF-Chef ist das, was schon Schächter war, ein Mann, der keine großen oder schnellen Umwälzungen mag. Deshalb war er auch der Wunschkandidat seines Vorgängers. Leise und bedächtig steuert der einstige Redakteur des ZDF-*Länderspiegels* den Sender, in dessen Diensten er seit 1984 steht. Nach seinem Studium im westfälischen Münster führte ihn sein Weg schnurstracks nach Mainz. Dort lernte er auch seine Ehefrau, die ZDF-Moderatorin Hülya Özkan, kennen, die auch populäre Krimis (*Mord am Bosporus*) schreibt, die von der ARD (*Mordkommission Istanbul*) verfilmt wurden. Eine öffentlich-rechtliche Karriere wie aus dem Bilderbuch.

Ist der neue ZDF-Intendant zu echten Reformen, gar zu einem Neuanfang fähig? Meine Neugier war groß, als ich Mitte April 2012 zu einem Hintergrundgespräch nach Berlin fuhr, zu dem Bellut eingeladen hatte. Rund um das Brandenburger Tor gibt es viele »Hinterzimmer«, wo kleine und manchmal auch große Politik gemacht wird. Die edle Dunhill Lounge des britischen Zigarettenkonzerns British American Tabacco (Lucky Strike, Pall Mall), hinter dem von Politikern und Journalisten gleichermaßen geschätzten Café Einstein, ist so ein Ort. Dort trifft sich der Deutsche Zigarettenverband zum Meinungsaustausch und eben auch das ZDF, schließlich liegt das Hauptstadtstudio der Mainzer nur ein paar Schritte weiter.

Die Lounge, die direkt mit dem Café Einstein verbunden ist, ist ein angenehmer Ort, um sich unbemerkt von der Öffentlichkeit zu treffen. Bellut ist schon da. Ich lasse mich in einen der großen, hellbraunen Sessel sinken, bewundere den Raum in angenehmem Rot, mit warmem Holz und einem überdimensionierten offenen Kamin ausgestattet. Mein Blick fällt auf das meterlange Panaroma von Tabakpflanzen, das die Längsseite des Raums schmückt. Der freundliche ZDF-Chef sitzt am anderen Ende des niedrigen Tisches und redet leise und sehr bedächtig. Die rund ein Dutzend Journalisten lauschen konzentriert.

Der Fernsehmann hat eine Botschaft mitgebracht. Er will sich als Sparfuchs verkaufen. »Wir müssen maßhalten in den nächsten Jahren«, sagt er bei diesem über zweistündigen Gespräch. Solche Versprechungen kommen bei den Parteien und beim Bürger immer an. Die Finanzkommission KEF, zuständig für die Rundfunkfinanzierung, hatte bemängelt, dass das ZDF zu viel Personal habe. 300 Vollzeitstellen müssten gestrichen werden. Das würde in der Gebührenperiode 2013 bis 2016 Einsparungen von 75 Millionen Euro bringen. Bellut will das mit Frühverrentung schaffen. Seine Spargeschichte funktioniert. Kritische Nachfragen gibt es kaum, viele der eingeladenen Journalisten sind ohnehin kulturell beseelt und ausgewiesene Fans öffentlich-rechtlicher Nischenprogramme. Tage später erscheinen Artikel, die seine Botschaft in die Welt tragen.[8]

Doch stimmt das? Wer genauer hinsieht, wird erkennen, wie absurd die von Bellut aufgetischte Spargeschichte ist. Das ZDF hat nach eigenen Angaben fast 10 000 Mitarbeiter – genauer: 3600 Festangestellte und 6000 Freie. 300 Festangestellte über drei Jahre einzusparen entspricht einem Stellenabbau von gerade mal 2,77 Prozent pro Jahr. Das ist kein Aderlass, sondern in einem aufgeblähten Apparat wie dem ZDF eine eher minimale Anpassung. Zu Entlassungen von Festangestellten wird es nicht kommen. Das ZDF arbeitet an einem Verrentungsprogramm. Und wer die überdurchschnittlichen Altersbezüge der Pensionäre aus den Rundfunkanstalten kennt, weiß, wie groß das soziale Gewissen im Gebührenfernsehen sein kann.

Auch die absoluten Zahlen des Sparkurses sind interessant. Die Finanzkommission KEF verlangt zudem vom ZDF zwischen

2013 und 2016 Einsparungen von insgesamt 75 Millionen Euro. Diese Zahl trägt Bellut immer wieder gebetsmühlenartig vor. Was er aber verschweigt: Im selben Zeitraum darf seine Mainzer Anstalt einen Gesamtetat von über fünf Milliarden Euro ausgeben. Das entspricht bescheidenen 1,5 Prozent des Etats, die er einsparen muss – mehr nicht.[9]

Woraus folgt: Revolutionen sind von Bellut nicht zu erwarten. Genau deshalb schätzen ihn die Parteien. Er steht für das System.

Kniefall vor der Politik: Der Fall des ZDF-Chefredakteurs Nikolaus Brender

Der 27. November 2009 war wirklich kein einfacher Tag für Markus Schächter. Der langjährige Intendant musste in Berlin vor den ZDF-Verwaltungsrat treten, um eine Verlängerung des Arbeitsvertrags seines Chefredakteurs Nikolaus Brender durchzusetzen. Der politisch gewiefte Schächter wusste genau, dass seine Mission kaum Aussicht auf Erfolg haben würde. Bereits seit Monaten wurde der als SPD-nahe geltende Brender von CDU-Politikern aus dem Hinterhalt angeschossen. Allen voran der damalige hessische Ministerpräsident Roland Koch hatte sich mit Unterstützung seines früheren bayerischen Kollegen Edmund Stoiber auf den ZDF-Chefredakteur längst auch öffentlich eingeschossen.

Das Gremium lehnte wie erwartet eine Verlängerung für Brender ab. Für diesen Fall hielt Schächter aber noch eine Trumpfkarte bereit – nämlich einen verkürzten Arbeitsvertrag über zwei Jahre, bis Januar 2012. Doch auch dieser Kompromissvorschlag fiel im Gremium durch. Bitter für den ZDF-Chef. »Das war für mich persönlich und für das Haus eine schwierige und schmerzhafte Situation«, sagte mir Schächter bei unserem letzten Gespräch mit ernster Miene, bevor er im Frühjahr 2012 den Chefsessel auf dem Lerchenberg abgab.[10] Er verzichtete freiwillig auf eine dritte Amtszeit.

Wie sehr die Politik einen öffentlich-rechtlichen Sender wie das ZDF in den Schwitzkasten nehmen kann, zeigte der weitere Verlauf der Sitzung. Schächter blieb nichts anderes übrig, als seinen Notfallplan auf den Tisch zu legen. Der konservativ-liberale Anstaltschef schlug den liberalen Peter Frey, bislang Leiter des ZDF-Hauptstadtstudios, als neuen Chefredakteur vor. Die als CDU-nah geltende Leiterin der Hauptredaktion Innen-, Gesellschafts- und Bildungspolitik, Bettina Schausten, sollte Chefin des Studios in der Hauptstadt werden. Und? Dieser Personalvorschlag wurde dann anstandslos vom ZDF-Verwaltungsrat durchgewunken.

So schamlos haben die Parteipolitiker beim Geschacher um Posten im Gebührenfernsehen die Masken nur sehr selten fallen lassen. Die politische Arithmetik war aus der Sicht der politisch Mächtigen wieder hergestellt. Der Sender, der Intendant und der bei Kollegen hoch angesehene neue Chefredakteur blieben beschädigt zurück. Und was ist aus Koch und Stoiber geworden? Der frühere hessische Ministerpräsident leitet in Mannheim den Baukonzern Bilfinger Berger. Stoiber hat als Chef des Beirats des größten deutschen Fernsehkonzerns ProSieben Sat.1 im Münchener Medienvorort Unterföhring eine Art zweite Karriere gestartet. Dort berät er mit anderen Beiratsmitgliedern wie dem exzentrischen Maler Markus Lüpertz, der Ärztin und Kickbox-Weltmeisterin Christine Theiss und der Filmproduzentin Minu Barati-Fischer, Ehefrau des früheren Außenministers Joschka Fischer, den MDax-Konzern. Und ZDF-Intendant Markus Schächter? Der weltoffene, leise Pfälzer, der stets den Ausgleich suchte und als einstiger Pressesprecher des rheinland-pfälzischen Kultusministeriums das politische Geschäft früh kennen gelernt hatte, verließ im März 2012 das ZDF für immer und unterrichtet seitdem Medienethik an der Jesuiten-Hochschule für Philosophie in München.

Bei Nikolaus Brender hingegen blieb Bitterkeit zurück. Das ehemalige Mitglied der CDU-Nachwuchsorganisation Junge Union sagte: »Ich habe sie schon damals erlebt, die Mitläufer, die Speichellecker, die aufrechten Kämpfer, die Überzeugten und Überzeugenden, die besitzergreifenden Allmachtsphantasten. Das ist im Verhältnis zu Medien und Presse heute noch so.« Und was ist mit der Rolle aller gesellschaftlichen Gruppen, die über den ZDF-Verwaltungsrat den Mainzer Sender kontrollieren? Brender zieht nach mehr als drei Jahrzehnten im Dienst des Gebührenfernsehens eine düstere Bilanz: »Wie so vieles pervertierte die Grundidee bald. Heute beherrschen die Parteien die anderen Gruppen, die in diesen Gremien sitzen.«[11]

2010 tauchte die Bundesrepublik plötzlich im Bericht des Medienbeauftragten der Organisation für Sicherheit und Zusammenarbeit in Europa (OSZE) auf. Deutschland fand sich in dem 22 Seiten dicken Bericht neben Ländern wie Kasachstan, Kirgisien, Weißrussland und Bosnien-Herzogewina.[12] Der damalige OSZE-Beauftragte Miklós Haraszti, Journalist und Mitbegründer der ungarischen Oppositionsbewegung, brachte damals in einem Schreiben an die Bundesregierung seine Sorge um die politische Unabhängigkeit von ARD und ZDF zum Ausdruck. Auslöser war die politisch motivierte Absetzung Brenders. Schließlich war damit die im Grundgesetz verankerte Rundfunkfreiheit verletzt worden.

Besonders pikant: Die Abwahl des ZDF-Chefredakteurs geschah angeblich mit Billigung von »Mutti«, wie Kanzlerin Angela Merkel in Berlin ironisch genannt wird. Ihr damaliger Regierungssprecher hieß Ulrich Wilhelm, schon damals Kandidat für den Chefsessel beim Bayerischen Rundfunk und Mitglied des ZDF-Fernsehrates. »Mit Blick auf das Amt des Intendanten stellt sich da die ganz fundamentale Frage: Darf Politik so mit einem Intendanten umgehen?«, fragte Fritz Pleitgen, ehemaliger WDR-Intendant und ARD-Vorsitzender, im *Spiegel*.[13] Weil die Abwahl des ZDF-Chefredakteurs mit Zustimmung Merkels über die Bühne ging, sah Pleitgen ihren Vertrauten in Erklärungsnot. Er forderte Wilhelm damals auf zu erklären, »wie er sich dazu verhält, dass das Amt des ZDF-Intendanten durch die Politik beschädigt worden ist. (...) Ich wüsste gern, wie er die Sache mit dem ZDF sieht und wie er sich damals im Umfeld der Kanzlerin verhalten hat.

Das kann ihm ja nicht entgangen sein. Ich wüsste gern: Ist er einge-schritten, oder hat er das als ganz normalen Vorgang betrachtet?« Doch der ansonsten wortgewaltige CSU-Mann zog es vor, zu schweigen. Vielleicht aus gutem Grund? Denn auch Wilhelm, so der damalige ZDF-Chefredakteur Brender, wollte angeblich den Sender so manipulieren wie seine Vorgänger.»Ich selbst hatte ein chronisch angestrengtes Verhältnis zu allen Regierungssprechern von Uwe-Karsten Heye bis Ulrich Wilhelm, die immer mal ver-suchten, Berichterstattung zu beeinflussen. Der eine geschickt, der andere weniger geschickt.«[14]

Szenenwechsel. Rund eineinhalb Jahre nach dem Fall Brender: Wer hat die hässlichste Fratze im Fernsehgeschäft? Silvio Berlus-coni, der frühere italienische Ministerpräsident und Medien-unternehmer. In einer von der Münchener Agentur Serviceplan entworfenen Werbekampagne nutzten ARD und ZDF vor den Landtagswahlen in Baden-Württemberg und Rheinland-Pfalz im März 2011 das Konterfei des »Cavaliere« als schlimmstes Beispiel für die Verquickung zwischen Politik und öffentlich-rechtlichem Rundfunk.»Eine Demokratie ist so stark wie ihre Medien«, hieß der Slogan, mit dem das deutsche Gebührenfernsehen in Anzei-gen, Internetseiten und E-Mail-Diensten warb.[15]

Wohl wahr, auch in Deutschland. Eigentlich hätte das Gebüh-renfernsehen rot anlaufen müssen. Denn im System von ARD und ZDF werden Chefredakteure aus dem Amt gejagt und Regie-rungssprecher zu Intendanten gekürt. Darüber hat sich die vom Gebührenzahler finanzierte Werbekampagne fein säuberlich aus-geschwiegen. Es geht ja um Reklame, nicht um Wahrheit.

Everybody's Darling: Ulrich Wilhelm – vom Merkel-Sprecher zum Senderchef

Als Sprecher der Bundesregierung unter der Kanzlerin Angela Merkel hatte es Ulrich Wilhelm zu erstaunlicher Popularität ge-bracht. Der Blondschopf war bei vielen beliebt, mit niemandem hat es sich der CSU-Mann in seinen fünf Jahren als Regierungssprecher groß verdorben. Ein Everybody's Darling – nicht gerade leicht im Haifischbecken von Berlin-Mitte. Diese Eigenschaft des verbeamteten Staatssekretärs war eine gute Voraussetzung für den nächsten Schritt des ehemaligen Stoiber-Vertrauten: die Eroberung des Chefsessels des Bayerischen Rundfunks. Mühelos schaffte er die Wahl. Der Rundfunkrat des BR wählte Wilhelm, der bereits während seines Jurastudiums für den Sender gearbeitet und später für Stoiber die Medienabteilung der Bayerischen Staatskanzlei geleitet hatte, mit 40 von 44 Stimmen zum Intendanten. Der Sohn des CSU-Landtagsabgeordneten und ehemaligen bayerischen Staatssekretärs Paul Wilhelm war am Ziel seiner Träume.

Wilhelm ist eine Art politische Amphibie, behaupten seine Kritiker. Er kann sich in der Politik sehr gut fortbewegen, aber auch im Gebührenfernsehen. Zwischen seinem Ausstieg aus der Politik und seinem Amtsantritt bei der ARD-Anstalt lag nur rund ein halbes Jahr. Eine minimale Frist des politischen Anstands.

Seine Kür zum BR-Chef löste scharfe Reaktionen aus. »Die Staatsferne ist ein Wolkenkuckucksheim. Die politische Unabhängigkeit ist längst Fiktion geworden«, schimpfte Helmut Thoma, ehemaliger RTL-Chef und Ex-Manager des öffentlich-rechtlichen ORF.[16] »Es wird von der Politik so getan, als sei alles in bester Ordnung. Dabei ist der Vorgang skandalös«, ärgerte sich ein langjähriger Mitarbeiter der Fernsehabteilung, der aus Angst vor Repressalien nicht genannt werden wollte.

Die Wahl im Mai 2010 war offenbar ein abgekartetes Spiel. Hinter den Kulissen wäre von den Rundfunkbeiräten bereits vorher alles klargemacht worden, sagen Insider. Es gab sogar einen Gegenkandidaten, den angesehenen Landeskorrespondenten Rudolf Erhard. Er wurde aber nur von den Freien Wählern und den Grünen unterstützt und war damit völlig chancenlos. BR-Insider bezeichneten das damals als »Lachnummer«. Sie sollten Recht behalten.

Für eine funktionierende Demokratie sind staatsferne Medien, vor allem der öffentlich-rechtliche Rundfunk mit seinem Auftrag zu Information und Bildung, überlebenswichtig. Mit der Wahl eines Staatssekretärs der Bundesregierung auf den Chefsessel der viertgrößten ARD-Anstalt hat die Staatsnähe ein gefährliches Ausmaß angenommen.

Sie manifestiert sich auch darin, dass Merkel bei der Suche nach einem Nachfolger von Ulrich Wilhelm für den Posten des Regierungssprechers ausgerechnet bei den Öffentlich-Rechtlichen fündig wurde. Der populäre Moderator des *Heute-Journals*, Steffen Seibert, wurde von der Kanzlerin als Chef des Presse- und Informationsamtes im Rang eines beamteten Staatssekretärs im August 2010 von Mainz nach Berlin geholt. »Im ZDF haben sich die führenden Journalisten seinerzeit schon die Frage gestellt, wie es kommt, dass ausgerechnet er, den sie als wenig politisch einschätzten, jedenfalls nicht als politischen Kopf, schon gar nicht als eigenständigen – dass also ausgerechnet er zum Nachfolger des politisch hoch versierten, gut vernetzten Ulrich Wilhelm erkoren wurde«, schrieb *Tagesspiegel*-Chefredakteur Stephan-Andreas Casdorff und gab auch eine Antwort: »Nun, zur Erklärung gehört, dass Seibert nett aussieht, die Abendnachrichten ebenso rüberbrachte und der Kanzlerin mindestens von einer Veranstaltungsmoderation bekannt war.«[17] Doch reicht das als Erklärung komplett aus?

Politik und Gebührenfernsehen sind eng verzahnt – auch politisch. Zwischen beiden herrscht – mit Ausnahmen – eine große Loyalität, deshalb sind die fliegenden Wechsel beispielsweise in der Position des Regierungssprechers eine logische Folge. Wie eng das Verhältnis ist, zeigt auch die Besetzung des Chefpostens in der kleinen Anstalt am westlichen Rand der Republik, der bundesweit nur wenig Beachtung geschenkt wird.

Dort wurde Thomas Kleist, ein stets freundlich lächelndes SPD-Mitglied, nach einem langen Gezerre im siebten Wahlgang im April 2011 zum Intendanten des finanziell schwachbrüstigen Saarländischen Rundfunks gewählt.[18] Im Gegensatz zu seinem Gegenkandidaten Christoph Hauser, damals Programmdirektor des Kulturkanals Arte, hatte der Jurist keine operative Erfahrung.

Doch das war noch nie ein Problem im Senderverbund der ARD. Kleist hatte vielmehr als Staatssekretär in den SPD-Landesregierungen unter Oskar Lafontaine und Reinhard Klimmt gedient. Offenbar dank politischer Schützenhilfe wurde er auf den Chefsessel der kleinen Landesanstalt für Rundfunkwesen in Saarbrücken gesetzt. Mit seinem von ihm mitbegründeten Institut für Europäisches Medienrecht saß er wie der Saarländische Rundfunk auf dem Halberg, hoch über der Landeshauptstadt Saarbrücken. Nach elf Jahren im Verwaltungsrat der Anstalt kam das langjährige Mitglied in der Bundesmedienkommission der SPD doch noch ans Ziel. Er zog in das von Wald umgebene Schloss Halberg ein, das von der schwerreichen Industriellenfamilie von Stumm-Halberg errichtet wurde, und darf nun von seinem 280 Meter hoch gelegenen Amtssitz seine Blicke über die Niederungen der saarländischen Politik schweifen lassen.

Wie können derartige, von Parteipolitik geprägte Karrieren im Gebührenfernsehen verhindert werden? Theoretisch ist es ganz einfach. Die Länder müssen bloß rechtliche Voraussetzungen im Gebührenfernsehen schaffen, die einen Wechsel von einem politischen Amt in die Führungsebene von ARD, ZDF und Deutschlandfunk schlichtweg verbieten. Ganz einfach? Natürlich nicht. Denn damit würden sich die großen Parteien um wichtige Versorgungsposten bringen. Und das will bislang niemand wirklich.

Nur eine Formsache: Die Wiederwahl der WDR-Intendantin Monika Piel

Im Oktober 2010 verteilten Unbekannte eine gefälschte Ausgabe der Hauszeitung *WDR Print*. In dieser Guerilla-Ausgabe wurde Monika Piel in schwarzer, enger Lederkombi mit der Pistole in der rechten Hand abgebildet. Die Aufregung im Haus war danach groß. Dabei erhoben die unbekannten Autoren gegen die oberste Chefin heftige Vorwürfe wie Programmverflachung, Selbstherrlichkeit und Misswirtschaft. Die Kritik wurde mit dieser autonom erstellten Kopie der WDR-Hauszeitung, in einer

Auflage von 10 000 Exemplaren verteilt und im Internet verfügbar gemacht, nun öffentlich.[19] Der Zeitpunkt der bitterbösen Kritik war nicht nur kurz vor dem offiziellen Start des rheinischen Karnevals gut gewählt. Monika Piel war gerade dabei, zum 1. Januar 2011 den Vorsitz in der ARD zu übernehmen. Da kamen Querschüsse aus den eigenen Reihen höchst ungelegen. Statt sich der Kritik öffentlich zu stellen, zog sie sich mit einem ironischen Brief im Intranet des WDR aus der Affäre. »Wer bislang noch behauptet hat, im WDR gebe es keinen hintergründigen Humor, der ist spätestens heute eines Besseren belehrt worden«, schrieb die Intendantin an ihre Mitarbeiter. Basta.

Monika Piel, die seit April 2007 an der Spitze des WDR steht, ist wie Teflon. An ihr bleibt nichts hängen.

Ende Mai 2012 musste sich Piel als WDR-Intendantin zur Wiederwahl stellen. Der Aufbruch ist unter ihrer Ägide ausgeblieben. Mit wenigen Ausnahmen wie der populären Verbrauchersendung *Markencheck* gelang es ihr nicht, das Programm zu entrümpeln. Auch die Verjüngung des Publikums klappte nicht. Ihr Einsatz für den Moderator Thomas Gottschalk im Vorabend der ARD scheiterte grandios. Kaum jemand wollte die von der Kölner Bertelsmann-Tochter Grundy Light Entertainment (*Deutschland sucht den Superstar*) produzierte Sendung im Ersten sehen. Gottschalk musste gehen, Piel aber darf bleiben – fast für immer. Ihre Vertragsverlängerung bis 2019, dann wird sie fast 68 Jahre alt sein, war eher Formsache.

Vielleicht war deshalb das Interesse an der Pressekonferenz des WDR-Rundfunkrates Ende Mai 2012 so gering? »Das ist doch eine demokratische Wahl nach DDR-Vorbild«, sagte mir ironisch ein Kölner WDR-Insider. Er riet mir ab, überhaupt deswegen nach Köln zu fahren. Zur Wahl stand ohnehin nur eine Kandidatin, Monika Piel, seit 35 Jahren in der Anstalt.

Als ich pünktlich das traditionsreiche Reichard-Haus des WDR am Wallrafplatz, nur ein paar Schritte vom Kölner Dom entfernt, betrat, wurde ich schnell von Wachpersonal gestoppt.

Die Sicherheitsvorkehrungen waren an diesem Tag streng. »Presseausweis bitte«, herrschte mich einer der beiden an. »Meinen Presseausweis habe ich vergessen«, sagte ich kleinlaut. Pech! Nur durch die Fürsprache eines Vodafone-Managers, den ich zufällig im Gebäude getroffen hatte, gelangte ich doch noch in den kleinen Sitzungsraum mit der Nr. 6214 im sechsten Stock, der zur Verkündung des Ergebnisses vorgesehen war. Lediglich zwei Handvoll Journalisten waren erschienen. Schließlich traf die WDR-Rundfunkratsvorsitzende und CDU-Politikerin Ruth Hieronymi mit Verspätung ein. Die 64-Jährige nahm in der Mitte Platz und verkündete bedeutungsvoll: »Monika Piel ist mit 34 Ja-Stimmen wiedergewählt worden.« Doch die Chefaufseherin der größten ARD-Anstalt musste anfügen, dass es sieben Nein-Stimmen und zwei Enthaltungen gegeben habe. Das heißt, jeder fünfte Rundfunkrat votierte gegen eine zweite Amtszeit der umstrittenen Intendantin. Eine Art Minirevolte – in der »Volkskammer« des westdeutschen Gebührenfernsehens. Hieronymi, die erfahrene Europaparlamentarierin, die seit über 41 Jahren der CDU angehört, sah das anders. Sie lobte Piel über den grünen Klee. Dass es keine Gegenkandidatin oder Gegenkandidaten gab – für die konservative Politikerin alles ganz normal. Auf meine Frage, ob es nicht einen Mangel an Demokratie gebe, sagte sie lapidar: »Von keinem einzigen Rundfunkrat wurde ein anderer Kandidat oder ein anderes Verfahren vorgeschlagen.« Das ist politische Dialektik. Tatsächlich rührte sich nach der Wahl die Opposition. FDP und Piratenpartei rügten das Verfahren ohne einen einzigen Gegenkandidaten. »Ohne Ausschreibungsverfahren die bisherige Intendantin im Amt zu bestätigen erweckt den Eindruck von Hinterzimmerabsprachen«, kritisierte Burkhardt Müller-Sönksen von der FDP.[20] Die Liberalen müssen es wissen, denn im Fall des ZDF haben sie selbst wie alle anderen Parteien auch an Absprachen hinter verschlossenen Türen mitgewirkt.

Schade, dass sich Piel am Tag ihrer Wiederwahl nicht den Fragen gestellt hat. Die Öffentlichkeit hätte gerne erfahren, für welches Programm, für welche Ziele sie bis 2019 mehrere Milliarden Euro an Gebührengeldern ausgeben will.

Finanziell ist und bleibt der Job an der Spitze des WDR ein Traum. 2010 musste Piel ihre Bezüge durch eine Gesetzesänderung erstmals öffentlich über den Geschäftsbericht bekannt machen. 2011 bezog sie ein erfolgsunabhängiges Gehalt von jährlich 319 500 Euro brutto, zuzüglich des zu versteuernden geldwerten Vorteils für den Dienstwagen von 22 000 Euro.[21] Das ist sehr viel mehr, als Bundeskanzlerin Angela Merkel oder Bundespräsident Joachim Gauck verdienen. Sie liegen mit 223 000 Euro bzw. 199 000 Euro deutlich darunter. Der Barwert von Piels Pensionsverpflichtungen lag 2011 bei sagenhaften 3,080 Millionen Euro. Im Jahr 2009 waren es gerade mal 2,141 Millionen Euro. Selbst Mitarbeiter aus der zweiten Reihe kommen auf stolze Beträge. So liegt der Barwert der Pensionsverpflichtungen der Fernsehdirektorin Verena Kulenkampff bei 1,73 und der des Hörfunkdirektors Wolfgang Schmitz bei 1,97 Millionen Euro.[22] Auch da können Politiker nur neidisch danebenstehen.

Natürlich werden in der Wirtschaft deutlich höhere Gehälter gezahlt. Doch mit zwei entscheidenden Unterschieden: Die Bezüge stammen erstens nicht aus Zwangsgebühren der Bürger. Zweitens werden Manager von börsennotierten Unternehmen nach Leistung bezahlt. Wer nichts bringt, fliegt. Beim Gebührenfernsehen hingegen richtet sich die Entlohnung nach dem Amt – unabhängig vom Erfolg.

In aller Freundschaft: Wie die Politik das Gebührenfernsehen fördert

Die Zeit arbeitet für die weitere Expansion des Gebührenrundfunks. Mit jedem Jahr wird das Internet wichtiger. Das wissen die Politiker. Sie fürchten um ihre Bühne im digitalen Zeitalter. Deshalb fördern sie das Gebührenfernsehen mit dem Geld der Bürger, damit ARD und ZDF die digitale Transformation schnell und umfassend vollziehen können.

Je mehr Fernsehen und Radio, ähnlich wie die Zeitungen, Zeitschriften und Bücher, unter Druck geraten, desto größer werden die Begehrlichkeiten von ARD, ZDF und Deutschlandradio, aber auch der Politik. Das Internet ist längst zur dritten Säule des öffentlich-rechtlichen Rundfunksystems aufgestiegen.

Die Einführung der Haushaltsgebühr 2013 nützt den Anstalten in diesem Moment des dramatischen medialen Wandels. Wenn schon jeder Bürger zahlen muss, soll er auch die Inhalte überall und jederzeit bekommen können. So lautet das scheinheilige Credo. Die ARD/ZDF-Steuer ist daher eine willkommene Legitimation dafür, noch mehr öffentlich-rechtliches Internet zu machen. Der Rundfunkänderungsstaatsvertrag vom Dezember 2010 setzte den Öffentlich-Rechtlichen noch ein paar Grenzen – beispielsweise, dass Sendungen nur sieben Tage online verfügbar sein dürfen. Solche Schranken könnten bei der nächsten Überarbeitung des Vertragswerkes fallen.

Ministerpräsidentin Hannelore Kraft, die in Nordrhein-Westfalen einer rot-grünen Landesregierung vorsteht, nutzte die Eröffnung des Medienforums NRW im Juni 2012 zu einer medienpolitischen Kehrtwende. Die Zeiten, als sozialdemokratische Landesregierungen unter Wolfgang Clement oder Peer Steinbrück grundlegende Reformen forderten, um einen ausufernden und ineffektiven öffentlich-rechtlichen Rundfunk zu stoppen, sind mittlerweile in der Düsseldorfer Staatskanzlei vergessen. Heute fordern die Sozialdemokraten in NRW einen deutlichen Ausbau der Internetangebote von ARD und ZDF. »Die künftigen Beitragszahler sollen das öffentlich-rechtliche Angebot jederzeit und überall auf stationären und mobilen Endgeräten abrufen können«, postulierte die resolute SPD-Frau Kraft im Beisein der WDR-Intendantin Piel und des ZDF-Chefs Bellut. »Wir werden im Länderkreis eine Initiative ergreifen, mit der die Telemedienangebote von ARD und ZDF neben Hörfunk und Fernsehen gestärkt werden.«[23] Unter der Worterfindung »Telemedien« werden in der Bürokratie nichts anderes als Internetangebote verstanden. Ein reiner Euphemismus, um Wahrheiten nicht so deutlich auszusprechen.

Wie bei der seit Ende des vergangenen Jahrhunderts laufenden MDR-Serie *In aller Freundschaft* um die Belegschaft des Leipziger Hospitals »Sachsenklinik«, wo sich Arzt und Schwestern aufeinander verlassen, können ARD und ZDF eben auf die Politik zählen und umgekehrt.

Selbst wenn ein Sender in die roten Zahlen rutscht, ist das medienpolitisch noch lange kein Problem. Im Jahr 2011 übersprang der Bayerische Rundfunk bei den Einnahmen die Milliardengrenze. Trotz der Gesamterträge von 1,008 Milliarden Euro – aus der trotz aller Negativprognosen nahezu konstanten Rundfunkgebühr kommen knapp 878 Millionen – beläuft sich der Bilanzverlust am Ende des Jahres auf über elf Millionen.[24] Möglichkeiten zum Sparen gibt es. Der Bayerische Rundfunk leistet sich den selbst für ARD-Verhältnisse einmaligen Luxus von zwei Fernsehprogrammen (Drittes, BR Alpha), neun (!) Radiosendern, zwei Orchestern, einem Chor und fast drei Dutzend Facebook-Angeboten – vom »Sonntags-Stammtisch« bis hin zu »Kipfenberg oder die Seele Bayerns«. Trotz des negativen Jahresabschlusses teilte der Sender mit: »Verwaltungsdirektor Lorenz Zehetbauer zeigt sich mit dem Ergebnis zufrieden.«[25] Der Rundfunkrat als Kontrollgremium war es auch, der den Vertrag von Zehetbauer noch am Tag der Bilanzvorlage bis Mai 2014 verlängerte. Dann geht der mächtige Jurist und Diplom-Kaufmann aus Niederbayern, der seine Karriere als Beamter beim bayerischen Wirtschafts- und Finanzministerium begann, in den Ruhestand.

Scheinheiliges Sparen

Die Bar Nada gehört mit ihrem mondänen Ambiente, ihren feinen Cocktails und lukullischen Verführungen zu den besten Late-Night-Adressen in Köln. In einem Rectangolo, einem schicken Séparée, können sich die Gäste sogar zur intimen Besprechung zurückziehen. Am Vorabend der größten Kabelmesse Deutschlands, der ANGA Cable, treffen sich in dem ehemaligen Bürogebäude der Deutschen Bundespost die Top-Manager der Branche. Dicht gedrängt schlürfen die Führungskräfte an diesem gewittrigen Abend an den eiskalten Aperitifs. Unter den Gästen ist auch Andreas Bereczky, Produktionsdirektor des ZDF. Der gebürtige Ungar mit den silbernen Haaren und Augenbrauen, ein alter Fuchs der Branche, ist nicht zu übersehen. Der frühere Telekom-Manager redet sich im Gespräch mit mir am Tresen so richtig in Rage. Nein, das ZDF und auch die ARD wollen künftig nicht mehr für die Verbreitung ihrer Programme durch die großen Kabelkonzerne wie Kabel Deutschland (KDG) und Unitymedia zahlen. Nein, die 60 Millionen Euro Einspeisegebühren an die »Kabler« jährlich wolle man sich sparen. Ja, die Verträge werden fristgerecht zum Ende des Jahres gekündigt.

Warum die große Aufregung? Schließlich haben ARD und ZDF jahrzehntelang brav die Einspeisegebühren gezahlt – ohne Murren. Denn bei seiner Einführung in den 80er-Jahren war es politisch vom Bund und von den Ländern gewollt, mit den Gebührengeldern den Ausbau des Kabelnetzes durch die Deutsche Bundespost und später die Deutsche Telekom zu fördern. Die jetzige plötzliche Kehrtwende lässt sich leicht erklären: Mit der Weigerung, weiter Einspeiseentgelte an die Kabelindustrie zu zahlen, wollen ARD und ZDF ihren Sparwillen öffentlichkeitswirksam beweisen. Es grenzt schon an Scheinheiligkeit, bei opulenten GEZ-Gebühren von 7,5 Milliarden Euro ausgerechnet die 60 Millionen zum Paradebeispiel des eisernen Sparens machen zu wollen.

Kabel ist im Vergleich zum teuren terrestrischen Digitalfernsehen (DVB-T), auf das ARD und ZDF so gerne pochen, ein vergleichsweise preiswertes Vergnügen. Denn DVB-T kostet ein Mehrfaches. Auch die Verbreitung der Programme über Satellit ist teurer. Nach Angaben der KDG kostet die Programmverbreitung über das Kabel pro Haushalt nur zwei Euro, bei Satelliten sind es vier Euro und bei DVB-T sogar 37 Euro.

Die einseitige Aufkündigung der Verträge durch ARD und ZDF ist zudem dreist, denn die privaten Konkurrenten wie RTL und ProSieben Sat.1 zahlen schließlich auch Geld an die Kabelkonzerne für die Weiterverbreitung ihrer Programme. »Alle TV-Sender zahlen Einspeiseentgelte für die Verbreitung bei Kabel Deutschland. Wir sehen keine Veranlassung, daran etwas zu ändern«, sagt Adrian von Hammerstein, Chef von KDG, der nur wenige Schritte von Bereczky im Séparée sitzt.[26]

Jahrzehntelang haben ARD und ZDF ohne öffentliche Kritik die politisch gewollte Subventionierung der großen Kabelkonzerne hingenommen, um die Netze im ländlichen Raum auszubauen. Damals wäre ein politisches Murren fatal gewesen. Doch nun ist es politisch opportun, dagegen aufzubegehren. In der heiklen Situation der Einführung einer ARD/ZDF-Steuer können sich die Anstalten endlich mal als Sparfüchse profilieren. Dabei haben die Kabelgesellschaften gar nicht aufgehört, in den Netzen auch außerhalb der Metropolen zu investieren. In vielen Gegenden bietet das Kabel längst mit großem Abstand das schnellste Internet, um beispielsweise die Mediatheken von ARD und ZDF abzurufen. Doch das lassen die Anstalten bei ihrem demonstrativen Streit lieber unter den Tisch fallen.

Teure Kakophonie der Medienwächter

Die »Last Night of the Proms« hat es dem lebensfrohen Jürgen Brautmeier angetan. Das Abschlusskonzert vor fast 6000 Gästen in der Royal Albert Hall in London ließ der Chef der Landesanstalt für Medien Nordrhein-Westfalen live von der BBC in das transparente, postmoderne Bürogebäude im Düsseldorfer Medienhafen übertragen. Der anglophile Historiker, der einst in Cambridge Geschichte studierte, ergreift dann im Smoking vor dem aufgehängten Union Jack gerne den Taktstock und intoniert die Evergreens. Jahr für Jahr lädt der oberste Medienwächter in die nordrhein-westfälische Hauptstadt ein, um das traditionelle Abschlusskonzert mit seinen über hundert Gästen zu feiern und gemeinsam patriotische Hymnen wie *Land of Hope and Glory* oder *Rule Britannia* zu singen. Die geladenen Gäste dieses stimmungsvollen Abends »mit einer Symbiose aus exquisiter klassischer Musik und gelassener Clublounge«[27] bilden eine bunte Mischung aus Politikern, Medienleuten und Managern wie dem Düsseldorfer Medien-Staatssekretär Marc Jan Eumann, dem RTL-Cheflobbyisten Tobias Schmid oder der Schauspielerin Marie-Luise Marjan.

Die Landesmedienanstalten sind schon bisweilen nicht nur in Nordrhein-Westfalen eine kuriose Veranstaltung. Ihre Aufgabe ist es, ausschließlich die privaten Fernseh- und Radiounternehmen zu kontrollieren, nicht aber ARD und ZDF. Und dennoch muss der Gebührenzahler die insgesamt 14 Medienanstalten mit ihren unzähligen Gremien mitfinanzieren. Von der Rundfunkgebühr sind es derzeit monatlich pro Euro 34 Cent. Zuletzt waren es fast 142 Millionen Euro – damit kosten die Medienanstalten den Gebührenzahler fast so viel wie das Deutschlandradio! Warum soll der Gebührenzahler mit knapp zwei Prozent seiner monatlichen ARD/ZDF-Steuer ausgerechnet die Medienaufsicht über die Privaten finanzieren? Schließlich ist jede Gewerbeaufsicht eine unmittelbare staatliche Aufgabe.

Die hohen Kosten für die Medienanstalten sind dem Föderalismus geschuldet. Denn nahezu jedes der 16 Bundesländer gönnt sich eine eigene Bürokratie mit Medienwächtern. Es ist längst überfällig, aus den 14 Medienanstalten eine schlagfertige bundesweite Behörde zu schaffen, die nicht mehr mit GEZ-Gebühren finanziert wird. Das würde nicht nur Geld im dreistelligen Millionen-Euro-Bereich sparen, sondern auch zu einer höheren Effizienz führen. Denn von den Privatsendern werden die Medienanstalten immer wieder untereinander ausgespielt. So wird der Fernsehkonzern ProSieben Sat.1 im Sommer 2013 mit der Sendelizenz von Sat.1 von Rheinland-Pfalz nach Hamburg/Schleswig-Holstein wechseln. Im hohen Norden fühlt sich der Münchener MDax-Konzern besser verstanden. Mit einer bundesweiten Medienbehörde würde eine derartig opportunistische Sendermigration künftig der Vergangenheit angehören.

Rein rechtlich ist ein Zusammenschluss aller Medienanstalten für die Länder unterdessen kein Problem. Die Bundesländer Brandenburg und Berlin sowie Hamburg und Schleswig-Holstein haben es mit ihren fusionierten Medienaufsichtsbehörden bereits vorgemacht. Nur der politische Wille fehlt bisher. Denn jedes Bundesland, insbesondere Nordrhein-Westfalen und Bayern, kocht noch immer gerne sein eigenes medienpolitisches Süppchen. Dafür sind die Medienanstalten eine wichtige Zutat. Mancher Verantwortliche denkt wohl: Warum sparen, wenn der Gebührenzahler ohne zu murren fleißig zahlt?

Der Vorschlag des liberalen Staatssekretärs im Bundeswirtschaftsministerium, Hans-Joachim Otto, eine einheitliche Medienaufsicht auch mit Kompetenzen für ARD und ZDF auszustatten, ist auf den ersten Blick einleuchtend.[28] Auf den zweiten Blick wird allerdings schnell klar: Nicht nur die Rundfunk- und Fernsehräte von ARD und ZDF sind mit braven Parteigängern durchsetzt, sondern eben auch die Medienanstalten. Um die öffentlich-rechtlichen Anstalten dauerhaft aus den Fängen der Parteien und der Ministerpräsidenten zu befreien, braucht es eine ganz andere Lösung – außerhalb der Gruppe der Besitzstandswahrer.

Übrigens fiel im Jahr 2012 die Düsseldorfer Party der Medienwächter aus. Ausgerechnet die öffentlich-rechtliche BBC hatte bei der »Last Night of the Proms« in der Rheinmetropole den Geldhahn abgedreht. Denn die britische Rundfunkanstalt muss auf politischen Druck kräftig sparen. So weit sind die Medienwächter in Deutschland noch lange nicht.

Der Rundfunkstaat im Staat – Ein Besuch beim ORF in Wien

Der Sitz des ORF auf dem Wiener Küniglberg im 13. Bezirk, weit weg von der Zuckerbäcker-Altstadt, ist ein architektonisches Monstrum. Der Wiener Architekt Roland Rainer, ein ehemaliges Mitglied der NSDAP, veranstaltete auf dem weitläufigen Gelände, wo ursprünglich eine in der Nazizeit von der deutschen Wehrmacht errichtete Kaserne stand, zwischen 1968 und 1975 eine Orgie in Beton. Das kurioserweise unter Denkmalschutz gestellte Gebäude aus unverkleideten Fertigbetonelementen, das für die 1 300 ORF-Angestellten sogar einen Supermarkt, eine Bank- und Postfiliale bereithält, ist wie ein Symbol: eine abweisende Medienburg. Im obersten Stock des Zentralgebäudes behält Alexander Wrabetz den Überblick. Der stets freundliche Generaldirektor blickt von seinem saalähnlichen Büro auf den malerischen Wienerwald. Die Sonne durchflutet den Raum an diesem Spätwintertag im Februar 2011.

Wrabetz ist nach dem Bundespräsidenten und dem Bundeskanzler der drittwichtigste Mann in Österreich. Seine Position als Nummer drei wird ihm nur noch vom Massenblatt *Kronenzeitung* streitig gemacht. Manche in Wien halten die Boulevardzeitung der Familie Dichand, an dem übrigens die WAZ-Gruppe zu 49 Prozent beteiligt ist, für gleich wichtig. Doch das ist umstritten.

Wrabetz ist fröhlich und erleichtert an diesem Tag. Der ORF hat 2010 die Verlustzone verlassen. »Wir haben den Turnaround aus eigener Kraft geschafft – mit einem Betriebsergebnis von 24,9 Millionen Euro. Darauf bin ich stolz«, sagt uns der Generaldirektor.[29] Ein Jahr zuvor hatte der Sender noch 44,5 Millionen Euro Verlust gemacht. Da hat die Politik ausgeholfen. Der österreichische Staat hat durch eine Finanzspritze den ORF – auf Österreichisch: »Refundierung der durch Gebührenbefreiung entgangenen Mittel« – längst auf ein gesundes wirtschaftliches Fundament gestellt.

Heute strotzt der ORF wieder vor Selbstbewusstsein. »Der ORF steht sehr gut da«, jubelte Wrabetz Ende Juni 2012, als er dem Stiftungsrat, seinem Aufsichtsgremium, den ORF-Jahresabschluss vorlegte. »Die Anzahl der Gebührenzahler hat sich gesteigert, und die Werbeerlöse konnten stabilisiert werden.«[30] Der 2011 wiedergewählte ORF-Chef verfügt trotz eines Personalabbaus noch über ein Imperium mit knapp 3200 Mitarbeitern. Allein an Rundfunkgebühren erhält der ORF weit über eine halbe Milliarde Euro. Im nationalen Online-Markt ist er die Nummer eins. Erst im Herbst gingen zwei neue Fernsehsender, ORF 3 und ORF Sport, an den Start. ORF.at ist das größte Online-Informationsportal der Alpenrepublik mit Werbeeinnahmen in zweistelliger Millionenhöhe.[31] Auf seiner schnell wachsenden Online-Videothek namens ORF TVthek mit monatlich über zwölf Millionen Abrufen will er künftig Werbung verkaufen. Die Werbeerlöse spielen für den Sender im Gegensatz zu seinen deutschen Pendants eine wichtige Rolle. Ein gutes Viertel aller Einnahmen stammt aus der Reklame.

Der ORF ist ein (Rundfunk-)Staat im Staate. Er hat nicht nur ein engmaschiges Netz von Studios und Büros über das ganze Land gelegt. Über den Stiftungsrat, das Aufsichtsgremium, haben die Parteien den Zugriff. Ähnlich wie in Deutschland braucht die Politik den ORF und der ORF die Politik. Biologen sprechen im Tierreich gerne von einer symbiotischen Gemeinschaft. Beispielsweise gibt es so ein Abhängigkeitsverhältnis zwischen Ameisen und Blattläusen. Die Ameisen geben Blattläusen Schutz gegen ihre Feinde wie Spinnen und Vögel und sichern so ihr Überleben. Im Gegenzug dürfen die Ameisen die sogenannten Honigtau-Blattläuse »melken«. Sie erhalten dabei eine Zuckerlösung, von der sie sich ernähren. Eine Analogie zum Gebührenrundfunk? Bieten nicht dort Politiker den Anstalten Schutz gegen Angriffe von außen, um dafür im Gegenzug die Sender »melken« zu dürfen?

Wie so oft bei solchen Konfliktfällen kann der Gebührenrundfunk am Ende des Tages auf die politische Schützenhilfe setzen. Das ist bei der Expansion in die sozialen Netzwerke wie Facebook auch der Fall. Der ORF betrachtet sein Engagement als Kundendienst für den Gebührenzahler und setzt auf die Unterstützung der Politik. Sie soll im Parlament das ORF-Gesetz so verändern, dass die Radio- und Fernsehsender auch künftig in den sozialen Netzwerken präsent sein dürfen. Vier von fünf im Wiener Parlament vertretenen Parteien würden bereits seine Position teilen, sagte mir Wrabetz.[32] Nur die konservative ÖVP überlege noch. Es scheint daher nur eine Frage der Zeit zu sein, wann das ORF-Gesetz entsprechend geändert wird. Unzählige öffentliche Auseinandersetzungen der vergangenen Jahre haben gezeigt, wie sehr der ORF von den Parteien durchsetzt ist. Seit seiner Gründung im Jahr 1955 haben Politiker in den Sender hinein regiert. Effektiv oder ineffektiv – das war und ist nicht immer das erste Kriterium. Denn die Rechnung begleicht seit mehr als 60 Jahren weitgehend der Gebührenzahler.

7. Alles unter Kontrolle?
Vorschläge gegen das Verprassen von Gebühren

»Es gibt keinen Ärmeren als den Reichen, der nicht weiß, wie zu verschwenden.«
Arthur Schnitzler, Schriftsteller

Freiheit statt Obrigkeitsstaat: Das Internet macht die Grundversorgung überflüssig

ARD und ZDF sehen im Bundesverfassungsgericht traditionell einen Verbündeten. Karlsruhe hatte im 8. Rundfunkurteil vom 22. Februar 1994 – kurz vor dem unerwarteten Siegeszug des Internets – aus dem Grundgesetz abgeleitet, dass dem Bürger eine mediale »Grundversorgung« geboten werden müsse.[1] Daraus haben die Verfassungshüter eine Bestands-, Entwicklungs- und Finanzierungsgarantie abgeleitet. Der Staat ist sogar verpflichtet, für eine funktionsgerechte Finanzierung von ARD, ZDF und Deutschlandfunk zu sorgen.

Damals, 1994, rund zehn Jahre nach der Einführung des Privatfernsehens in Deutschland, mag das durchaus Sinn gemacht haben. Der Schock über den rasanten Aufstieg von neuen Sendern wie RTL, Sat.1 oder ProSieben war zu dieser Zeit groß. Im digitalen Zeitalter ist der Auftrag zur medialen »Grundversorgung« aber schlichtweg überflüssig geworden. Diese Matrix allen Handelns bei ARD und ZDF gehört auf den Müllhaufen der Mediengeschichte.

Wie hatte doch der französisch-rumänische Schriftsteller Eugène Ionesco geschrieben: »Wer sich an das Absurde gewöhnt hat, findet sich in unserer Zeit gut zurecht.« Niemand ist heute mehr auf den Gebührenrundfunk angewiesen, um sich über eine Bundestagsdebatte in Berlin, über den Bürgerkrieg in Syrien, über den EU-Gipfel zur Eurokrise oder das Wetter in Wernigerode zu informieren. Sämtliche privaten Qualitätsmedien versorgen auf allen Kommunikationskanälen die Bürger mit neuesten Nachrichten, mit Hintergründen und Analysen – egal ob als App für das internetfähige Handy oder den Tablet-PC. Sie berichten in Wort, Bild und Ton rund um die Uhr. »24/7« heißt der neue Rhythmus im digitalen Informationsgeschäft.

Jahr für Jahr nimmt das Angebot sowohl horizontal als auch vertikal zu. Das heißt, die Vielfalt der Angebote – auch für ganz spezielle Zielgruppen – wächst weiter. Auch über ein Vierteljahrhundert nach der Privatisierung des Fernsehens in Deutschland entstehen neue TV-Sender, von der ständig wachsenden Zahl von Online-Portalen ganz zu schweigen. Kanäle wie der Frauenkanal Sixx, eine Tochter des Fernsehkonzerns ProSieben Sat.1, oder der Serienkanal RTL Nitro sind dafür Beispiele. Aber auch die vertikale Tiefe der Information legt weiter zu. Bestehende Marken wie beispielsweise *Spiegel*, *Focus* oder *Stern* mit ihren Internetplattformen bieten heute viel mehr Informationen, Bilder, Videos und Grafiken als noch vor ein paar Jahren. Blogs in nicht zu überblickender Anzahl informieren, kommentieren und unterhalten oft besser als die betulichen Angebote der Öffentlich-Rechtlichen. Und in sozialen Netzwerken wie Facebook und Twitter rasen heute blitzschnell Informationen um den Globus – schneller als jedes öffentlich-rechtliche Angebot. Beispielsweise werden Informationen über Massaker im syrischen Bürgerkrieg von den Betroffenen selbst generiert und nicht von einem ARD-Korrespondenten, der angesichts der unsicheren Lage nicht einmal in Syrien, sondern in der Hauptstadt des Nachbarlandes Jordanien, in Amman, residiert. Schon beim Arabischen Frühling in Tunesien, Libyen und Ägypten zeigte sich, dass Massenkommunikation heute nicht mehr über Fernsehen oder Radios funktioniert, sondern über soziale Netzwerke. Die Protestbewegung hatte sich über Facebook und den Kurznachrichtendienst Twitter organisiert. Dort waren auch die Berichte und Einschätzungen zu finden, die nachher über die Bildschirme des Gebührenfernsehens flimmerten.

Kurzum, noch nie zuvor in der Menschheitsgeschichte standen jedem Bürger so viele Informationen, Meinungen, Hintergründe und Analysen zur Verfügung, um einen Sachverhalt zu erfassen und sich eine Meinung zu bilden. Das Internet mit seinen täglich zunehmenden Angeboten an Texten, Bildern und Filmen wächst weiter extrem schnell. Das wird zum einen den medialen Bedeutungsverlust des Gebührenrundfunks beschleunigen. Zum anderen wird sich der kommunikative Overkill noch verstärken.

Der Bürger von heute ist medial geradezu überversorgt.

Ihn aus politischen Gründen dazu zu verpflichten, für eine »Grundversorgung« von ARD, ZDF und Deutschlandfunk jährlich 215,76 Euro zu zahlen, ist nicht nur obrigkeitsstaatlich, sondern einfach nicht mehr zeitgemäß. Es gehört zu den Kuriositäten dieser Republik, dass keine einzige politische Partei – von der CSU/CDU über FDP, SPD bis hin zu den Grünen, Linken oder gar den Piraten – einen ernsthaften Versuch unternimmt, dieser Überversorgung durch den öffentlich-rechtlichen Rundfunk mit mittlerweile 22 Fernsehkanälen und 67 Radiosendern einen Riegel vorzuschieben oder gar die Systemfrage zu stellen. Dabei wäre weniger mehr.

Aus zwei mach eins? Wie die ARD/ZDF-Steuer gesenkt werden kann

Claudius Seidl hatte die Ausgabe des *Tagesspiegels* vom 18. Februar 2011 genau studiert. In einem Artikel stand, auf der Homepage des ZDF sei die Stelle des Intendanten ausgeschrieben. Der Feuilletonredakteur der *Frankfurter Allgemeinen Sonntagszeitung* (FAS) suchte daraufhin die Internetseite des Zweiten ab, vergeblich. Auch Anrufe auf dem Mainzer Lerchenberg halfen nicht weiter. Einen Rückruf bekam der Journalist sowieso nicht. In seiner Not kam Seidl auf eine originelle Idee. Er bewarb sich unkonventionell per Artikel in der FAS auf den mit rund 300 000 Euro dotierten Chefsessel in Mainz.

Die Ideen des selbst ernannten Gegenkandidaten von Thomas Bellut, die er im eigenen Blatt zum Besten gab, lagen auf der Hand. Seidl sprach mir mit seinem provokativ-ironischen Reformprogramm, das er sich vorgenommen hatte, aus dem Herzen. Er wollte die UEFA Champions League, die zeitgeschichtlichen Zweiteiler mit Veronica Ferres und Bettina Zimmermann, die Rührstücke mit Christine Neubauer, die Soaps am Nachmittag, die Kochshows, die Arztserien und die TV-Schnulzen wie Rosamunde Pilcher und Inga Lindström und natürlich die Guido-Knopp-Dokus streichen. Stattdessen plädierte Seidl dafür, mehr Platz für »wunderbare Sachen« à la *Mad Men*, *Xanadu* und *Breaking Bad* aus den Neben-, Sparten- und Digitalkanälen im Hauptprogramm zu schaffen sowie Spielfilme zu zeigen, die nicht bereits x-mal auf anderen Kanälen gelaufen sind. »Die Nebenkanäle werden abgeschaltet, die Gebühren deutlich gesenkt, das Publikum unter siebzig wird uns lieben«, war sich Seidl sicher. »Ich bitte also um Ihre Stimme bei der Wahl.«[2]

Erwartungsgemäß wurde die Guerilla-Bewerbung des FAS-Redakteurs trotz seiner Reformvorschläge vom Fernsehrat nicht ernst genommen. Ja, das Aufsichtsgremium diskutierte sie nicht einmal ernsthaft. Doch mit seiner Bewerbung und der damit verbundenen Polemik hat er eine wichtige Diskussion um Sinn und Unsinn des Programms und des Gebührenfernsehens überhaupt aufgeworfen. Das ist Seidls Verdienst.

Noch schwelgen ARD und ZDF im Luxus. Sie schicken zu den Olympischen Sommerspielen 2012 in London mehr Mitarbeiter, als Deutschland überhaupt Sportler entsendet. Aufwand und Kosten? Das weiß keiner so genau. Die Etats für die Live-Berichterstattung bleiben das Geheimnis der Anstalten. Die vielen Online-Angebote mit Live-Streams durchblicken selbst nicht einmal mehr die eigenen 3600 Planstelleninhaber des ZDF. Die Mainzer verfügen trotz zaghaften Sparens über eine luxuriöse Infrastruktur. Ein gewaltiges Sendezentrum auf dem Mainzer Lerchenberg, ein Berliner Hauptstadtstudio gleich neben Google am Prachtboulevard Unter den Linden, dann noch 16 Inlandsstudios in allen Hauptstädten der Bundesländer und 19 Auslandsstudios rund um den Globus. Selbst langjährige Mitarbeiter gehen angesichts solcher Strukturen hinter vorgehaltener Hand auf Distanz. »Natürlich ist das Luxus. Doch sollen wir uns dafür schämen? Die Politik hat das doch so gewollt«, sagte mir eine langjährige ZDF-Journalistin, die ihre Identität nicht offenlegen kann.

Sie hat Recht. Nicht nur das Zweite, sondern der gesamte öffentlich-rechtliche Rundfunk hat ein Henne-Ei-Problem. Haben die Anstalten immer neue Angebote geschaffen, die dann von den Ländern über die Aufsichtsgremien durchgewunken werden? Oder verlangt die Politik nicht von ARD und ZDF die Vorhaltung einer Infrastruktur, die selbst den Programmverantwortlichen bisweilen zu viel wird? Beides ist wahr.

Mittlerweile gibt es auch bei Politikern mit einem Gespür für die Veränderung der öffentlichen Meinung angesichts der umstrittenen Rundfunkfinanzierung eine vorsichtige Kehrtwende. Der Kurs der Medienpolitik der Bundesländer lässt sich ungefähr so leicht korrigieren wie der eines Öltankers mit seinem gewaltigen Wendekreis. Ein Richtungswechsel geht nur sehr langsam. Das Manöver muss frühzeitig eingeleitet werden, sonst kentert das Schiff bei hohem Seegang. Umso überraschender ist dennoch der Schwenk, den Kurt Beck eingeleitet hat. Der Tausendsassa der deutschen Rundfunkpolitik legte kurz vor Weihnachten 2011 mit seiner Forderung, vier der sechs Digitalkanäle von ARD und ZDF einzustellen, den Anstalten ein besonderes »Geschenk« unter den Christbaum. Der Chef der Rundfunkkommission der Länder sieht keine Notwendigkeit mehr, neben den Kultursendern 3sat und Arte noch zwei weitere digitale Kulturkanäle anzubieten.[3] Er sprach damit vielen Gebührenzahlern aus dem Herzen, wie ich aus Reaktionen von Lesern weiß.

Für die Öffentlich-Rechtlichen war das ein Schock. Das ZDF betrachtet das rundfunkpolitische Schwergewicht seit jeher als Schutzpatron. Kein Wunder, Beck gehört bereits seit fast zwei Dekaden dem Verwaltungsrat auf dem Lerchenberg an. Seit 1999 ist der rheinland-pfälzische Ministerpräsident auch noch dessen

Vorsitzender. Zu allen drei Intendanten, Dieter Stolte, Markus Schächter und nun Thomas Bellut, pflegte und pflegt der Landesvater ein enges, ja vertrauensvolles Verhältnis.

Doch war es nicht Beck, der Lobbyist der Öffentlich-Rechtlichen, der mit der Änderung des 12. Rundfunkstaatsvertrags ausdrücklich zustimmte, jeweils drei Digitalsender bei ZDF und ARD zu schaffen? Detailliert werden in den Anlagen auf den Seiten 43 bis 54 alle Aufgaben der neuen Kanäle definiert. ARD und ZDF können nur das realisieren, was ihnen die Bundesländer über den Rundfunkstaatsvertrag erlauben. Beck trägt daher auf jeden Fall Mitverantwortung, dass ARD und ZDF in ihrer Gier nach neuen Sendern und Internetangeboten völlig aus dem Ruder gelaufen sind.

Der Schwenk von Beck und anderen Ministerpräsidenten kommt deshalb zustande, weil angesichts des wachsenden Unmuts in der Gesellschaft ein öffentliches Opfer auf dem politischen Altar dargebracht werden muss. Der ganze oder teilweise Verzicht auf die Digitalkanäle ist für sie ein politisch opportunes Mittel, wieder die Lufthoheit in der öffentlichen Diskussion um das System der Nimmersatten zu erlangen.

Doch reicht der Verzicht auf einzelne digitale Minisender aus, das in den vergangenen Jahrzehnten aus den Fugen geratene System von ARD und ZDF auf ein gesundes und wirtschaftlich sinnvolles Maß zu reduzieren?

Beim nimmersatten Gebührenrundfunk gibt es fast alles doppelt, dreifach, sogar vielfach. Egal was man betrachtet, von allem ist es zu viel: Intendanten, Gremien, Studios, Technik, Unterhaltungsshows, Schnulzenfilme, Redaktionen, Korrespondentenbüros, Online-Angebote, Orchester. Nur einzelne Schritte wie das Abschalten von Digitalkanälen oder die Aufgabe von Online-Seiten oder Apps werden nicht ausreichen.

Schon jetzt frisst eine immer noch opulente Altersversorgung in den Anstalten das Geld der Bürger auf. Noch nie gab es eine Pressekonferenz der Intendanten zu diesem Thema. Warum sollten sie auch Journalisten einladen, um über eines der heikelsten Probleme zu sprechen? Seit Jahren hängen die Pensionen den Sendern wie Mühlsteine um den Hals. Schuld sind sie selber. Denn eine Überversorgung nach Eintritt in das Rentenalter gehörte zur DNA der Anstalten. Erst langsam wurde in den vergangenen Jahren darangegangen, alte Zöpfe abzuschneiden. In einzelnen Rundfunkanstalten, vor allem dem HR und dem SWR, gibt es selbst aus der Sicht der eigentlich den Anstalten wohlgesinnten KEF ein zu hohes Versorgungsniveau, weshalb die Kommission die Intendanten Helmut Reitze und Peter Boudgoust zum Handeln aufgefordert hat.[4]

Allein zwischen 2013 und 2016 haben die Anstalten für die Alterversorgung ihrer Mitarbeiter gigantische Nettoaufwendungen von 1,5 Milliarden Euro.[5] Weitere 1,3 Milliarden Euro kommen aus anderen Erträgen. Insgesamt werden in diesem Zeitraum 2,8 Milliarden Euro an die Pensionäre gezahlt. Trotz jahrelanger Beteuerungen haben es die Anstalten noch immer nicht vollständig geschafft, sich an das Versorgungsniveau des öffentlichen Dienstes anzunähern. Die immer wieder entstandenen Deckungslücken wurden in der Vergangenheit durch Gebührenerhöhungen kompensiert. Kann dieser Teufelskreis überhaupt durchbrochen werden?

Der öffentlich-rechtliche Rundfunk steht im zweiten Jahrzehnt des 21. Jahrhunderts am Scheideweg: Entweder er öffnet sich für umfassende und nachhaltige Reformen, die das System auf ein neues Fundament stellen, oder die Zahl der radikalen Gegner wird wachsen, die eine komplette Aufgabe des Gebührenrundfunks in Deutschland fordern. Dann stellt sich zu einem noch unbestimmten Zeitpunkt die Existenzfrage.

Kluge Politiker erkennen das. Die Bundesländer Hamburg, Niedersachsen, Sachsen und Sachsen-Anhalt pochten bei der Unterzeichnung des 15. Rundfunkänderungsstaatsvertrags, mit dem die ARD/ZDF-Steuer eingeführt wurde, auf eine Protokollerklärung. In dieser rufen die vier Länder die Anstalten eindringlich, allerdings in umständlichen Worten, zum Maßhalten auf. »Die Systemumstellung auf die Haushalts- und Betriebsstättenabgabe entlastet die öffentlich-rechtlichen Rundfunkanstalten nicht davon, Qualität und Umfang ihrer Angebote fortlaufend kritisch zu überprüfen und sich dabei im Interesse des Beitragszahlers an einer engen Definition des Grundversorgungsauftrags zu orientieren«, schreiben sie den Intendanten ins Stammbuch.[6]

Eine kritische Überprüfung ist mehr als überfällig. In den vergangenen Jahrzehnten wurde immer wieder mal diskutiert, kleinere ARD-Anstalten wie Radio Bremen oder den Saarländischen Rundfunk mit dem NDR oder dem SWR zu verschmelzen. Wirtschaftlich macht das eine Menge Sinn, denn die kleinen Anstalten sind nur dank der massiven Finanzhilfe ihrer großen Brüder überhaupt lebensfähig. Ein Prozent der Rundfunkgebühren kommt den Minianstalten in Saarbrücken und Bremen zugute. Dennoch verzeichnen die Saarländer zuletzt ein Minus von 3,3 Millionen Euro.[7] Bis 2014 müssen die Intendanten nun einen Vorschlag vorlegen, wie der Saarländische Rundfunk und Radio Bremen über den Finanzausgleich auf Kosten der Gebührenzahler noch am Leben gehalten werden. Dabei würde eine wirtschaftlich sinnvolle Lösung ganz anders aussehen. Der Saarländische Rundfunk und Radio Bremen, beide allein nicht überlebensfähig, könnten im SWR und NDR aufgehen. Das würde, von der Fahrbereitschaft bis zum Intendanten, zahlreiche Doppelstrukturen beseitigen und so den Gebührenzahler um viele Millionen Euro entlasten.

Damit aber nicht genug. Um das gestörte System der Nimmersatten wieder ins Lot zu bringen, wäre auch die Verschmelzung von ARD und ZDF zu einem bundesweiten Programmveranstalter eine Lösungsmöglichkeit. War es nicht ein historischer Unfall der Adenauerzeit, dass das ZDF überhaupt das mediale Licht der Welt erblicken konnte? Nach einem halben Jahrhundert ist überfällig, darüber zu diskutieren, wie der teure Fehler durch eine Zusammenlegung korrigiert werden kann.

Bei einer Fusion könnte beispielsweise das ZDF die Rolle des Organisators eines gemeinsamen bundesweiten Vollprogramms übernehmen. Darin sind die Mainzer erfahren. Die ARD könnte dem gemeinsamen Kanal ähnlich wie im Fall des Dreiländersenders 3sat ihre Programme zuliefern und sich mit ihrer föderalen Struktur von Landesanstalten zudem auf ihre Regionalprogramme konzentrieren. Aus den heutigen Dritten Programmen würde dann künftig das Zweite Programm werden.

Durch den Verzicht auf eines der beiden bundesweiten Vollprogramme würde nicht nur die Schlagkraft im Programm erhöht, sondern würden auch Einsparungen im Milliardenbereich erzielt. Die Gebühren könnten erheblich gesenkt werden. Vielleicht von 17,98 Euro monatlich auf rund 13 Euro? Denn bei einer Zusammenlegung des Ersten und Zweiten könnte durchaus ein Etat in der Größe des ZDF, das sind rund zwei Milliarden Euro, eingespart werden. Der Anteil der Mainzer Anstalt an der Rundfunkgebühr betrug zuletzt 4,74 Euro.[8]

Eine Fusion von ARD und ZDF wäre ein erster mutiger Schritt, aus dem System der Nimmersatten auszusteigen.

Es gab in der Rundfunkgeschichte schon einmal einen Fall, bei dem zwei öffentlich-rechtliche Sender verschmolzen. Die ARD musste zum 1. Dezember 1993 ihren Satellitenkanal Eins-Plus (dessen Name mit der Gründung des gleichnamigen Digitalkanals wieder aufgelebt ist) aufgeben und verschmolz ihn mit dem Kulturkanal 3sat. Der von Mainz aus gesteuerte Sender gehörte damals zu gleichen Teilen dem ZDF, dem ORF und der Schweizer Rundfunkgesellschaft (SRG). Das Experiment mit dem Quartett aus den 90er-Jahren glückte. 3sat ist heute mit Sendungen wie dem Wissenschaftsmagazin *Nano*, der *Kulturzeit* oder dem *Auslandsjournal extra* ein unverzichtbarer Bestandteil des Qualitätsfernsehens in Deutschland, in dessen Mittelpunkt Kultur und Wissen stehen.

Das Milliardenspiel: Wie der Teufelskreis durchbrochen werden kann

Wer in den Annalen des Gebührenrundfunks blättert, merkt mit Erschrecken, wie aus einer kleinen Abgabe ein Milliardenbusiness geworden ist. Zu Beginn der Bundesrepublik musste der Bürger gerade rund einen Euro bezahlen.[9] Mit der 1954 eingeführten Fernsehgebühr stieg der Obolus auf 3,58 Euro. 16 Jahre blieb dieser Beitrag stabil. So etwas sollte in der Geschichte der Bundesrepublik nie mehr vorkommen. Denn mit der Gründung der Gebührenkommission KEF im Jahre 1975 stieg die GEZ-Gebühr exponenziell. Seit 1997 gibt es im vierjährigen Abstand eine sogenannte Gebührenanpassung. Aus den 5,37 Euro bei der Gründung der KEF wurden mittlerweile 17,98 Euro.

Ist das schon das Ende der Fahnenstange? Wohl kaum, wenn die Gebührenlogik nicht mit einem radikalen Umbau durchbrochen wird.

Es liegt auf der Hand, dass die Anstalten selbst nicht das geringste Interesse an grundlegenden Reformen haben. Wer sägt schon selbst gerne den Ast ab, auf dem er sitzt? Auch in den Bundesländern ist der politische Wille selbst zu Reförmchen nur gering ausgeprägt. Sind solche Überlegungen daher illusorisch? Nicht unbedingt. Der Ausstieg aus der Atomenergie durch die konservativ-liberale Bundesregierung unter Kanzlerin Merkel zeigt, dass die Politik im Bedarfsfall zur radikalen Umkehr bereit ist. Es musste erst eine Atomanlage im fernen Japan explodieren, damit auch hier landauf, landab die Kernkraftwerke abgeschaltet werden. Den politischen Boden hatte indirekt die Anti-Atom-Bewegung, die schließlich in die Gründung der Grünen mündete, gelegt. Vielleicht muss sich auch erst über viele Jahre ein massiver öffentlicher Protest gegen das kranke System von ARD und ZDF formieren, bis die Politik zu umfassenden Reformen im Gebührenrundfunk in der Lage ist.

Eine Zukunftsoption: Das freiwillige öffentlich-rechtliche Bezahlfernsehen

ARD und ZDF sind seit über einem halben Jahrhundert öffentlich-rechtliches Bezahlfernsehen – auch wenn die Führungskräfte der Anstalten bei dieser Definition Hautausschlag bekommen. Ihre Inhalte werden vornehmlich durch ein monatliches Entgelt finanziert. Doch im Gegensatz zum privaten Konkurrenten Sky, der sich nur mit einem besseren Programm, einem besseren Kundenservice und neuen Produkten am eigenen Schopf aus dem selbst verschuldeten Schlamassel ziehen muss, herrscht beim Gebührenfernsehen weitgehend Stillstand.

Die Anstalten sind heute Planeten mit eigenartigen Lebewesen, die seltsame Produkte herstellen wie zum Beispiel eine Live-Sendung des ZDF von der Ostseeferieninsel Usedom zur Fußballeuropameisterschaft, obwohl diese gar nicht in Deutschland, sondern in der Ukraine und Polen stattfindet. »Da müssen irgendwo im Budget für wirre Außendrehs noch einige Milliönchen übrig gewesen sein, deren Bestimmung es war, möglichst sinnfrei verbaut zu werden«, vermutet ein Fernsehproduzent in einer E-Mail, die er mir halb aus Entsetzen, halb aus Belustigung über die absurde Welt des Gebührenfernsehens schickt.

Viele haben sich vom Planeten ARD und ZDF verabschiedet – vor allem in der bürgerlichen Mitte schwindet der Rückhalt. Ein Redakteur, der jahrelang die Fernsehseite einer angesehenen Tageszeitung in Süddeutschland verantwortete, schüttelt mit dem Kopf, als ich ihn bei einem gemeinsamen Abendessen auf ARD und ZDF anspreche. »Du, ich kann dir gar nichts zu deren Programmen mehr sagen, denn ich sehe es mir nicht mehr an«, sagt er mir. Einst war er ein glühender Anhänger des öffentlich-rechtlichen Systems, denn für das Privatfernsehen mit seinen Werbeunterbrechungen hatte er ohnehin nichts übrig. »Das kann ich nicht glauben«, erwidere ich. »Ich bin ein selektiver Seher, der mit seiner Zeit sorgfältig umgeht«, kontert der Mittfünfziger. »Das Einzige, was ich mir bei ARD und ZDF noch ansehe, sind ab und zu Filme, die ich mir vorher in einer Fernsehzeitschrift ausgewählt habe. All das andere Zeug wie Talkshows und irgendwelche Serien interessiert mich nicht mehr.« Bei seinen gleichaltrigen Freunden, einem Arzt und einem Gymnasiallehrer, ist die öffentlich-rechtliche Abstinenz noch größer. Sie besitzen schon gar keinen Fernseher mehr. Das wenige, das sie gucken, holen sie aus dem Internet. Gratis natürlich.

Die Einführung der Haushaltsgebühr ab 2013 wird die Distanz zwischen Anstalten und Bürgern in den nächsten Jahren dramatisch vergrößern. In einer pluralistischen Nischengesellschaft wollen sich zunehmend weniger Bürger medial zwangsbeglücken lassen. Immer mehr stellt sich daher die Frage, ob das durch eine Zwangsabgabe finanzierte öffentlich-rechtliche Bezahlfernsehen tatsächlich ein dauerhaftes Zukunftsmodell sein kann.

Der entscheidende Unterscheid zwischen öffentlich-rechtlichem und privatem Pay-TV ist aber vor allem eines: Bei Sky kann der Kunde die Verträge kündigen, wenn ihm die Inhalte nicht gefallen. Bei ARD und ZDF ist der Kunde zum lebenslangen Zahlen verdammt worden, egal ob er deren Inhalte im Fernsehen, Radio oder Internet überhaupt nutzt. Ab 1. Januar 2013 gibt es kein Entkommen mehr.

Noch scheint der Unmut gegen die Nimmersatten beherrschbar. »Wir spüren derzeit keine Debatte über den Wechsel des Finanzierungsmodells«, sagte mir MDR-Intendantin Karola Wille im Sommer 2012. Doch das kann sich schnell ändern. Erste Klagen gegen die neue ARD/ZDF-Steuer gibt es bereits. Nach Meinung von Klägern wie dem Passauer Rechtswissenschaftler Ermano Geuer verstößt die Haushaltsgebühr gegen den Gleichheitsgrundsatz.[10] Warum soll ein Student, der mit seinem Computer das Internet nutzt, zu einem Vollabonnement auch fürs Radio und Fernsehen gezwungen werden? Eine mündliche Verhandlung seiner Klage vor dem Bayerischen Verfassungsgerichtshof wird allerdings erst nach Inkrafttreten der Haushaltsgebühr erwartet. Es ist vor allem die Netzgemeinde, die in Online-Portalen, sozialen Netzen, Blogs oder auf YouTube ihren Unmut über die unfaire Rundfunkfinanzierung zum Ausdruck bringt.

Wie schnell sich die öffentliche Meinung drehen kann, davon kann die GEMA, die Verwertungsgesellschaft der Musikbranche, ein Lied singen. Mit ihrer angekündigten Tarifreform, die angeblich Clubs und Discotheken in ihrer Existenz bedroht, brach im Sommer 2012 ein Shitstorm über die Organisation herein. Auch die Politik reagierte. So will die EU-Kommission gegen den Willen der GEMA das Herunterladen von Musik im Internet erleichtern. Der deutschen Verwertungsgesellschaft und den anderen rund 250 in Europa droht ein herber Bedeutungsverlust. Künftig sollen die Online-Dienste wie iTunes und Spotify europaweit nur noch mit einer gemeinsamen Verwertungsgesellschaft die Rechte abklären müssen.[11] Ein jahrzehntealtes System droht durch eine Melange von öffentlichem Unmut und technischer Veränderung von der Politik plötzlich ausgehebelt zu werden.

Ein anderes Beispiel ist die lange von den Parteien unterschätzte öffentliche Diskussion um den internationalen Kampf gegen Produktpiraterie und Urheberrechtsverletzungen. Die etablierten Parteien hatten lange nicht bemerkt, welcher massive Widerstand sich im Netz gegen das Anti-Produktpiraterie-Handelsabkommen Acta (steht für: Anti-Counterfeiting Trade Agreement) aufgebaut hatte. Er trieb im Frühjahr 2012 sogar in Provinzstädten die Menschen gegen das multilaterale Handelsabkommen auf die Straße. Zehntausende Bürger unterschrieben eine Online-Petition auf der Homepage des Bundestages, um eine Ratifizierung des Vertragswerkes, das Kreative besser schützten sollte, zu verhindern. Im Juli schließlich lehnte eine große Mehrheit aus Linken, Grünen, Liberalen und Sozialdemokraten das Urheberschutzabkommen im Europäischen Parlament überraschend ab. Damit ist Acta politisch tot. Die Netzaktivisten hatten es innerhalb eines guten halben Jahres europaweit geschafft, das Meinungsklima komplett zu drehen. Es ist ihr Sieg.

Die sich rasch verändernde digitale Welt macht vor den Toren der öffentlich-rechtlichen Anstalten nicht halt. In einer Mediengesellschaft, in der Inhalte individualisierbar und abrufbar sein müssen, spielen ARD und ZDF zwangläufig eine periphere Rolle. Das Pochen auf die anachronistischen Konventionen wie die Rundfunkgebühr aus der zweiten Hälfte des vergangenen Jahrhunderts, als die Anstalten aus der Taufe gehoben wurden, entspricht nicht mehr dem Zeitgeist einer On-Demand-Mediengesellschaft. Die Verantwortlichen müssen »outside the Box« denken und handeln.

Warum setzt der öffentlich-rechtliche Rundfunk bei der Finanzierung nicht auf die Freiwilligkeit seiner Nutzer? Wer die Fernseh- und Hörfunkprogramme sowie die Internetangebote von ARD, ZDF und Deutschlandfunk nutzen will, soll dafür zahlen – aus eigenem Antrieb, weil er die Inhalte, das Geschäftsmodell oder schlichtweg die Institution für unverzichtbar hält.

Die Kirchen führen das freiwillige Finanzierungsmodell in der Geschichte der Bundesrepublik mustergültig vor. Bei den Konfessionen funktioniert das Prinzip der Freiwilligkeit gut. 24,6 Millionen Katholiken und 23,9 Millionen Protestanten zahlen jährlich freiwillig über neun Milliarden Euro an Kirchensteuer in die Kasse der katholischen und evangelischen Kirchen ein.

Bei ARD, ZDF und Deutschlandfunk sind die vom Staat gewährten Privilegien durchaus ähnlich. Beide dürfen selbst kassieren. Die Gebühreneinzugszentrale der öffentlich-rechtlichen Rundfunkanstalten in der Bundesrepublik erhielt bereits 1976 das Recht, die Abgabe selbst einzutreiben. Sie ist eine Tochter der öffentlich-rechtlichen Rundfunkanstalten. Zuvor hatte die damals staatliche Deutsche Bundespost die Aufgabe inne. Im Gegensatz zu den Kirchensteuerämtern ist die GEZ in den vergangenen Jahren aber zu einer Organisation aufgestiegen, der Ablehnung, bisweilen sogar Hass entgegenschlägt. Das war auch einer der Gründe, die GEZ ab 2013 in »ARD ZDF Deutschlandradio Beitragsservice« umzutaufen. Der neue Name wird der Kölner Behörde wenig nutzen. Denn sie steht auch weiter für Zwang und nicht für Freiwilligkeit.

Das freiwillige Modell zur Finanzierung von ARD und ZDF hat hingegen eine ganze Reihe von Vorteilen.

ARD und ZDF müssten nicht mehr auf irgendwelche Quoten im Wettbewerb mit RTL und ProSieben um das massenwirksame Programm achten. Sie bräuchten nicht um das beste »Unterschichtenfernsehen«, wie manche Kommentatoren Fernsehprogramme mit billigen Soaps, Shows und Reality-TV verächtlich nennen, konkurrieren. Stattdessen könnten sie sich auf Information, Kultur und anspruchsvolle Unterhaltung konzentrieren. Sie wären frei und könnten wieder Maßstäbe in Sachen Qualität, Integrität und Kreativität setzen.

Mit der Umwandlung eines zwanghaften Gebührenfernsehens zu einem Bezahlfernsehen auf freiwilliger Basis müsste sich der öffentliche Rundfunk zwangsweise auf die wahren Bedürfnisse seiner Zuschauer, Zuhörer und Nutzer konzentrieren, denn sonst würden sie das System von ARD und ZDF verlassen. Er hätte eine direkte Rückkoppelung durch die Zahl seiner Gebührenzahler – ähnlich wie es die Kirchen haben.

Vor allem würde es zu einem sinnvollen Rückbau eines aus den Fugen geratenen Systems führen. In den Anstalten entstünde ein finanzieller Druck zum Maßhalten, der dazu führt, auf zum Beispiel überflüssige Angebote im Internet zu verzichten, die sechs Digitalkanäle abzuschalten, Doppelstrukturen in der Verwaltung und im Management aufzulösen.

Natürlich kann so ein radikaler und komplexer Systemwechsel nicht in ein paar Jahren vollzogen werden, denn er würde zu einem massiven Personalabbau führen. Es liegt auf der Hand, dass erhebliche finanzielle Kompensationen notwendig sind, um eine derartige Transformation über Jahre zu bewerkstelligen. Ein solches mittel- oder langfristiges Ziel könnte ohnehin nur durch einen evolutionären Prozess erreicht werden – nicht zuletzt aus Rücksicht auf die über 25 000 Festangestellten im Labyrinth des

Gebührenfernsehens. Technisch wäre der Systemwechsel indes kein Problem. ARD und ZDF müssten ihre Programme verschlüsseln, die dann nur noch mit einer entsprechenden Zugangskarte, in Fachsprache Smartcard, auf dem Fernseher zu sehen wären.

Mehr Transparenz: Der Gebührenzahler als Aktionär von ARD und ZDF

Die indirekten Kontrollen über Rundfunkräte, Fernsehräte, Verwaltungsräte – wie die Gremien im Rundfunksystem von ARD, ZDF und Deutschlandfunk auch immer heißen – haben in den vergangenen Jahren nicht agiert, sondern reagiert. Kein einziger Fall von Bestechung, Vorteilsnahme oder Untreue ist von den Aufsichtsgremien entdeckt worden, sondern vielmehr durch Externe oder Selbstanzeigen von Beteiligten wie bei der Betrugsaffäre um den Kinderkanal in Erfurt.

Viele Aufsichtsgremien sind aufgebläht und daher ineffizient. Dem ZDF-Fernsehrat gehören beispielsweise ganze 77 (!) Mitglieder an. Seit über zehn Jahren fungiert der frühere CDU-Generalsekretär und konservative Bundestagsabgeordnete Ruprecht Polenz als Vorsitzender des Gremiums. Als ich den leidenschaftlichen Münsteraner auf seinen Wunsch hin zu einem ausführlichen Hintergrundgespräch im Berliner Café Einstein Unter den Linden traf, gewann ich nicht gerade den Eindruck, hier einem messerscharfen Chefkontrolleur einer mehr als reformwürdigen Institution gegenüberzusitzen, einem, der im Auftrag des Gebührenzahlers seine Finger in die vielen Wunden der Anstalt legt. Polenz ist vielmehr einer, dem das ZDF und seine Mitarbeiter ans Herz gewachsen sind. Ein ehrlicher Freund des Hauses.

Neben dem Fernsehrat verfügt das ZDF auch noch über einen Verwaltungsrat mit 14 Mitgliedern. Er ist das eigentliche Machtzentrum. Der Verwaltungsrat überwacht insbesondere den Intendanten, vor allem in allen Fragen des Geldes. Und damit die politische Arithmetik stimmt, führt Kurt Beck (SPD), Ministerpräsident von Rheinland-Pfalz, das Gremium. Auch andere Landesväter wie Matthias Platzeck (SPD) aus Brandenburg, Horst Seehofer (CSU) aus Bayern und Stanislaw Tillich (CDU) aus Sachsen sind dort ebenso vertreten wie Kulturstaatsminister Bernd Neumann (CDU). Die Politikerkaste unter sich.

Immer schalten und walten die Lenker und Aufseher des Gebührenfernsehens, als gehöre ihnen der öffentlich-rechtliche Rundfunk. Ein katastrophales Missverständnis, das sich über Jahrzehnte eingeschliffen hat. Dabei gehören ARD, ZDF und Deutschlandradio allen Gebührenzahlern. Sie sind die Aktionäre – allerdings seit der Gründung der Anstalten ausschließlich mit stimmrechtslosen Aktien. Sind die Intendanten nicht ihnen Rechenschaft schuldig, wie sinnvoll oder wie sinnlos ihre Gebührenmilliarden ausgegeben werden?

Die bisherige Magna Charta entmündigt den Bürger seit Dekaden. Theoretisch hat er über die Aufsichtsgremien nur indirekte Möglichkeiten, Kritik zu üben, Vorschläge zu machen oder Informationen zu verlangen. In einer digitalen Medienwelt mit vielfältigen Partizipationsmöglichkeiten kann dieses Vorgehen nicht mehr funktionieren.

Mit der Umstellung von der Geräte- auf die Haushaltsgebühr gerät das System ARD/ZDF unter einen noch stärkeren Legitimationszwang. Alle Bürger, egal ob ein junger, fernsehabstinenter Single in seiner ersten Wohnung oder der schwerhörige 90-Jährige in seiner letzten – sie alle müssen zahlen. »Einfach für alle. Der neue Rundfunkbeitrag«, heißt der Claim für den Werbefeldzug der GEZ. Richtiger müsste dieser Slogan heißen: »Einfach alles zahlen. Die neue Rundfunkordnung.«

Um eine Demokratisierung werden ARD und ZDF auf Dauer nicht herumkommen. Dazu gehört auch eine intensivere Kontrolle. Die Berufspolitiker und Verbandsfunktionäre, von denen Hunderte in den Aufsichtsgremien der Anstalten sitzen, haben seit vielen Jahren versagt. In vielen Fällen war ihnen das Hemd näher als die Weste. Es ist daher überfällig, die Kontrollorgane zum einen zu verkleinern, zum anderen anders zu besetzen. Parteien, Kirchen, Sport- und Vertriebenenverbände sind längst nicht mehr die gesellschaftlichen Achsen, um die sich die bundesrepublikanische Gesellschaft dreht.

Warum wird nicht statt der Gremien hinter verschlossenen Türen eine Hauptversammlung einberufen, in der jeder Gebührenzahler an zentralen Entscheidungen maßgeblich beteiligt ist und Auskunft über die Entscheidungen von Führungskräften verlangen kann? Die Intendanten könnten dort ihre Bilanzen vorlegen und auch genehmigen lassen. Aus dem stimmrechtslosen Gebührenzahler würde dann ein stimmberechtigter Aktionär werden. Nur er kann in der Hauptversammlung die Intendanten und die Aufsichtsgremien entlasten. Wie bei börsennotierten Unternehmen auch könnte er sogar über die Verwendung der Dividende entscheiden.

Welche Dividende?

Die Haushaltsgebühr ab 2013 wird aller Voraussicht nach zu höheren Einnahmen führen, denn die Zahl der Gebührenzahler wird wachsen. Jahrelange Schwarzseher werden genauso erfasst wie Menschen, die durch ihren Verzicht auf ein Fernseh- oder Radiogerät bislang keine GEZ-Gebühr zahlen mussten. Selbst die Anstalten, erfahren im politischen Umgang mit Geld, schließen Mehreinnahmen nicht mehr aus. »Tatsächliche Mehr- oder Mindereinnahmen durch das neue Finanzierungsmodell lassen sich erst ermitteln, wenn diese weitreichende Reform umgesetzt ist«, teilen ARD, ZDF und Deutschlandfunk offiziell mit.[12] Auch die Finanzkommission KEF, die über eine Gebührenanhebung entscheidet, gibt sich höchst defensiv. »Wegen der großen Unsicherheit des Finanzierungssystems von der geräteabhängigen Gebühr zum geräteunabhängigen Beitrag hält sie [die KEF, der Autor] eine verlässliche Prognose der Erträge für nicht möglich.«[13]

Auch wann exakt der Zeitpunkt für eine Evaluierung gekommen sein wird, weiß derzeit niemand so genau. Die Erfahrung lehrt aber, dass so etwas Jahre dauern kann. »Eine endgültige Aussage über die Auswirkungen des Modellwechsels ist daher erst nach Abschluss der Beitragsperiode zum Jahresende 2016 möglich«, sagt KEF-Geschäftsführer Horst Wegner auf meine Anfrage. Eile braucht es nicht, schließlich sprudelt das Gebührengeld der Bürger auch so.

Schon heute ist klar: Zu einer Senkung der Rundfunkgebühr wird es auf absehbare Zeit nicht kommen – auch wenn Mehreinnahmen verbucht werden. Denn in der Logik der Nimmersatten, des Systems von ARD und ZDF, wachsen die Aufgaben ständig und damit auch die finanziellen Ansprüche. Verklausuliert wird das dem Gebührenzahler auch präventiv mitgeteilt. »Die unabhängige Kommission zur Ermittlung des Finanzbedarfs der Rundfunkanstalten (KEF) wird auf Basis dieser Ergebnisse [gemeint: Feststellung möglicher Mehreinnahmen, der Autor] und des gemeldeten Finanzbedarfs von ARD, ZDF und Deutschlandradio Empfehlungen über eine eventuell anzupassende Höhe des Rundfunkbeitrags abgeben. Sollten sich die Beitragseinnahmen besser entwickeln als von der KEF prognostiziert, wird die KEF dieses Mittel finanzbedarfsmindernd auf die nachfolgende Periode übertragen.«[14] Hinter dem von Bürokraten erfundenen Wort »finanzbedarfsmindernd« verbirgt sich nichts anderes als: Der mögliche Überschuss fließt in die nächste Gebührenperiode automatisch ein. Eine direkte Rückzahlung ist nicht vorgesehen. Wenn mal wieder die Aufgaben von ARD und ZDF wachsen, bleibt von der zu viel gezahlten Rundfunkgebühr nichts übrig.

In einer Hauptversammlung wäre über diese Art der intelligenten Selbstbedienung mit Unterstützung der Bundesländer ausführlich zu reden und zu entscheiden. Den Gebührenzahler als Aktionär an den zentralen Fragen teilhaben zu lassen, wäre erstmals in der Geschichte der Bundesrepublik eine wahre Rundfunkdemokratie.

Auf schwedische Art: Der Kampf gegen Bestechung und Geldverschwendung

Als Schwedens König Karl XII. den finalen Sieg über die Großmacht Russland erringen wollte, verschätzte sich der Monarch gründlich. Sein Feldzug gegen Russland 1708/09 endete in einer Katastrophe. Er verlor die entscheidende Schlacht von Poltawa. Dem schwedischen König blieb nichts anderes übrig, als in der heutigen Türkei Zuflucht zu suchen. Sein fünfjähriges Exil im Osmanischen Reich blieb nicht ohne Folgen. Dort lernte Karl XII. das System des Mohtasib, des quasi-richterlichen Bürgerbeauftragten, kennen. Eine Idee, die er nicht vergaß. Nach seiner Rückkehr führte er 1718 in Schweden nach osmanischem Vorbild einen Justizkanzler ein. Dem Justizkanzler, früher im Dienst des Königs und heute der demokratischen Regierung, wurde schließlich 1809 ein Ombudsmann zur Seite gestellt. Er prüft auf Anregung von Bürgern, ob die Administration effektiv, fair und untadelig arbeitet. Sein Service ist kostenlos. Als unabhängiger Kopf spricht er im Konfliktfall Empfehlungen aus, die respektiert werden. Der Ombudsmann hat eine starke Stellung. Er kann Akten anfordern und einsehen, sogar eigene Untersuchungen einleiten, da er nur dem Parlament verpflichtet ist. Und der Justizkanzler ist heutzutage der einzige Staatsanwalt des Landes, der mit der Kompetenz ausgestattet ist, auch medienstrafrechtliche Prozesse zu führen.

Leider gibt es im 21. Jahrhundert niemanden vom Schlag des schwedischen Königs Karl XII., der das System des Ombudsmanns auch im Gebührenfernsehen einführen will. Dabei haben ARD und ZDF dringend einen starken Vermittler zwischen ihren und den Interessen der Bürger nötig. Skandale der vergangenen Jahre haben gezeigt, wie viel im dunklen Gebührenreich im Argen liegt. Misswirtschaft und Untreue können nicht als Ausrutscher abgetan werden. Das undurchsichtige und komplizierte System fördert offenbar indirekt die kriminelle Energie von manchen. Deshalb muss eine neue Unternehmenskultur in den Funkhäusern Einzug halten, die es Mitarbeitern und Gebührenzahlern gleichzeitig ermöglicht, nicht nur auf Missstände aufmerksam zu machen, sondern auch Konsequenzen zu provozieren.

Wäre nicht ein Ombudsmann, der ausschließlich dem Gebührenzahler verpflichtet ist, für das System von ARD und ZDF in dieser Situation äußerst hilfreich? Andere Unternehmen und Branchen haben derartige Bürgerbeauftragte längst mit Erfolg eingeführt. Beispielsweise setzte die Deutsche Bahn nach dem verheerenden ICE-Unglück im niedersächsischen Eschede einen Ombudsmann ein. Das Gleiche gilt für die privaten Kranken- und Pflegeversicherungen oder den Bundesverband deutscher Banken. Beispielsweise fungiert der frühere Präsident des Bundesaufsichtsamtes für das Versicherungswesen, Helmut Müller, als Ombudsmann der Privaten. Er übt sein Amt ohne Weisungen und für die Versicherten kostenlos aus. Jährlich legt er einen ausführlichen Tätigkeitsbericht vor, den jeder einsehen kann.

Müller ist kein Papiertiger. Hinter ihm steht ein ganzes Team von sieben Volljuristen mit der Befähigung zum Richteramt und außerdem von vier Mitarbeitern im Sekretariat. Wenn notwendig, redet Müller auch Tacheles. So rügt er die rechtliche Grauzone für Versicherte bei einer Falschberatung durch Versicherungsmakler. »Es gibt kaum noch Makler, die sich der Zusammenarbeit mit dem Ombudsmann entziehen. Trotzdem bleibt es bedauerlich, dass es in der Praxis keine geregelte Aufsicht über Versicherungsmakler gibt«, bilanziert er. »Alle Versuche des Ombudsmanns, die Fälle von Missbrauch (keine Zulassung, keine Reaktion gegenüber dem Versicherten oder gar dem Ombudsmann) durch Sanktionen abzustellen, sind bislang im bürokratischen Sand verlaufen.«[15]

Der Gebührenzahler wird hingegen allein gelassen. Natürlich kann er sich an den Sender selbst oder den Rundfunkrat wenden. Wenn er glaubt, dass Programmgrundsätze verletzt werden, kann er sich auch im Rahmen eines förmlichen Programmbeschwerdeverfahrens – so heißt der Begriff offiziell – äußern. Per E-Mail oder Brief kann sich der Zuschauer beispielsweise an das ZDF, Sekretariat des Fernsehrates, 55 100 Mainz, wenden, wenn er meint, dass gegen irgendwelche Grundsätze im Fernsehen oder im Internet grob verstoßen wird.

Die Mainzer haben sich sogar Ende 2011 eine eigene Beschwerdeordnung gegeben. Demnach muss der Intendant innerhalb von vier Wochen Programmbeschwerden schriftlich beantworten. Ist der Zuschauer nicht zufrieden, kann er eine Behandlung seiner Beschwerde im Fernsehrat fordern. Ob diese aber zustande kommt, ist ungewiss. Denn es entscheidet der Programmausschuss des Fernsehrates, ob das Thema überhaupt auf der nächsten Sitzung des Fernsehrates zugelassen wird. Der Fernsehrat mit seinen 77 Mitgliedern, wie im Fall des ZDF, ist ein aufgeblasenes Gremium, das bei dieser Größe kaum effektiv im Sinne der Gebührenzahler agieren kann.

Das Beispiel des ZDF zeigt, wie rudimentär und schwach die Position des Zuschauers ist. Er kann sich beschweren, er wird angehört und er bekommt sogar eine Antwort – doch seine Beschwerden bleiben in der Regel folgenlos. Die derzeitigen Möglichkeiten könnten daher noch aus der Zeit des Obrigkeitsstaates stammen. Vor allem bleiben die Beschwerden von der Öffentlichkeit unbemerkt. Es gibt keinen öffentlichen Tätigkeitsbericht des Fernsehrates über die Zahl der Beschwerden und ihre Inhalte. Auch auf den Internetseiten des ZDF sind die schriftlichen Eingaben nicht einsehbar. Sie bleiben das Geheimnis der Anstaltsbürokratie.

Die bisherigen Aufsichtsgremien des Systems von ARD und ZDF verstehen sich eher als Vertreter von Lobby-Interessen statt als Repräsentanten von kritischen Gebührenzahlern. Die Einführung eines Ombudsmanns wäre ein wichtiger Schritt, damit die Anstalten den Bürger ernst nehmen. Wie wichtig ein unabhängiger Kopf für eine Organisation sein kann, zeigt abermals der Ombudsmann der privaten Kranken- und Pflegeversicherungen. Die Beschwerden, die bei ihm eingingen, sind zwischen 2002 und

2010 um das 2,5-Fache gestiegen.[16] Von den rund 4500 abgearbeiteten Beschwerden führten mehr als ein Viertel aus Sicht der Beschwerdeführer zum vollständigen oder teilweisen Erfolg. Davon kann der Gebührenzahler im System von ARD und ZDF nur träumen.

Aus für Parteigänger: Die notwendige Entpolitisierung des Gebührenrundfunks

Als der Regisseur Claus Peymann am 8. Juni 1966 im legendären Theater am Turm in Frankfurt ein Stück des damals jungen, weitgehend unbekannten Autors Peter Handke inszenierte, konnte er nicht ahnen, dass er damit Theatergeschichte schreiben würde. Zum ersten Mal thematisierte ein Dramatiker das Verhältnis zwischen Darsteller und Publikum: Vier namenlose Schauspieler rechnen mit ihren Zuschauern, die sie finanzieren, ab. Das Quartett redet nicht um den heißen Brei herum. Es wird Tacheles gesprochen. Das Ganze gipfelt in Beschimpfungen. »Hier wurde Unsinn mit Bedeutung gespielt. Die Spiele hier hatten einen Hintergrund und einen Untergrund«, lässt Handke seine Protagonisten ins Publikum rufen.[17]

Manchmal möchte man sich wünschen, die Führungsriege von ARD und ZDF würde Ähnliches mit der Politik tun, um sich aus ihren Fängen zu befreien. Doch in der Geschichte des öffentlich-rechtlichen Rundfunks gab es noch keinen Intendanten, der mit der Einflussnahme durch die Parteien öffentlich abgerechnet hat. Das kann sich niemand leisten. Das wäre der politische Tod.

Dabei ist das Problem uralt. Bereits 1989 sprach Herbert Riehl-Heyse, der große, leider viel zu früh gestorbene Reporter der *Süddeutschen Zeitung*, eine entscheidende Wahrheit aus: »Jeder weiß, dass der öffentliche Rundfunk den Parteien gehört, jeder weiß, dass sie also damit machen dürfen, was sie wollen. Sie tun es ja auch.«[18] Mit feiner Ironie berichtete Riehl-Heyse, wie sich eine exzellent ausgebildete Politikwissenschaftlerin für eine Stelle als Fernsehredakteurin beim Bayerischen Rundfunk bewarb und vom damaligen Intendanten und ehemaligen CSU-Staatssekretär Reinhold Vöth abgelehnt wurde. Die Stelle sei aus politischen Gründen bereits für Godel Rosenberg, einen ehemaligen Sprecher der CSU, vorgesehen. Nichts Besonderes, so läuft es halt im System von ARD und ZDF. Heute leitet Rosenberg übrigens als weiß-blauer »Botschafter« die Auslandsrepräsentanz Bayerns in Israel.

Die Versuche, nach Jahrzehnten endlich den Einfluss der Parteien einzuschränken, sind bislang äußerst zaghaft ausgefallen. Der Grund liegt auf der Hand: Wer schneidet sich schon gerne ins eigene Fleisch? Der skandalöse Streit um die Nichtverlängerung des Vertrags von ZDF-Chefredakteur Nikolaus Brender im Jahr 2009 hat zumindest zu einer Klage des ZDF-Verwaltungsratsvorsitzenden Kurt Beck in Karlsruhe geführt.[19] Der rheinland-pfälzische Ministerpräsident hatte vergeblich Änderungen im ZDF-Staatsvertrag gefordert, um den Parteieneinfluss zu begrenzen. Beck wollte beispielsweise festschreiben lassen, dass der Vorschlag des Intendanten zur Besetzung eines Chefredakteurs nur noch mit einer Dreifünftelmehrheit vom ZDF-Verwaltungsrat abgelehnt werden kann.[20] Auch sollten keine Mitglieder des Fernsehrats mehr direkt von den Länderchefs bestellt werden. Bislang wählen die Ministerpräsidenten 25 der 77 Mitglieder des Fernsehrats aus. Auch die Bundesregierung sollte keine drei, sondern nur einen Vertreter in das Gremium entsenden. Bei seinen Länderkollegen fand Beck mit seinen Vorschlägen zur Begrenzung des Parteieneinflusses aber keine Mehrheit. Deshalb strengte der SPD-Politiker eine Klage beim Bundesverfassungsgericht an. Die Bilanz der Klage ist bitter. Im besten Juristen-Kauderwelsch wird die schlimme Wahrheit codiert: »Den ... prinzipiell zur Einflussbegrenzung geeigneten Faktoren kann angesichts der konkreten Ausgestaltungen einschlägiger Regelungen des ZDF-Staatsvertrags eine hinreichende Effektivität zur Senkung des Staats-/Parteieneinflusses auf ein rundfunkverfassungsrechtlich hinnehmbares Maß nicht attestiert werden.«[21] Auf gut Deutsch:

Das ZDF befindet sich im Würgegriff der Parteien und des Staates und verstößt damit gegen das Grundgesetz. Der Normenkontrollantrag ist seit Januar 2011 anhängig. Eine Entscheidung steht noch aus.

Ein noch weiter gehender Normenkontrollantrag der Grünen, der von dem bekannten Medienrechtswissenschaftler Dieter Dörr ausgearbeitet wurde, scheiterte im Bundestag.[22] Der in öffentlich-rechtlichen Anstalten stark verankerte Deutsche Journalisten-Verband (DJV) unterstützte die Grünen-Initiative. »Machen Sie sich für die Staatsferne und journalistische Unabhängigkeit des Senders stark!«, rief der DJV-Vorsitzende Michael Konken den Bundestagsabgeordneten zu. Sein Appell verhallte weitgehend ungehört. Der Normenkontrollantrag wurde nur von der Fraktion der Linken unterstützt und erreichte somit nicht das notwendige Quorum im Parlament. Die SPD hatte es vorgezogen, im Fall der Entpolitisierung des ZDF ihr eigenes politisches Süppchen zu kochen.

Wieder einmal konnten sich die Parteien nicht zu einer grundsätzlichen Reform einer politisch durchtränkten Anstalt entschließen. Selbst dem letzten Gutgläubigen ist mittlerweile klar: Die Staatsferne steht nur noch auf dem Papier.

In den Qualitätsmedien gilt weltweit: Politische Unabhängigkeit und inhaltliche Qualität bedingen sich gegenseitig. Sie sind wie siamesische Zwillinge. Genau das ist das Problem in den Rundfunkanstalten.

Die Besetzungen von Spitzenpositionen werden dort nach parteipolitischem Proporz durchgesetzt. Es herrscht ein fein austariertes System, das die Personalauswahl nach der politischen Farbenlehre garantiert. Das Problem ist fast so alt wie die Rundfunkanstalten selbst. Schon vor über 40 Jahren warnte der Soziologe Stefan Müller-Doohm: »Solange die Aufsichtsgremien nach dem Parteiproporz besetzt sind, sich also die beiden großen Parteien die Herrschaft teilen, muss man die Funktionsfähigkeit des Rundfunkrates im Sinne einer demokratischen Programmkontrolle bezweifeln. (...) Dem Rundfunk fehlt so jene Unabhängigkeit, derer er als Mittel zur politischen Informierung, Kommentierung und Kritik bedarf.«[23]

Die Durchsetzung der Anstalten durch die Parteien ist einer der Gründe, weshalb die Anstalten nur für eine Art informatorisches Grundrauschen sorgen. Echte politische und wirtschaftliche Skandale werden von ihnen bis auf wenige Ausnahmen nicht aufgedeckt. Immer noch recherchieren die privat finanzierten Zeitungen und Magazine und unabhängige Bürger die Geschichten, die beispielsweise zum Rücktritt von Ministern führen, wie des CSU-Politikers Karl-Theodor zu Guttenberg. Ein kurioser Zustand, denn die mit Tausenden von Redakteuren und Reportern besetzten Redaktionen von ARD und ZDF sind zahlenmäßig selbst dem *Spiegel*, dem Flaggschiff des investigativen Journalismus, haushoch überlegen.

Warum eigentlich? Die Vermutung liegt nahe, dass relevante Aufdeckgeschichten nicht zur obersten Priorität im Gebührenfernsehen gehören. Warum auch, der Gebührenrundfunk hängt am Tropf der Politik. In den Rundfunk-, Fernseh- und Verwaltungsräten wird entschieden, wer im Sender aufsteigt oder nicht. Warum sollte es sich eine Führungskraft denn ausgerechnet mit den in den Aufsichtsgremien vertretenen Parteien verscherzen?

Hinzu kommt auch, dass die 16 Bundesländer mit ihren Landtagen über die Rundfunkfinanzierung entscheiden. Die Ministerpräsidenten, anders als Bundespolitiker, sind daher aus journalistischer Sicht die Unberührbaren. Auf Länderebene ist die ARD eng verzahnt mit der politischen Macht. Es gibt sogar einen engen Personalaustausch, wie die Biographien der beiden CSU-Parteigänger Ulrich Wilhelm und Markus Söder zeigen. Der eine wechselte bekanntlich vom Pressesprecher der Bundesregierung auf den Chefsessel des Bayerischen Rundfunks, der andere schaffte den Aufstieg vom BR-Volontär und -Redakteur zum bayerischen Finanzminister. Es können nur noch Zyniker applaudieren, wenn parteitreue Gefolgsleute wie eben Ulrich Wilhelm Intendantenposten übernehmen. Glaubt man den Zynikern, sichert die Politikerkaste an den Schalthebeln des Gebührenrundfunks das Überleben des Systems ARD und ZDF.

Formell ist aber alles in Butter, wenn in den Rundfunkräten weniger als die Hälfte des Gremiums mit Parteipolitikern besetzt ist. Dann gilt auch für das Bundesverfassungsgericht, dass es in solchen Fällen keinen beherrschenden Einfluss von Parteien und Staat gibt. Doch stimmt das wirklich? Die Wirklichkeit in den Kontrollgremien von ARD und ZDF ist eine andere. Ein Beispiel ist der Bayerische Rundfunk. Der Rundfunkrat, der alle fünf Jahre gewählt wird, hat 47 Mitglieder. Davon sind 13 Parteipolitiker. Beim Rest handelt es sich um sogenannte »Graue«, also politisch unabhängige Vertreter. Doch wer genau hinsieht, wird schnell die Wahrheit erkennen. Beispielsweise gehört dem BR-Rundfunkrat Thomas Goppel an. Der lebensfrohe Oberbayer ist Präsident des Bayerischen Musikrats und sitzt somit automatisch im Aufsichtsgremium. In seinem vormusikalischen Leben war der Sohn des früheren bayerischen Ministerpräsidenten Alfons Goppel (CSU) aber viele Jahre Minister der CSU-Landesregierung. Auch Christian Knauer, der Vertreter der Vertriebenen im Rundfunkrat, gehört seit mehr als 40 Jahren der CSU an und ist Landrat in Oberbayern. Und Günther Lommer, der Vertreter des Bayerischen Landessportverbandes? Er sitzt für die CSU in Cham, einem Städtchen im Bayerischen Wald, im Kreistag.

Der Rundfunkrat des Bayerischen Rundfunks ist keine Ausnahme, sondern die Regel. ARD und ZDF sind Eigentum der Parteien und des Staates. Nach Einschätzung des Medienrechtlers Dieter Dörr sind 55 der 77 Mitglieder des ZDF-Fernsehrats der »staatlichen Sphäre zuzuordnen«.[24]

Schon Riehl-Heyse ätzte gegen ARD und ZDF mit der Erkenntnis, »dass das Programm in der Regel genauso langweilig ist, wie es die Parteien sind«.[25] Nur mit einer radikalen Entpolitisierung kann der öffentlich-rechtliche Rundfunk die Zukunft meistern. Konkret heißt das: Es muss der Ausschaltknopf für Parteigänger gedrückt werden. Die bisherigen Rundfunk- und Fernsehräte haben sich alle als ineffektiv, sogar kontraproduktiv erwiesen. Denn erst durch diese Gremien wird die parteipolitische Durchdringung der Funkhäuser ermöglicht. Warum nicht einen von allen Gebührenzahlern direkt gewählten Aufsichtsrat etablieren? Vorbild könnten beispielsweise die Sozialwahlen sein, denn auch die Selbstverwaltungsorgane bei Kranken- oder Rentenversicherungen werden ja direkt vom Bürger gewählt. Doch anders als bei den Sozialwahlen, bei denen der Bürger kaum die Unterschiede zwischen den einzelnen Gremienmitgliedern erkennen kann, müssten die Kandidaten und Listen für den Rundfunk- beziehungsweise Fernsehrat die mediale Infrastruktur von ARD, ZDF und Deutschlandfunk nutzen dürfen, um für sich und ihre Zielen werben zu können. Mit Wahlspots im Fernsehen und Radio sowie auf Internetseiten und Diskussionsforen bei Facebook könnten sich die Bürger dann ausführlich informieren.

Die Vorteile einer direkten Beteiligung des Bürgers liegen auf der Hand. Zum einen führen sie zu einer echten Diskussion über Sinn und Unsinn im System von ARD und ZDF. Schädliche Entwicklungen oder Vetternwirtschaft werden so öffentlich diskutiert. Zum anderen schafft die direkte Wahl der Kontrolleure eine engere Bindung zum Gebührenfernsehen. Das klassische Sender-Empfänger-Modell wird aufgelöst. An dessen Stelle tritt ein interaktives Modell. Rundfunkanstalten und Bürger sind im Austausch.

Die Entpolitisierung ist eine entscheidende Grundlage dafür, dass sich die Bürger wieder mit ARD und ZDF identifizieren. Es ist die einzige Chance, die verlorene Glaubwürdigkeit der vergangenen Jahrzehnte wiederherzustellen. Nur mit einer Entpolitisierung des Gebührenrundfunks kann mittelfristig erreicht werden, dass ein öffentlich-rechtliches Bezahlfernsehen auf freiwilliger Basis eine realistische Option für die Zukunft ist. Doch eine entscheidende Frage bleibt: Wer drückt auf den Ausschaltknopf für die Politik im System von ARD und ZDF? Die Politik selbst? Das geschieht nur dann, wenn der Druck der Bürger groß genug ist.

Fair Trade: Die Privatisierung der kommerziellen Töchter von ARD und ZDF

Auf der Internationalen Spielwarenmesse in Nürnberg trifft sich die Branche. Die weltgrößte Branchenmesse boomt so sehr, dass mit dem Bau einer 36 Millionen Euro teuren Halle sogar zwei Jahre früher begonnen wurde als ursprünglich geplant.[26] Auch die ARD ist im Februar 2012 erstmals als Aussteller auf das weitläufige Ausstellungsgelände im Süden der Frankenmetropole gekommen. Die Werbetochter der größten ARD-Anstalt, die WDR Mediagroup, ist in die Frankenmetropole gereist, um den internationalen Lizenzhandel voranzutreiben. Das Kölner Unternehmen vermarktet Kinderformate wie *Die Sendung mit der Maus*, *Käpt'n Blaubär* und *Die Sendung mit dem Elefanten*. Auch fremde Marken wie *Shaun das Schaf*, *Der kleine Eisbär* oder *Der Maulwurf* hat die WDR-Tochter im Programm.

Barbara Wiewer, die Vertriebs- und Marketingchefin der 420 Mitarbeiter großen WDR Mediagroup, treffe ich kurz vor der Messe in Düsseldorf. Die Managerin hat sich ehrgeizige Ziele gesetzt. Sie ist fest entschlossen, das Lizenzgeschäft für ihren öffentlich-rechtlichen Mutterkonzern aus der Nische zu holen. »Wir wollen künftig auch neue Marken aufbauen. Deshalb sind wir kontinuierlich auf der Suche nach Lizenzpartnern«, sagt sie mir.[27] Nürnberg ist dafür ein guter Platz.

Das Geschäft mit Kinderspielsachen ist ein knallharter Markt. Das weiß Wiewer. Bei der Vermarktung von Marken und Produkten komme es darauf an, eigene Themenwelten zu schaffen. Genau danach frage der Handel. Noch ist das Geschäft der WDR Mediagroup bescheiden. Gerade rund sechs Prozent der gesamten Erlöse kamen 2010 aus dem Lizenzgeschäft. Doch das Vorhaben hat einen hohen strategischen Wert, denn es könnten zusätzliche Umsätze generiert werden. 2010 erwirtschaftete die WDR Mediagroup Erlöse von 106 Millionen und nach eigenen Angaben eine Rendite von über fünf Prozent. Das meiste Geld kam aus der Werbevermarktung der eigenen Programme, insbesondere der Radiosender 1 Live, WDR 2 und WDR 4.

Wiewer und ihre Managerkollegen machen bei der WDR-Tochter in Köln einen guten Job. Sie erfüllen ihre Aufgabe effektiv, auch wenn die Rendite nicht gerade groß ausfällt.

Doch braucht der Gebührenrundfunk überhaupt kommerzielle Töchter?

Rein rechtlich besteht dazu keine Notwendigkeit. ARD und ZDF könnten darauf verzichten, wenn der politische Wille da wäre. Der Medienrechtler Dieter Dörr, seit 2000 Mitglied der Kommission zur Ermittlung der Konzentration im Medienbereich (KEK), sagt: »Die Rundfunkanstalten müssen keine kommerziellen Tätigkeiten wahrnehmen. Der Rundfunkstaatsvertrag ermächtigt sie lediglich dazu; er enthält gerade keine Verpflichtung.« Der frühere Justiziar des Saarländischen Rundfunks ermahnt ARD und ZDF: »Insgesamt haben sich die Rundfunkanstalten marktkonform zu verhalten, dürfen also den Wettbewerb nicht durch eine verfehlte Nutzung ihrer öffentlichen Mittel, namlich der Mittel aus der Rundfunkgebühr, verfälschen.«[28]

Das System von ARD und ZDF hat trotz dieser rechtlichen Bedingungen in den vergangenen Jahrzehnten unzählige Firmen und Töchter von Firmen generiert. Die genaue Zahl kennt niemand sicher.

Gehören viele dieser Beteiligungen eigentlich noch zum Auftrag des öffentlich-rechtlichen Rundfunks? Wenn man sich beispielsweise die WDR Mediagroup genauer ansieht, kommen starke Zweifel auf. Beispielsweise ist der WDR über seine kommerzielle Tochter an der belgischen Telematikfirma Ertico S.C. beteiligt. Dort sitzt der WDR mit Firmen wie Siemens, BMW, Bosch, Xerox oder dem Navigationsgerätehersteller TomTom an einem Tisch. Die Firma mit rund 100 Partnern soll nach eigener

Aussage intelligente Transportsysteme und -services fördern.[29] Der Anteil des WDR beläuft sich bei dem Brüsseler Unternehmen auf 1,05 Prozent.

Auch bei Deutschlands größter Nachrichtenagentur, der Deutschen Presse-Agentur GmbH, sitzt der WDR am Tisch der Gesellschafter. Die ARD-Anstalt ist bei dem mit wirtschaftlichen Problemen kämpfenden Unternehmen mit 1,84 Prozent beteiligt.

Und wer glaubt, das öffentlich-rechtliche Radio und die privaten Hörfunkunternehmen seien sich spinnefeind, täuscht sich. Der WDR ist sogar an einem solchen beteiligt. Die Kölner Anstalt hält 24,90 Prozent an der Radio NRW GmbH in Oberhausen. Das Unternehmen ist ein sogenannter Rahmenprogrammanbieter, der 45 Lokalradios in Nordrhein-Westfalen mit Beiträgen bis hin zu kompletten Sendungen beliefert. Nach eigenen Aussagen ist Radio NRW seit zwölf Jahren der Branchenprimus unter den privaten Radios in Deutschland.[30]

Alle Anstalten betreiben darüber hinaus eigene Mediendienstleister, die nicht nur Werbung verkaufen, sondern auch Plüschtiere, CDs, Bücher, DVDs, Schlüsselanhänger und andere Devotionalien des öffentlich-rechtlichen Rundfunks. Der WDR führt sogar einen eigenen Eckladen in bester Lage in der Kölner Innenstadt, der unter anderem den 25. Geburtstag von Lars, dem kleinen Eisbären, vermarktet.

Dabei könnten derartige Aktivitäten längst an externe Firmen vergeben werden. Das würde nicht nur das wirtschaftliche Risiko für die Anstalten reduzieren, sondern auch für mehr Fairness sorgen, denn die Töchter von ARD und ZDF stehen unter keinem vergleichbaren Renditedruck wie Privatfirmen. Die Gebührenkommission KEF erwartet schließlich nur eine Jahresrendite von bescheidenen fünf Prozent – nicht gerade viel Geld im margenstarken Werbe- und Rechtelizenzgeschäft.

Es sind aber vor allem die beiden großen Atelierbetriebe Bavaria Film und Studio Hamburg, die im Grunde genommen ohne die Aufträge von ARD und ZDF kaum wettbewerbsfähig wären.

Es handelt sich dabei um eine intelligente Querfinanzierung, die zu Marktungerechtigkeiten führt. Offiziell halten sich die großen privaten TV-Produzenten mit Kritik zurück. Schließlich wollen sie weiterhin Aufträge von ARD und ZDF. Doch hinter vorgehaltener Hand schimpfen sie über unfaire Konkurrenz, in der Branche wird von Quersubventionierung gesprochen, aus dem öffentlich-rechtlichen Lager.

Das Aushebeln von Marktgesetzen nutzt der Bavaria Film oder dem Studio Hamburg im Grunde genommen wenig. Im Gegenteil, es schadet ihnen sogar. Zu hohe Personalkosten und operative Trägheit verhindern, dass die Studios mit ihren umfangreichen Dienstleistungen international eine Rolle spielen können. Sie sind vielmehr Teil des Systems von ARD und ZDF, das sich vor allem selbst genügt. Warum kommerzielle ARD-Töchter an börsennotierten Unternehmen wie der Cinemedia AG beteiligt sind oder wie im Fall des ZDF einen Schnulzen-Bezahlsender in Polen betreiben müssen, gehört zu den Absurditäten des Gebührenfernsehens. Eine mediale Notwendigkeit gibt es dafür nicht.

Wie die Sender zu Qualität zurückfinden können

Colonia Ulpia Traiana war an den Außengrenzen des Römischen Reiches vor 2000 Jahren ein wichtiger Stützpunkt im Dauerkampf gegen die Germanen. Das heutige Xanten, eine gute Autostunde nördlich von Düsseldorf, erinnert mit einem weitläufigen archäologischen Park an diese Zeiten. Hauptattraktion ist das Amphitheater. Eine ideale Kulisse für die große Samstagabendshow *Brot und Spiele*, dachte sich die ARD. Die Kandidaten, darunter *Gladiator*-Darsteller Ralf Moeller, *Tagesschau*-Sprecher Jens Riewa, Ex-Boxprofi Henry Maske, Ex-Schwimmerin Franziska van Almsick und Schauspielerin Christine Neubauer, sollten spielerisch das Imperium romanum für den Zuschauer entdecken. In Originalkostümen, in Panzer und Röckchen, zog die Promitruppe in die imposante Arena der niederrheinischen Stadt ein. In zwei Gruppen, die »Löwen« und die »Bären« aufgeteilt, mussten die Kandidaten infantile Spielchen bewältigen. Sie durften entscheiden, ob eklige gegrillte Otternasen oder Perlen in Essig zur römischen Küche gehörten, sollten mit einem Seil auf einer überdimensionalen Landkarte den Limes verlegen oder mit nachgebauten römischen Waffen auf Mauern aus Strohballen zielen. Drei lange, sehr lange Stunden wetteiferten so die müden Kandidaten in einer noch müderen Show. Selbst ein Vollprofi wie Moderator Matthias Opdenhövel konnte dieses Bildungsfernsehen à la ARD nicht mehr retten. Die 3000 Zuschauer in Xanten hielten bis zum Schluss aus, die meisten Zuschauer am Fernseher nicht. Sie schlummerten ein oder schalteten um.

Keine Überraschung: Die Quote für das Millionen Euro schwere Spektakel am Niederrhein war entsprechend enttäuschend. Die ARD-Show zog sogar weniger Zuschauer an als die *Tagesschau*. Das Nachrichtenflaggschiff lag mit 3,6 Millionen Zuschauern an diesem Samstag im Juli 2012 mit rund zwölf Prozent über *Brot und Spiele*. Den Lorbeerkranz in der TV-Arena holte sich aber mit gewaltigem Abstand die private Konkurrenz. Bei RTL sahen 8,3 Millionen Zuschauer den Boxkampf zwischen Wladimir Klitschko und Tony Thompson.[31]

Shows wie die langweilige Sandalenshow sind mustergültig für die große Ratlosigkeit im Programm des Gebührenfernsehens. Mal wieder nimmt ein großer Sender Anleihen bei der privaten Konkurrenz, denn zeitweise erinnerte *Brot und Spiele* an eine softe Ausgabe des RTL-*Dschungelcamps*.

Das ganze System der Unterhaltung, Bildung und Information von ARD und ZDF funktioniert nicht mehr. Es muss völlig neu gebootet werden. Es braucht, um in der Computersprache zu bleiben, ein neues Betriebssystem. Die Hauptprogramme des Ersten und des Zweiten sowie die Dritten, die Regionalprogramme der ARD, dürfen nicht länger eine schlechte Kopie der Privatkanäle sein, sondern sie müssen sich auf ihre Kernaufgabe, nämlich Information, Kultur und anspruchsvolle Unterhaltung konzentrieren.

Als der Siegeszug des privaten Rundfunks Mitte der 80er-Jahre begann, haben sich ARD und ZDF in ein Hase-Igel-Spiel begeben. Ähnlich wie in dem Märchen des Autors und Verlegers Wilhelm Schröder sprintet der Hase, sprich ARD und ZDF, durch die Ackerfurche, um den Sieg gegen den Igel, sprich die Privatsender, zu gewinnen. Doch immer, wenn der Hase am Ende der Ackerfurche angelangt ist, ist seine zum Verwechseln ähnliche Igelfrau schon am Ziel. Der Hase versteht die Welt nicht mehr und läuft so viele Rennen, bis er am Ende stirbt.

Das Gebührenfernsehen hat sich ebenfalls in zahlreiche Wettrennen mit RTL, Sat.1 & Co. begeben, die nicht zu gewinnen sind. Immer wenn die Anstalten ans Ziel kommen, sind die Privaten schon da.

Das Erste und das Zweite versuchen seit Jahren, mit wechselnden Inhalten, wechselnden Produzenten und Moderatoren und wechselndem Management ihr Programm zu verjüngen, mit mäßigem oder gar keinem Erfolg. Die Verzweiflung ist groß. Das geben Intendanten hinter vorgehaltener Hand durchaus zu. Sie experimentieren und holen sich Formate aus den Nischenkanälen. Den großen Durchbruch haben weder ARD noch ZDF bislang geschafft.

Viele Hundert Millionen Euro an Gebührengeldern sind in den vergangenen Jahren auf diese Weise vergeblich in den Sand gesetzt worden. Das Durchschnittszuschaueralter im Ersten und Zweiten auf 60 Jahre oder am besten darunter zu drücken ist weder dem Ersten noch dem Zweiten und erst recht nicht den Dritten gelungen.

Das Fiasko um die Vorabendshow des vom ZDF zur ARD gewechselten Talkmasters Thomas Gottschalk ist dafür ein Beispiel. Seit Jahren doktert Volker Herres, Programmdirektor des Ersten mit Sitz in München, an der intern als »Todeszone« titulierten Zeitschiene vor der 20-Uhr-*Tagesschau* herum. Doch auch der fränkisch-fröhliche Gottschalk schaffte es nicht, den Vorabend aus dem Quotentief zu holen. Trotz aller Klimmzüge gelang es ihm nicht, mehr als fünf Prozent Marktanteil zu holen. Seine ARD-Show *Gottschalk Live* schauten sich meist nur rund eine Million Zuschauer an, oft waren es sogar noch weniger.[32]

Dabei holte sich ARD-Programmdirektor Herres Hilfe von den Profis aus dem RTL-Imperium. Grundy Light Entertainment ist eine Tochter der UFA, die wiederum über ihren Londoner Mutterkonzern Fremantle zu RTL gehört. Die ganz in der Nähe der RTL-Sender im Kölner Stadtteil Deutz ansässige TV-Produktionsfirma stellte in Berlin den Plauder-Vorabend für die ARD her. Wie massenwirksame Programme funktionieren, weiß die selbstbewusste Chefin, Ute Biernat, genau. Sie produziert schließlich seit Jahren für die Privaten erfolgreiche Shows wie *Deutschland sucht den Superstar* (RTL) und *X-Factor* (Vox). *Gottschalk Live* wurde wegen Erfolglosigkeit noch im Juni 2012 abgesetzt. Dass Herres schließlich den Ausschaltknopf für diese Show betätigt hat, kam den Gebührenzahler teuer zu stehen. Insider sprechen von einer hohen Summe. Wie hoch der Abschlag für das vorzeitige Vertragsende ausgefallen ist, darüber schweigen sich ARD und Grundy gleichermaßen aus – offenbar aus gutem Grund. Zudem führte die niedrige Sehbeteiligung zu geringen Werbeeinnahmen. Wie hoch hier er Verlust ausgefallen ist, dazu gibt es keine Zahlen.

Doch nicht nur im Wettbewerb mit den Privaten ist das Gebührenfernsehen seit Jahren der Verlierer. Der Binnenwettbewerb zwischen ARD und ZDF funktioniert seit der Einführung des Privatfernsehens in den 80er-Jahren nicht mehr. Die Programme der beiden Sender sind seit Jahrzehnten zum Verwechseln ähnlich. Würde man das Senderlogo entfernen, hätten die Zuschauer Probleme zu sagen, um welches Programm es sich handelt. Die Austauschbarkeit der Inhalte ist auch dafür verantwortlich, dass ARD und ZDF mit ein und demselben Problem zu kämpfen haben: der Überalterung ihres Publikums.

Wenn die Inhalte schon austauschbar sind, dann spricht nicht nur finanziell, sondern auch inhaltlich alles dafür, aus dem besten Content von ARD und ZDF einen gemeinsamen Kanal zu machen. Bei der Einführung des privaten Fernsehens haben beide Anstalten geglaubt – und glauben es immer noch –, dass die Marktanteile der einzige Parameter für Erfolg oder Erfolglosigkeit sind. In ihrem Eifer, im Quotenwettbewerb mit den Privaten nicht unterzugehen, haben sie nicht gemerkt, in welche tödliche Falle sie getappt sind. Und diese Falle heißt Beliebigkeit. Sie haben im Kampf um die größte Anspruchslosigkeit ihre Seele verloren.

Nein, nicht die Quote, sondern die Qualität muss der wichtigste Parameter für das Gebührenfernsehen sein. Statt in eine infantile Sandalenshow mit in die Jahre gekommenen Promis sollte lieber in eine erstklassig inszenierte Sommerkomödie, in eine spannende Dokumentation, kurzum in anspruchsvolle Unterhaltung und Information investiert werden. Denn Albernheiten können die Privaten besser und billiger.

Wer noch Anspruch und Qualität entdecken will, der muss sich im weit verzweigten Reich von ARD und ZDF auf den Weg in die Nische machen. Sender wie Phoenix, Arte oder 3sat zeigen mustergültig, wie spannendes Fernsehen funktionieren kann. Es ist kein Zufall, dass der Kultursender 3sat nicht auf dem ZDF-Gelände zu finden ist. Schließlich ist er eine Dreiländeranstalt. 3sat ist auf dem Mainzer Lerchenberg, ein paar Meter neben dem Forschungszentrum des Glasherstellers Schott, zuhause – allerdings in deutlicher Distanz zum Gesellschafter ZDF. Die Entfernung tut dem Sender, der vom umsichtigen Gottfried Langenstein seit vielen Jahren geführt wird, gut. Denn Langenstein hat es geschafft, im Laufe der Jahre ein eigenständiges Profil zu entwickeln. Die Komposition der Zulieferungen von ARD, ZDF, ORF und SRG und insbesondere die Eigenproduktionen erfüllen tatsächlich das Versprechen des Werbeclaims »anders fernsehen«. Mit Themenabenden wie »Expedition Airport – 24 Stunden am Frankfurter Flughafen« oder »Pop around the clock«, ein Musikmarathon mit Usher, Linkin Park, Bryan Adams und U 2 rund um die Uhr, setzt er sich bewusst vom TV-Mainstream ab und schafft eine unverwechselbare Sendermarke.

Ein anderes positives Beispiel ist der Dokumentationskanal Phoenix. Der in einem trostlosen Bürogebäude – dem früheren ZDF-Hauptstadtstudio – im ehemaligen Bonner Regierungsviertel beheimatete Kanal wurde 1997 von ARD und ZDF gegründet. Phoenix hat etwas geschafft, was nur wenigen Neugründungen gelungen ist: Der Kanal hat das Genre des Ereigniskanals erfunden und damit eine Lücke entdeckt. Wenn es irgendwo auf der Welt zu dramatischen Ereignissen kommt, schlägt die große Stunde von Phoenix. Es war der Bonner Sender, der die Live-Bilder des japanischen Staatsfernsehens bei der Atomkatastrophe von Fukushima zeigte. Phoenix war eine erstklassige Quelle, wenn es um den Arabischen Frühling oder die Eurokrise ging. Große Debatten im Bundestag kann der Zuschauer live mit verfolgen. Der werbefreie Sender ist eben keine Kopie seiner privaten Konkurrenten wie etwa N-TV oder N 24, sondern ein Solitär. Das zahlt sich aus. 2011 erzielte Phoenix mit 1,1 Prozent den höchsten Jahresmarktanteil seit seiner Gründung. Eine beachtliche Leistung für einen Informationskanal.

8. Besseres Fernsehen für weniger Geld

>»Das Geld gleicht dem Seewasser. Je mehr davon getrunken wird,
>desto durstiger wird man.«
>*Arthur Schopenhauer, Philosoph*

Der öffentlich-rechtliche Rundfunk verliert durch mangelnde Programmqualität, immer neue Skandale, wiederholte Vetternwirtschaft und seine politischen Verquickungen zunehmend an Rückhalt in der bundesrepublikanischen Gesellschaft. Die Entfremdung zwischen Anstalten und Publikum wird sich durch die für alle obligatorische Haushaltsgebühr ab dem 1. Januar 2013 noch verstärken – und zwar unabhängig davon, ob und wie groß die Mehreinnahmen durch das neue Gebührenmodell ausfallen werden. Mit der Einführung der Haushaltsabgabe alias ARD/ZDF-Mediensteuer soll dieses kranke System bis zum Sankt-Nimmerleins-Tag opulent finanziert werden. Der Widerstand der Bürger wächst. Sie wenden sich in ihrer Ohnmacht an die Gerichte, auch wenn der Ausgang der Verfassungsklagen gegen die neue Rundfunkfinanzierung völlig unklar ist.

Mittlerweile haben sich weite Teile der Bevölkerung, insbesondere die junge Generation, vom öffentlich-rechtlichen System als Zuschauer verabschiedet. Die Vergreisung des Publikums ist für die schwerfälligen Anstalten eine der größten Bedrohungen. Der typische Zuschauer des Bayerischen Fernsehens ist 64 Jahre alt. Damit rangiert die Münchener Anstalt im Vergleich der Dritten Programme in der ARD sogar noch im Mittelfeld![1] Das Problem der Vergreisung wurde von den Chefetagen zwar erkannt, nur Lösungen gibt es keine. Die Nimmersatten glauben mit immer neuen Kanälen wie beispielsweise dem geforderten Jugendkanal das Problem lösen zu können. Doch da täuschen sie sich.

Um den sinkenden Rückhalt in der Gesellschaft aufzuhalten, braucht das schwer kranke System dringend sehr weitgehende Reformen. Deren Ziel muss sein: besseres Fernsehen für weniger Geld.

Dabei kann es nicht nur um kosmetische Veränderungen gehen wie beispielsweise die Einstellung von Digitalkanälen, Kürzungen von ein paar Stellen oder die Zusammenlegung von Rundfunkorchestern. Vielmehr sind radikale Veränderungen nach dem Motto »weniger ist mehr« notwendig.

Durch das Internet mit seiner unübersehbaren Zahl von audiovisuellen Angeboten und durch die noch immer wachsende Zahl von Fernsehkanälen in Deutschland gibt es schon eine mediale Überversorgung. Insgesamt betreiben ARD und ZDF schon jetzt 22 Fernsehsender auf Kosten des Gebührenzahlers.

Um das teuerste öffentlich-rechtliche Rundfunksystem der Welt wieder auf ein Normalmaß zurückzuführen, brauchen wir in Zukunft weniger statt mehr Kanäle. Tabus darf es bei diesem Umbau nicht geben. Warum nicht das Erste und das Zweite zu einem gemeinsamen Hauptprogramm unter Führung des ZDF verschmelzen und die regionalen Dritten zum Zweiten ausbauen? Alle Reformbestrebungen müssen einen sinnvollen und relevanten Beitrag leisten, Milliarden von Euro einzusparen, um die höchste Rundfunkgebühr in der deutschen Geschichte von derzeit stolzen 215,76 Euro im Jahr nachhaltig zu senken.

Reichen derartige Reformen aus, um das System von ARD und ZDF zu modernisieren?

Der Umbau muss noch viel weiter gehen. Die teure GEZ gehört endlich abgeschafft! Finanzämter oder auch private Dienstleister können den Gebühreneinzug kostengünstiger übernehmen. Die GEZ ist nämlich ein teurer Betrieb. Sie kostet jeden Gebührenzahler jährlich fast vier Euro!

Zu einer Reform gehört auch, die 14 Landesmedienanstalten künftig nicht mehr über die GEZ-Gebühr zu finanzieren. Derzeit zahlt jeder Bürger ebenfalls jährlich über vier Euro, um die Medienkontrolleure für den privaten Rundfunk zu finanzieren. Eine Absurdität. Denn die Kontrolle von Konzernen wie RTL, ProSieben Sat.1, Disney oder Viacom gehört zu den genuin staatlichen Aufgaben. Schließlich zahlen wir auch keine monatliche Genussgebühr, damit Behörden unsere Nahrungsmittel auf gesundheitliche Unbedenklichkeit prüfen.

Vor allem müssen sich ARD und ZDF von ihren kommerziellen Töchtern trennen. Produktionskonzerne wie Studio Hamburg und Bavaria Film waren in der Mitte des vergangenen Jahrhunderts notwendig, um den Programmnachschub zu sichern. Heute gibt es keinen Grund mehr, warum sie noch im Besitz des Gebührenfernsehens bleiben sollten. Ein Verkauf der beiden Atelierbetriebe mit ihren Dutzenden von Tochterfirmen wäre auch für den Wettbewerb im deutschen Produktionsmarkt eine gute Nachricht. Freie Produzenten klagen seit vielen Jahren hinter vorgehaltener Hand über die unfaire Konkurrenz der ARD-Tochter. Sie glauben, dass bei der Vergabe von Aufträgen den eigenen Produktionstöchtern oft der Vorzug gegeben wird.

Hinzu kommt, dass die Aktivitäten mancher kommerzieller Tochter nur noch schwer oder gar nicht mit den Aufgaben des öffentlich-rechtlichen Rundfunks zu vereinbaren sind. Es kann nicht im Sinne des Gebührenzahler sein, dass sich das ZDF an einem schnulzigen Bezahlsender in Polen beteiligt, die ARD-Tochter Bavaria an einem börsennotierten Mediendienstleister oder der WDR an einer belgischen Telematikfirma. Das mögen aus Sicht der Anstalten zweit- oder drittrangige Beteiligungen sein. Doch sie zeigen mustergültig, welcher Schlendrian im Selbstverständnis des öffentlich-rechtlichen Rundfunks eingezogen ist.

In der deutschen Politik gibt es keine Pläne, diese Auswüchse zu verhindern und für einen fairen Wettbewerb zwischen öffentlich-rechtlichen und privaten Medienunternehmen zu sorgen. Die textlastige *Tagesschau*-App unterscheidet sich kaum von den Apps privater Zeitungen und Zeitschriften. Eigentlich verbietet der Rundfunkstaatsvertrag den Anstalten presseähnliche Internetangebote ohne Bezug zu Rundfunksendungen. Doch das ist nur Theorie. Die Aufsichtsgremien, die im sogenannten Dreistufentest digitale Angebote wie die *Tagesschau*-App prüfen, sind eine Farce. Bislang haben sie noch nie den Missbrauch durch die Anstalten gestoppt.

Es ist an der Zeit, dass sich die EU-Kommission den öffentlich-rechtlichen Rundfunk in Deutschland umfassend vorknöpft. Anlässe gibt es mehr als genug. Doch in der Vergangenheit hat sich Brüssel nicht gerade als Hüter des fairen Wettbewerbs im deutschen Medienmarkt profiliert. Ein Beihilfeverfahren zur Finanzierung der öffentlich-rechtlichen Rundfunkanstalten von ARD und ZDF wurde im April 2007 mit einem faulen Kompromiss eingestellt. Damals ging es um die heute noch immer zentrale Frage, ob die Anstalten nicht längst ihren Grundversorgungsauftrag verlassen haben und sich über die GEZ-Gebühren Wettbewerbsvorteile im Internet und anderswo verschafft haben.

ARD und ZDF brauchen nicht nur einen strukturellen, sondern auch einen inhaltlichen Neuanfang. Sie dürfen nicht die Zuschauerquote wie eine Monstranz bei der Fronleichnamsprozession vor sich hertragen. Sonst bleiben sie eine zweitklassige Kopie der Originale im Privatfernsehen. Oft ist das anspruchslose Unterhaltungsprogramm mit albernen Shows, müden Schnulzen und austauschbaren Talkshows eine Art Publikumsmissachtung.

Die Zuschauer sind nicht so niveaulos, wie sich das die Programmmacher von ARD und ZDF vorstellen. Sie würden ein anspruchsvolleres Programm viel heftiger begrüßen, als in den Anstalten noch immer geglaubt wird. In einer Wissensgesellschaft wie der deutschen erwarten die Abonnenten des öffentlich-rechtlichen Bezahlfernsehens inhaltliche Exzellenz und keine beliebige Berieselung.

Der Gebührenrundfunk wird dann seine gesellschaftliche Anerkennung zurückgewinnen, wenn er sich wieder an den Leitlinien von Qualität und journalistischer Recherche orientiert. Nur so bleibt er relevant und bedeutend. Kurzum, die Öffentlich-Rechtlichen müssen einen Strategie- und Imagewandel vollziehen: qualitativ erstklassig, technisch innovativ und dennoch massentauglich. In den 80er-Jahren war Audi eine biedere Marke mit langweiligem Image. Heute hat der Autohersteller den Wandel zu einem angesehenen, hochqualitativen Innovationsführer geschafft. Eine Kehrtwende ist möglich.

Es gehört zu den weit verbreiteten Irrtümern in den Führungsetagen von ARD und ZDF zu glauben, dass sich die Relevanz der Sender ausschließlich über einen möglichst hohen Marktanteil definiert. Die Wichtigkeit eines Medium leitet sich vielmehr von der Qualität seiner Inhalte und damit seines Publikums ab.

Ein anspruchsvolles Programm als konsequenter Kontrast zu den Privaten ist die Voraussetzung für das notwendige Ziel: ein öffentlich-rechtliches Bezahlfernsehen auf freiwilliger Grundlage. Ähnlich wie in der katholischen oder evangelischen Kirche wird es dem Zuschauer dann überlassen sein, zu entscheiden, ob er Teil des Systems bleiben möchte. Machen sich ARD, ZDF und Deutschlandradio mit ihren medialen Qualitätsangeboten im Fernsehen, im Hörfunk und im Internet unersetzlich, wird dies eine Option sein können. Einmaligkeit statt Beliebigkeit muss daher ihre inhaltliche Devise sein. Zu dieser Einmaligkeit muss auch ein kompletter Verzicht auf Werbung gehören. Ohne Reklame im Vorabend sind die Sender frei, anspruchsvolle Unterhaltung frei Haus zu liefern, anstatt RTL, ProSieben und RTL II hinterherzuhecheln.

Damit sich ARD und ZDF modernisieren können, brauchen sie darüber hinaus eine Art Magna Charta, die von allen gesellschaftlichen Kräften getragen wird. Wichtigster Punkt einer derartigen Rundfunkverfassung ist die Entpolitisierung der Anstalten. Die Parteien müssen rundfunkpolitisch enteignet werden. Nicht den Politikern, sondern den Bürger gehören ARD, ZDF und Deutschlandradio.

Die Durchdringung der Sender mit parteipolitischen Interessen liegt seit Jahrzehnten wie Mehltau über den Funkhäusern. Das Ergebnis: Reformen werden auf die lange Bank geschoben, komplizierte, wenig transparente Verwaltungsstrukturen werden aufgebaut, die Misswirtschaft oder Vetternwirtschaft ermöglichen. Kritischer Journalismus bleibt auf der Strecke. Wie wusste schon der frühere WDR-Intendant Klaus von Bismarck vor mehr als einem Vierteljahrhundert: »Unter dem Druck der politischen Parteien sind inzwischen in fast allen Rundfunkanstalten Tendenzen zur Anpassung an gängige Mehrheitsströmungen erkennbar. In gleichem Maße entschwindet der Mut zum Risiko, zum Vertreten einer unbequemen Meinung.«² Der Urgroßneffe des ersten deutschen Reichskanzlers, der von 1961 bis 1976 in der größten ARD-Anstalt konsequent auf Qualität setzte, konnte nicht mehr erleben, dass alles noch viel schlimmer kommen würde. Er starb 1997.

Statt politischer Arithmetik in der Führungsetage braucht es ein innovatives Management, das »outside the Box« denkt und handelt. Der Gebührenrundfunk benötigt transparente, unabhängig kontrollierte Managementstrukturen. Nur so lässt sich eine Schattenwirtschaft, in der Bestechlichkeit, Betrug und Untreue wie beim Kinderkanal, beim NDR oder MDR oft jahrelang unbemerkt bleiben, beseitigen.

So gut wie nie kommen Führungskräfte bei ARD und ZDF aus der Wirtschaft. Stattdessen regiert Mittelmäßigkeit in den Anstalten. Wer genügend politisch antichambriert und ausreichend Sitzfleisch mitbringt, steigt quasi zwangsläufig auf. So lautet das ungeschriebene Gesetz. Zu mehr Demokratie gehört daher, dass künftig Intendantenposten nicht mehr ohne externen Gegenkandidaten besetzt werden dürfen. Die Wahlen von Thomas Bellut zum ZDF-Intendanten, Ulrich Wilhelm zum BR-Chef oder Monika Piel zur WDR-Chefin – jeweils ohne ernsthaften Konkurrenten – im Jahr 2012 erinnern an die DDR in ihrer Spätphase. Sie geraten zur Farce. In politischen Zirkeln wurde wie immer bereits alles vorher abgeklärt, die Wahl selbst ist daher fast nur Formsache.

Während in der Wirtschafts- und Finanzkrise in den vergangenen Jahren in vielen Bereichen des öffentlichen Lebens der Rotstift massiv regierte, schöpfen ARD und ZDF weiter aus dem Vollen. Die verlangten Einsparungen sind marginal. Mit welch üppigem Personalbestand die nimmersatten Anstalten immer noch wirtschaften, zeigt sich bei einem Vergleich mit dem größten Konkurrenten. Die Öffentlich-Rechtlichen haben mehr als doppelt so viele Mitarbeiter wie Europas größter Fernseh- und Radiokonzern RTL Group insgesamt – ein Konzern, der von Spanien bis Russland, von Großbritannien bis Ungarn mit Sendern und Produktionsfirmen den Kontinent mit Fernseh- und Radioprogrammen versorgt.[3]

Im Gebührenfernsehen ist der zahlende Bürger zum einen Kunde, zum anderen Eigentümer und Öffentlichkeit. Das ist für ein Medienunternehmen eine einzigartige Stellung. Eigentlich müsste der Bürger eine machtvolle Stellung einnehmen. Tatsächlich ist das Gegenteil der Fall. Parteien, Verbände und der Staat besitzen die eigentliche Macht.

Besseres Fernsehen für weniger Geld wird dann möglich sein, wenn der öffentlich-rechtliche Rundfunk aus den Fängen der Parteipolitiker und Lobbyisten befreit ist. Er braucht eine zeitgemäße Corporate Governance, einen neuen Ordnungsrahmen für die Überwachung der Anstalten. Statt irgendwelcher Rundfunk- und Fernsehräte könnte beispielsweise ein von der Hauptversammlung der Gebührenzahler bestimmter Aufsichtsrat die Sender kontrollieren. Die Führungskräfte müssten Jahr für Jahr ihren Aktionären, sprich Gebührenzahlern, öffentlich Rechenschaft ablegen und sich kritischen Nachfragen stellen. Mit der Einführung eines unabhängigen, mit richterlichen Kompetenzen ausgestatteten Ombudsmanns hätte der Zuschauer eine effektive Möglichkeit, seine Interessen gegen die mächtigen Anstalten durchzusetzen. Zudem könnte er als Ansprechpartner auch für Mitarbeiter dienen, die kriminellen Missbrauch von Gebührengeldern in ihrem Arbeitsalltag erleben und ihn anonym beenden wollen. Denn die hauseigenen Korruptionsbeauftragten, zum Beispiel beim MDR in Leipzig bereits seit 2006 in Amt und Würden, erwiesen sich leider als wenig effektiv. Sie konnten in der Vergangenheit Vetternwirtschaft und Korruption nicht verhindern.

Das System der Nimmersatten leidet nicht daran, dass es zu wenig Geld vom Bürger bekommt, um einen Neuanfang zu wagen. Es leidet vielmehr daran, dass es zu viel Geld erhält und dadurch aufgehört hat, sich Rechenschaft darüber abzulegen, wofür öffentlich-rechtlicher Rundfunk in einer Demokratie steht. Die Symbiose aus Anstalten und Parteien führt zu einer absurden Normalität, in der Sparsamkeit, Transparenz und Anspruch unter die Räder kommen. Es ist die dringende Aufgabe der Politik und der Gesellschaft, möglichst schnell den richtigen Weg zu finden, um das in völliger Schieflage befindliche System von ARD und ZDF endlich wieder ins Lot zu bringen und den Bürger dauerhaft durch eine radikale Reform finanziell zu entlasten.

Dank

Vor allem danke ich meiner Frau Maria, die mir mit ihrer Lebensfreude das Schreiben im Rheinland, in Franken und am Bodensee zum Vergnügen machte; und meinen Eltern, die mir trotz mancher Zweifel, ob ich denn ausgerechnet ein kritisches Buch über ARD und ZDF schreiben müsse, stets ihre volle Unterstützung gaben.

Besonderer Dank gilt all den Informanten, die nicht namentlich im Buch auftauchen. Sie erzählten mir im Vertrauen schonungslos vom ineffektiven System und nahmen mich mit auf die Reise durch die kuriose Welt der Öffentlich-Rechtlichen. Ihre Anonymität muss gewahrt bleiben, sonst hätten sie schwerwiegende Konsequenzen zu befürchten. Die Aufrechten im System von ARD und ZDF sind die wahren Helden im Heer der Nimmersatten.

Namentlich darf ich für anregende Gespräche, Ideen, Informationen, Hintergründe und Kritik in den vergangenen Jahren danken: Thomas Bellut, Kai Brettmann, Alexander Coridaß, Hans Demmel, Frank Dietz, Jürgen Doetz, Thomas Ebeling, Claus Grewenig, Joachim Hofer, Thomas Huber, Hans-Joachim Fuhrmann, Steffen Grimberg, Oliver Herrgesell, Bodo Hombach, Nico Hofmann, Walter Kehr, Lutz Knappmann, Sabine Kreft, Andreas Knaut, Thomas Lückerath, Kristian Müller, Torsten Prenter, Peter Littger, Gregory Lipinski, Hans Mahr, Lutz Marmor, Christian Pfennig, Torsten Rossmann, Fidelius Schmid, Claude Schmit, Christof Schramm, Christian Seifert, Alexander Stock, Nikolaus von der Decken, Horst Wegner, Karola Wille, Wolfram Winter, Stefan Wirtz, Alexander Wrabetz und vielen anderen mehr.

Anerkennung gilt dem *Handelsblatt*. Die Liberalität und die Weltoffenheit der führenden Wirtschaftszeitung in Deutschland machten es überhaupt erst möglich, das System von ARD und ZDF seit über zehn Jahren aus nächster Nähe von Mainz bis Los Angeles zu beobachten. Danke insbesondere an Dirk Hinrich Heilmann, Chefökonom des *Handelsblatts*, Carmen Wurm, Joachim Puls, Heiko Zeutschner und Ralf Balke, Dokumentar des *Handelsblatts*, für die wertvolle Durchsicht des Manuskripts – und auch an meinen Kollegen Sven Prange und meine früheren Kollegen Marc Neller und Roman Pletter für die gemeinsame Recherche bei der *Handelsblatt*-Reportage »Die Sendung mit den Mäusen«, die in das Buch eingeflossen ist.

Zu guter Letzt ein aufrichtiges Dankeschön an meine Agentin Heike Wilhelmi, die an das Projekt von Anfang an geglaubt hatte, und allen beim unangepassten Eichborn Verlag in Köln, allen voran Lektorin Carmen Kölz und Verlagsleiter Felix Rudloff, sowie Redakteur Klaus Gabbert mit seinem feinen Humor.

Anmerkungen

1. Die Nimmersatten

1 »Worscht un Woi zum Abschied«, *Spiegel*, Nr. 8, 18. 2. 2012, S. 137

2 Groh-Kontio, Carina, »Schächter-Abschiedsfest stößt Mitarbeitern sauer auf«, *Handelsblatt Online*, 20. 2. 2012, www.handelsblatt.com/unternehmen/it-medien/zdf-intendant-schaechter-abschiedsfest-stoesst-mitarbeitern-sauer-auf/6 231 634.html

3 Huber, Joachim, »Nachtigalls Abgesang«, *Tagesspiegel*, Nr. 21 384, 7. 7. 2012, S. 33

4 Kommission zur Ermittlung des Finanzbedarfs der Rundfunkanstalten, 18. KEF-Bericht, Dezember 2011, S. 26

5 Pressemitteilung der KEF, Zusatzinformation 1, vom 17. 1. 2012

6 Bei den öffentlich-rechtlichen 22 Sendern handelt es sich um: ARD, ZDF, BR, HR, SWR, SR, WDR, NDR, Radio Bremen, MDR, RBB, 3Sat, Arte, Phoenix, Kinderkanal, BR Alpha, ZDF Info, ZDF Neo, ZDF Kultur, Eins Plus, Eins Extra, Tagesschau 24.

7 Inklusive der Deutschen Welle, dem deutschen Auslandsrundfunk

8 GEZ, Geschäftsbericht 2011, S. 40 f.

9 ARD, Bericht über die wirtschaftliche und finanzielle Lage der Landesrundfunkanstalten, April 2012, S. 17

10 Ebd., S. 11

11 Nach Angaben des Bundesamtes für Statistik gab es im Jahr 2011 in Deutschland bei einer geschätzten Bevölkerung von 81,8 Millionen rund 40,4 Millionen Haushalte. Die Zahl der Haushalte wächst weiter stark. Mittlerweile lebt bereits ein Fünftel der Bevölkerung allein. Bundesamt für Statistik, Pressemitteilung Nr. 242, 11. 7. 2012, https://www.destatis.de/DE/PresseService/Presse/Pressemitteilungen/2012/07/PD12_122.html

12 Hofer, Joachim/Siebenhaar, Hans-Peter, »Wir müssen uns mit den Privaten verbünden«, *Handelsblatt*, Nr. 228, 24. 11. 2011, S. 22

13 12. Staatsvertrag zur Änderung rundfunkrechtlicher Staatsverträge vom 18. 12. 2008

14 Neller, Marc/Pletter, Roman/Prange, Sven/Siebenhaar, Hans-Peter, »Die Sendung mit den Mäusen«, *Handelsblatt*, Nr. 170, 3. 9. 2010, S. 56

15 Zit. n. Bausch, Hans, *Rundfunkpolitik nach 1945*, Erster Teil: 1945–62, München 1980, S. 254

16 Nach dem 12. Rundfunkurteil von 2007 dürfen die Bundesländer nur in Ausnahmefällen von den KEF-Empfehlungen abweichen, beispielsweise dann, wenn die Gebührenzahler durch die Höhe der Gebühren unangemessen belastet würden. Aus rein medienpolitischen Gründen dürfen die Länder

die KEF-Empfehlung nicht modi-
fizieren.

17 Kommission zur Ermittlung des
Finanzbedarf der Rundfunkanstalten, 18. KEF-Bericht, Dezember
2011, S. 23 ff.

18 Ebd., S. 77

19 Müller, Martin U., »Gebühren und
Spiele«, *Spiegel*, Nr. 31, 30.7. 2012,
S. 81

20 Hofer, Joachim/Siebenhaar, Hans-
Peter, »Wir müssen uns mit den
Privaten verbünden«, *Handels-
blatt*, Nr. 228, 24. 11. 2011, S. 22

21 Kommission zur Ermittlung des
Finanzbedarfs der Rundfunkanstalten, 18. KEF-Bericht, Dezember 2011, S. 24

22 Hofer, Joachim/Siebenhaar, Hans-
Peter, »Wir müssen uns mit den
Privaten verbünden«, *Handels-
blatt*, Nr. 228, 24. 11. 2011, S. 22

23 Ebd.

24 ARD, Bericht über die wirtschaftliche und finanzielle Lage der Landesrundfunkanstalten, April 2012,
S. 18

25 Pfeil, Ingolf, »Rechnungshöfe kri-
tisieren Missstände bei MDR-Wer-
betochter«, *DNN Online*,
30. 8. 2012, www.dnn-online.de/
web/dnn/politik/detail/-/speci-
fic/Rechnungshoefe-kritisieren-
Missstaende-bei-MDR-Werbe-
tochter-2 911 674 570

26 KEF, 18. KEF-Bericht, Dezember
2011, S. 269

27 Ebd., S. 272.

28 Hofer, Joachim, »ARD vereint den
weltweiten Filmvertrieb unter einem Dach«, *Handelsblatt*, Nr. 185,
23.9. 2011, S. 29

29 Siebenhaar, Hans-Peter, »ARD:
Rauswurf wegen Missmanage-
ments«, *Handelsblatt*, Nr. 232,
30. 11. 2011, S. 55

30 Neller, Marc/Pletter, Roman/Pran-
ge, Sven/Siebenhaar, Hans-Peter,

»Die Sendung mit den Mäusen«,
Handelsblatt, Nr. 170, 3. 9. 2010, S.
56

31 Von den 67 Radiosendern senden
zehn ausschließlich digital.

2. Hollywood, wir kommen!

1 Schirmer, Stefan/Machowecz,
Martin, »Das A bis Z des MDR«,
Zeit, Nr. 37, 8. 9. 2011, S. 18

2 Kohl, Christiane, »Fristgerecht«,
Süddeutsche Zeitung, 21. 1. 2012,
S. 21

3 Hübner, Ralf/Huber, Joachim,
»Ecuadorianische Verhältnisse.
Intendant Udo Reiter über die
Finanzaffäre beim NDR«, *Tages-
spiegel*, Nr. 17 241, 23. 11. 2000,
S. 39

4 »Nach Wulff-Rede: MDR-Intendant twittert geschmacklosen Is-
lam-Witz«. In: welt.de/politik/
deutschland/article10 076 595/
MDR-Intendant-twittert-ge-
schmacklosen-Islam-Witz.html

5 Kranert-Rydzy, Hendrik, »Radiosender entlässt Unterhaltungschef«, *MZ-Web.de* (*Mitteldeutsche
Zeitung*), 23. 5. 2012, www.mz-web.
de/servlet/ContentServer?page-
name=ksta/page&atype=ksAr-
tikel&aid= 133 425 835 8589&
callesPageId= 98 749 016 154

6 Kohl, Christiane, »Problemfall
MDR«, *Süddeutsche Zeitung*,
26. 5. 2012, S. 23

7 »Ein Jurist wechselt als Chef zu
Saxonia«, *Handelsblatt*, Nr. 94,
15. 5. 2012, S. 54

8 »Ex-TV-Sportchef muss hohen
Schaden ersetzen«, *Handelsblatt*,
Nr. 74, 14. 4. 2011, S. 62

9 »Früherer HR-Sportchef Emig
muss 1,1 Millionen Euro Schadensersatz leisten«, *Tagesspiegel*,
Nr. 20 947, 14. 4. 2011, S. 31

10 Aktenzeichen: Landgericht Kiel 5 KLs 4/12

11 Siebenhaar, Hans-Peter, »Fünf Jahre Gefängnis für Kinderkanal-Manager«, *Handelsblatt*, Nr. 128, 6.7.2011, S. 23

12 »Weniger Kohle für den KiKa«, *Tagesspiegel*, Nr. 21 114, 2.10.2011, S. 30

13 Siebenhaar, Hans-Peter, »Fünf Jahre Gefängnis für Kinderkanal-Manager«, *Handelsblatt*, Nr. 128, 6.7.2011, S. 23

14 Kohl, Christiane, »Im Schatten des Skandals«, *Süddeutsche Zeitung*, 12.7.2011, S. 15

15 Ranniko, Julia, »Tatort NDR: ›Sie leidet sehr‹«, *Welt*, 30.6.2012, S. 35

16 Wiegand, Ralf, »Irre groß«, *Süddeutsche Zeitung*, 14.7.2012, S. 38

17 Ranniko, Julia, »Tatort NDR: ›Sie leidet sehr‹«, *Welt*, 30.6.2012, S. 35

18 Verband Deutscher Drehbuchautoren e.V., »NDR-Fernsehspielchefin Doris J. Heinze suspendiert«, 28. August 2009, http://drehbuchautoren.de/nachrichten/2009/08/ndr-fernsehspielchefin-doris-j-heinze-suspendiert

19 Ebd.

20 Zitat aus einem Interview mit der XiiT Media Gmbh in der Web-TV-Serie »Das Wort zum Mord« nach dem Auffliegen des Skandals vom 28.2.2011, das unter www.youtube.com/watch?v=LCnP_J2r0Y abrufbar ist. Die Web-TV-Serie bezieht sich auf den ARD-*Tatort*, für den Doris J. Heinze mitverantwortlich war, aber es handelt sich laut der XiiT Media GmbH um kein offizielles Online-Videoangebot der ARD.

21 Der erste Kriminalroman *Höhere Gewalt. Karl Hieronymus Schröders erster Fall* von Doris Heinze

22 Keil, Christopher, »Mission Frankfurt«, *Süddeutsche Zeitung*, 5.3.2012, S. 15

23 Ebd.

24 Hofmann, Jürgen/Lemmel, Joachim, »Die Gebührenanmeldung der öffentlich-rechtlichen Sendeanstalten für die Gebührenperiode 2013–2016«, Verband privater Rundfunk und Telemedien (VPRT), unveröffentlichtes Memo

25 »Degeto soll weniger Schnulzen produzieren«, *Berliner Zeitung*, 20.6.2012, S. 30

26 Siebenhaar, Hans-Peter, »Filmemacher fordern mehr Transparenz«, *Handelsblatt*, Nr. 6, 10.1.2011, S. 29

27 Ebd.

28 »Wir wollen eine normalisierte Branche«, Newsletter der Allianz deutscher Produzenten, Nr. 10, April 2012, S. 9

29 Ebd.

30 Siebenhaar, Hans-Peter, »RTL schnappt Konkurrenten ein großes Disney-Filmpaket weg«, *Handelsblatt*, Nr. 23, 1.2.2012, S. 30

31 Siebenhaar, Hans-Peter, »›Tatort‹ schlägt Hollywood«, *Handelsblatt*, Nr. 100, 27.5.2010, S. 6

32 Siebenhaar, Hans-Peter, »Bildstörung«, *Handelsblatt*, Nr. 100, 27.5.2010, S. 1

33 »Wolf Bauer: Hollywood kocht nur mit Wasser«, Interview von Hans-Peter Siebenhaar, *Handelsblatt*, Nr. 100, 27.5.2010, S. 7

34 Siebenhaar, Hans-Peter, »ZDF und ARD expandieren mit kommerzieller Tochter in die USA«, *Handelsblatt*, Nr. 66, 2.4.2011, S. 5

35 An der Studio Hamburg Doc Lights GmbH sind ZDF Enterprises mit 49 Prozent und die Studio Hamburg Produktion Gruppe

GmbH mit 51 Prozent beteiligt. Die Gesellschafteranteile bei der Gruppe 5 Filmproduktion GmbH verteilen sich wie folgt: 49 Prozent ZDF Enterprises, 25,1 Prozent Studio Hamburg Doc Lights: die beiden Geschäftsführer Uwe Kersken und Christel Fomm halten 20,9 bzw. fünf Prozent.

36 Maxdome GmbH Co. KG, Pressemitteilung, »Maxdome jetzt auch mit Inhalten aus dem Repertoire der WDR Mediagroup, 8. Mai 2012

37 Siebenhaar, Hans-Peter, »ZDF und ARD expandieren mit kommerzieller Tochter in die USA«, *Handelsblatt*, Nr. 66, 2. 4. 2011, S. 5

38 »Grünes Licht für die Produktion der zweiten Staffel der 3D-HD-Animationsserie«, Pressemitteilung, ZDF Enterprises, 4. 2. 2011

39 Siebenhaar, Hans-Peter, »Hollywood kommt nach München«, *Handelsblatt*, Nr. 72, 15. 4. 2010, S. 24

40 Ebd.

41 Siebenhaar, Hans-Peter, »Bavaria Film profitiert vom DVD-Geschäft«, *Handelsblatt*, Nr. 72, 14. 4. 2005, S. 15

42 Siebenhaar, Hans-Peter, »Durchbruch mit der Nazi-Satire von Tarantino«, *Handelsblatt*, Nr. 179, 17. 9. 2009, S. 12

43 Hofer, Joachim/Siebenhaar, Hans-Peter, »Druck auf Umbau der Bavaria wächst«, *Handelsblatt*, Nr. 132, 12. 7. 2005, S. 10

44 Ebd.

45 EANS-Adhoc: »CineMedia Film AG – Geyer-Werke«, 9. 3. 2012

46 Ebd.

47 »Senator Film und Bavaria Film vereinbaren Joint Venture«, Pressemitteilung der Bavaria Film vom 2. 4. 2012

48 Lipinski, Gregory/Priller-Gebhardt, Lisa, »Webbasierte Inhalte

werden kommen«, Interview mit Studio-Hamburg-Geschäftsführer Carl Bergengruen, *Werben & Verkaufen*, Nr. 22/2012, S. 45

49 Siebenhaar, Hans-Peter, »Der Blankoscheck«, *Handelsblatt*, Nr. 206, 23. 10. 2008, S. 8

50 Lipinski, Gregory, »Studio Hamburg unter Ertragsdruck«, *Kontakter*, Nr. 23, 4. 6. 2012, S. 24

51 Lipinski, Gregory, »NDR-Tochter kappt Stellen in der Postproduktion«, *Kontakter*, Nr. 23, 4. 6. 2012, S. 24

3. Wer wird Millionär?

1 Engel, Esteban, »Strategisch ausgelagert, sehr gut bezahlt«, *Tagesspiegel*, Nr. 21 275, 15. 3. 2012, S. 31

2 Ebd.

3 »Endemol setzt auf Pilawa«, *Süddeutsche Zeitung*, 11. 2. 2011, S. 17

4 Kunze, Anne/Di Lorenzo, Giovanni, »Das Paradies ist schon lange geschlossen«, Interview mit ZDF-Intendant Thomas Bellut, *Zeit*, Nr. 28, 5. 7. 2012, S. 24

5 Ebd.

6 »Endemol setzt auf Pilawa«, *Süddeutsche Zeitung*, 11. 2. 2011, S. 17

7 Engel, Esteban, »Strategisch ausgelagert, sehr gut bezahlt«, *Tagesspiegel*, Nr. 21 275, 15. 3. 2012, S. 31

8 Engel, Esteban, »Die Währung Aufmerksamkeit«, dpa, 14. 3. 2012

9 Boldt, Klaus/Hage, Simon, »Germany's next Topmanager, *Manager Magazin*, Nr. 8, 22. 7. 2011, S. 50

10 Siebenhaar, Hans-Peter, »Harald Schmidt soll den Vorabend retten«, *Handelsblatt*, Nr. 230, 28. 11. 2006, S. 13

11 Heike, Frank, »Real sichert sich Özil«, *Frankfurter Allgemeine Zeitung*, 18. 8. 2010, S. 28

12 Neller, Marc/Pletter, Roman/
    Prange, Sven/Siebenhaar, Hans-
    Peter, »Die Sendung mit den
    Mäusen«, *Handelsblatt*, Nr. 170,
    3. 9. 2010, S. 56
13 Der Jahresabschluss zum Ge-
    schäftsjahr 1. 1. bis 31. 12. 2010 wur-
    de am 8. 2. 2012 veröffentlicht.
14 »Da freue ich mich wie der
    Elefant in der Savanne«, Inter-
    view mit Günther und Thea Jauch
    von Elisabeth Dostert und Hans-
    Jürgen Jakobs, *Süddeutsche Zei-
    tung*, 25. 6. 2012, S. 18
15 Siebenhaar, Hans-Peter, »Der Na-
    poleon der ARD«, *Handelsblatt*,
    Nr. 20, 29. 1. 2007, S. 13
16 Mitteldeutscher Rundfunk,
    »MDR-Rundfunkrat sieht Talk-
    schiene kritisch«, Pressemittei-
    lung vom 18. 7. 2012
17 Alle Zitate aus: ARD-Pro-
    grammbeirat, »Talkformat im
    Ersten«, Stellungnahme des
    ARD-Programmbeirats, inter-
    nes Papier, das dem Autor vor-
    liegt
18 »Fernsehmacher Markus Heide-
    manns will gemeinsam mit Mar-
    kus Lanz bei ›Wetten, dass..‹
    Quote machen«, *Westdeutsche All-
    gemeine Zeitung*, 22. 3. 2012, www.
    derwesten.de/region/sauer-und-
    siegerland/fernsehmacher-mar-
    kus-heidemanns-will-gemeinsam-
    mit-markus-lanz-bei-wetten-das-
    quote-machen-id6 480 648.html
19 »Steif, trocken, künstlich«, *Spiegel*,
    Nr. 25, 18. 6. 2012, S. 73
20 Stand Juli 2012
21 Siebenhaar, Hans-Peter, »Private
    fordern Lehren aus Promiwer-
    bung«, *Handelsblatt*, Nr. 88,
    8. 5. 2006, S. 20
22 Clausen, Sven/Knappmann, Lutz,
    »Der Klub der guten Freunde«,
    Financial Times Deutschland,
    12. 10. 2010

23 Keil, Christopher, »Theorie und
    Praxis«, *Süddeutsche Zeitung*,
    16. 10. 2010, S. 21
24 Werner Klatten hat zusammen mit
    Joachim Hunold und Tonio Krö-
    ger im August 2012 die United
    Professionals Agency an die Köl-
    ner Klick Media AG von Alexan-
    der Elbertzhagen verkauft.
25 »Dr. Günter Struve beim MDR-
    ›Riverboat‹«, *Berliner Kurier*,
    6. 3. 2009, S. 40
26 »Mitteldeutscher Rundfunk be-
    schließt Sparpaket«, *Berliner Zei-
    tung*, 17. Juli 2010, S. 29
27 Siebenhaar, Hans-Peter, »Main-
    stream Media: Heile Welt für den
    Massengeschmack«, *Handelsblatt*,
    Nr. 59, 25. 3. 2012, S. 30
28 Siebenhaar, Hans-Peter, »ZDF
    gründet Bezahlsender im Aus-
    land«, *Handelsblatt Online*,
    4. 4. 2011
29 Pressemappe Romance TV – Czas
    na uczucia
30 Mittlerweile von der Bertelsmann-
    Stiftung in Reinhard-Mohn-Preis
    umbenannt
31 Schuler, Thomas, »Hundert Fra-
    gen, keine Antwort«, *Berliner
    Zeitung*, 16. 9. 2010, S. 34
32 »ARD und ZDF sollen Verwen-
    dung von GEZ-Geldern offenle-
    gen«, *Digital fernsehen online*,
    22. 11. 2011, www.digitalfernsehen.
    de/ARD-und-ZDF-sollen-Ver-
    wendung-von-GEZ-Geldern-of-
    fenlegen.72 351.0.html
33 Schmid, Fidelius/Siebenhaar,
    Hans-Peter, »Ermittlungen gegen
    SWR-Chefreporter«, *Handels-
    blatt*, Nr. 155, 12. 8. 2011, S. 71

4. Komödienstadel

1 Siebenhaar, Hans-Peter, »ARD
   und ZDF greifen für die Bundes-

liga tiefer in die Tasche«, *Handelsblatt*, Nr. 79, 23.4.2012, S. 5

2 Bay, Lukas, »Die Bundesliga bleibt bei Sky und der ›Sportschau‹«, *Handelsblatt Online*, 17.4.2012, www.handelsblatt. com/unternehmen/it-medien/ uebertragungs-rechte-die-bundesliga-bleibt-bei-sky-und-der-sportschau/6519690.html

3 Siebenhaar, Hans-Peter, »ARD und ZDF greifen für die Bundesliga tiefer in die Tasche«, *Handelsblatt*, Nr. 79, 23.4.2012, S. 5

4 Krei, Alexander, »Wenn das ›heute-journal‹ zum Halbzeit-Journal wird, *Dwdl.de*, 27.6.2012, www.dwdl.de/magazin/36485/wenn_das_heute-journal_zum_halbzeitjournal_wird

5 Pressedienst Das Erste, Deutschland im Fußball-Fieber – Das Erste das meistgesehene Fernsehprogramm im Juni 2012, Pressemitteilung vom 2. Juli 2012

6 »RTL gerät in Quoten-Turbulenzen«, *Handelsblatt Online*, 1.7.2012, www.handelsblatt. com/unternehmen/it-medien/ beliebtheit-sindt-rtl-geraet-in-quoten-turbulenzen/6820258. html

7 Hanfeld, Michael, »Weltmeisterschaft in ARD und ZDF«, *Frankfurter Allgemeine Zeitung*, 2.4.2012, S. 13

8 Steinkirchner, Peter, »Teure Tiraden«, *Wirtschaftswoche*, Nr. 40, 1.10.2011, S. 62

9 »Im Rausch von ›Germany's Gold‹«, *Tagesspiegel*, Nr. 21182, 10.12.2011, S. 35

10 Siebenhaar, Hans-Peter, »ARD und ZDF sollen sparen«, *Handelsblatt*, Nr. 191, 4.10.2011, S. 5

11 Mitteldeutscher Rundfunk, Rundfunkrat »›Grünes Licht‹ für Bundesligavertrag und WM 2018 in Russland«, Pressemitteilung vom 18.7.2011

12 Abstimmungsergebnis unter http://swr.de/direkt/fussball-fuer-alle-alles-fussball/-/ id=9559414/nid=9559414/ did=9588688/1paxk8z/index. html

13 »ARD will mehr Sportarten darstellen«, *Handelsblatt Online*, 30.11.2011, www.handelsblatt. com/unternehmen/it-medien/ gremienbeschluss-ard-will-mehr-sportarten-darstellen/5906480. html

14 Huber, Joachim, »Suche frisches Publikum, biete frisches Geld«, *Tagesspiegel*, Nr. 21141, 30.10.2011, S. 19

15 Grundsatzrede des ZDF-Intendanten Markus Schächter zur Einbringung des Haushalts 2012, Redemanuskript vom 9.12.2011

16 »Olympia bei der ARD: Zuschauer können Programm selbst basteln«, Interview mit ARD-Olympiachef mit *Digital fernsehen online*, www.digitalfernsehen.de/ Olympia-bei-der-ARD-Zuschauer-koennen-Programm-selbst-basteln.89384.0.html

17 Becker, Thomas/Serrao, Marc Felix, »Herr Rogge ist beeindruckt«, *Süddeutsche Zeitung*, 12.8.2008, S. 38

18 Prüfungsergebnisse des Rechnungshofs Rheinland-Pfalz für die Haushaltsjahre 2005 bis 2009, www.unternehmen.zdf.de/ fileadmin/files/Download_ Dokumente/DD_Das_ZDF/ Publikationen/Rechnungshof_ Pruefung_2005–2009_AKTUELL. pdf

19 Müller, Martin U., »Gebühren und

Spiele«, *Spiegel*, Nr. 31, 30.7.2012, S. 81

20 Jahn, Thomas/Hanke, Thomas/ Siebenhaar, Hans-Peter/Slodczyk, Katharina, »Ein Wasserkopf auf Reisen«, *Handelsblatt*, Nr. 157, 15.8.2012, S. 25

21 Siebenhaar, Hans-Peter, *Europa als audiovisueller Raum. Ordnungspolitik des grenzüberschreitenden Fernsehens in Westeuropa*, Opladen 1994, S. 244 ff.

22 Alle Zitate: Siebenhaar, Hans-Peter, »RTL fordert die Einstellung der Digitalkanäle von ARD und ZDF«, *Handelsblatt*, Nr. 5, 6.1.2012, S. 33

23 Siebenhaar, Hans-Peter, »MDR plant Jugendkanal«, *Handelsblatt*, Nr. 120, 25.6.2012, S. 24

24 Kunze, Anne/Di Lorenzo, Giovanni, »Das Paradies ist schon lange geschlossen«, *Zeit*, Nr. 28, 5.7.2012, S. 24

25 »ZDF Neo bietet intelligentes und unterhaltendes Fernsehen«, Interview mit Simone Emmelius, Leiter von ZDF Neo, *Pro Media*, 6/2012, S. 34 f.

26 Elitz, Ernst, »Wie ARD und ZDF Geld verbrennen«, *Frankfurter Rundschau Online*, 25.6.2012, www.fr-online.de/medien/digitalkanaele-wie-ard-und-zdf-geld-verbrennen,1 473 342,16 464 110.html

27 Es handelt sich um die TV-Moderatorin und Autorin Charlotte Roche, die in ihrem Buch *Feuchtgebiete* Masturbationstechniken, Intimhygiene und Analverkehr provozierend beschrieb und damit im Buchmarkt Erfolg hatte.

28 Elitz, Ernst, »Wie ARD und ZDF Geld verbrennen«, *Frankfurter Rundschau Online*, 25.6.2012, www.fr-online.de/medien/digitalkanaele-wie-ard-und-zdf-geld-verbrennen,1 473 342,16 464 110.html

29 Schirrmacher, Frank, *Das Methusalem-Komplott*, München 1995

30 Bayerischer Rundfunk Rundfunkrat, »BR-Rundfunkrat fordert Fernseh-Kanal für junge Zuschauer«, Pressemitteilung vom 29.3.2012

31 Beide Zitate: Siebenhaar, Hans-Peter, »MDR plant Jugendkanal«, *Handelsblatt*, Nr. 120, 25.6.2012, S. 24

32 Elitz, Ernst, »Wie ARD und ZDF Geld verbrennen«, *Frankfurter Rundschau Online*, 25.6.2012, www.fr-online.de/medien/digitalkanaele-wie-ard-und-zdf-geld-verbrennen,1 473 342,16 464 110.html

33 Höpner, Axel/Siebenhaar, Hans-Peter, »ProSieben Sat.1 stellt Töchter zum Verkauf«, *Handelsblatt*, Nr. 32, 16.2.2009, S. 15

34 GEZ, Geschäftsbericht 2011, S. 5

35 »Ethik-Grundsätze der GEZ«, http://gez.de/die_gez/ethik/index_ger.html

36 »Gebühren-Fahnder der ARD treiben weniger Geld von Schwarzsehern ein«, *Focus*, 8.7.2012, http:www.focus.de/magazin/kurzfassungen/focus-28-2012-gebuehren-fahnder-der-ard-treiben-weniger-geld-von-schwarzsehern-ein_aid778 765.html

37 Stand Juli 2012

38 Siebenhaar, Hans-Peter, »Razzia wegen Korruption erschüttert GEZ«, *Handelsblatt*, Nr. 17, 24.1.2007, S. 12

39 GEZ, Stellungnahme zur Anklage zweier ehemaliger GEZ-Mitarbeiter wegen Korruption, Köln, 18.3.2009

40 »Großrazzia bei der GEZ wegen Bestechlichkeit«, *Tagesspiegel*, Nr. 19 439, 24.1.2008, S. 28

41 KEF, 18. KEF-Bericht, Dezember 2011, S. 252

42 »Ein Tänzchen für den Despoten«, *Berliner Zeitung*, 17.10.2011, S. 26

43 MDR, Pressemitteilung »MDR-Rundfunkrat missbilligt Auftritt von Fernsehballettmitgliedern in Grosny«, 24.10.2011

44 Huber, Joachim, »Große Freude, großer Schaden«, *Tagesspiegel*, Nr. 21 129, 18.10.2011, S. 27

45 Uhlmann, Steffen, »Hoch das Bein«, *Süddeutsche Zeitung*, 25.5.2012, S. 18

46 Siebenhaar, Hans-Peter, »Der Bambi-Macher«, *Handelsblatt*, Nr. 218, 10.11.2011, S. 55

47 »Goldener Bär«, *Süddeutsche Zeitung*, 6.2.2012, S. 15

48 Siebenhaar, Hans-Peter/Kewes, Tanja, »Bambis erster Diener«, *Handelsblatt*, Nr. 219, 11.11.2010, S. 54

49 Liste der Preisträger unter www. grimme-institut.de

50 Der Südwestfunk und der Süddeutsche Rundfunk fusionierten am 1. Januar 1998 zum Südwestrundfunk.

51 Südwestrundfunk, SWR-Rundfunkrat genehmigt Jahresabschluss 2011, Pressemitteilung vom 29.6.2012

5. Lost in Translation

1 Gniffke, Kai, Grimme Online Award für die Tagesschau-App, 21.6.2012, ursprünglich unter http://blog.tagesschau. de/2012/06/21/grimme-online-award für die tagesschau-app, aber aufgrund einer Bestimmung im 12. Rundfunkänderungsstaatsvertrag nicht mehr aufrufbar

2 Stand Sommer 2012

3 Hofer, Joachim/Siebenhaar, Hans-Peter, »Wir müssen uns mit den Privaten verbünden«, *Handelsblatt*, Nr. 228, 24.11.2011, S. 22

4 Fernsehrat des Zweiten Deutschen Fernsehens, »Richtlinie für die Genehmigung von Telemedienangeboten«, 26.6.2009

5 Pressemeldung des ZDF-Fernsehrates zur Evaluation des Dreistufentests vom 18.2.2011

6 »Gerhold lässt Vorsitz im MDR-Verwaltungsrat ruhen«, Pressemitteilung des MDR vom 2.7.2012

7 Siebenhaar, Hans-Peter, »Der Blankoscheck«, *Handelsblatt*, Nr. 206, 23.10.2008, S. 8

8 Siebenhaar, Hans-Peter, »Gegen ARD-Online-Videothek formiert sich Widerstand«, *Handelsblatt*, Nr. 225, 21.11.2011, S. 25

9 Siebenhaar, Hans-Peter, »ARD und ZDF starten Videoportal«, *Handelsblatt*, Nr. 69, 5.4.2012, S. 28

10 »Deutliche Zuwächse bei den Formaten Blu-ray und Video-on-Demand (VoD) sorgen für Rekordniveau im Kaufmarkt«, Pressemitteilung des Bundesverbands Audiovisuelle Medien vom 9.2.2012

11 Heeg, Thiemo, »Wem gehört der Fernsehbildschirm?«, *Frankfurter Allgemeine Zeitung*, 14.7.2012, S. 19

12 Video »Auftrag erfüllt? Zur Rolle des öffentlich-rechtlichen Rundfunks in einer digitalen Medienkultur – ein Disput« auf dem BDZV-Zeitungskongress am 19.9.2011 in Berlin, www.youtube. com/watch?v=c350Vxq2VBY

13 Siebenhaar, Hans-Peter/Knüwer, Thomas, »Der Schulterschluss im Internet«, *Handelsblatt*, Nr. 51, 12.3.2008, S. 12

14 Knappmann, Lutz, »Merkel setzt Online-Kooperation Grenzen«, *Financial Times Deutschland*, 1.7.2009

15 Siebenhaar, Hans-Peter, »›Süddeutsche‹ lässt Allianz mit ZDF
platzen«, *Handelsblatt*, Nr. 65,
3. 4. 2008, S. 15

16 Knappmann, Lutz, »Merkel setzt
Online-Kooperation Grenzen«,
Financial Times Deutschland,
1. 7. 2009

17 Siebenhaar, Hans-Peter, »Springer
stürmt mit Bezahlinhalten voran«, *Handelsblatt*, Nr. 239,
9. 12. 2010, S. 25

18 Siebenhaar, Hans-Peter/Steingart,
Gabor, »Die ARD steht für eine
Allianz gegen Google und Apple
bereit«, Interview mit der ARD-
Vorsitzenden Monika Piel, *Han-
delsblatt*, Nr. 1, 3. 1. 2011, S. 24

19 WDR-Budget 2012, S. 19 und 23

20 Siebenhaar, Hans-Peter, »Döpfner
sucht Lösung mit ARD und
ZDF«, *Handelsblatt*, Nr. 172,
6. 9. 2011, S. 24

21 »Vergangene Lust«, *Berliner
Zeitung*, 20. 6. 2012, S. 30

22 »Richter mahnt gütliche Einigung bei *Tagesschau*-App an«,
dpa-Mitteilung vom 19. 7. 2012

23 Kunze, Anne/Di Lorenzo, Giovanni, »Das Paradies ist schon
lange geschlossen«, *Zeit*, Nr. 28,
5. 7. 2012, S. 24

24 Stand 1. Juli 2012

25 »Rund 8000 Spieler haben *Tatort*-
Mörder überführt«, *Handelsblatt
Online*, 16. 5. 2012, www.handels-
blatt.com/panorama/kultur-lite-
ratur/internetspiel-rund-
8000-spieler-haben-tatort-moer-
der-ueberfuehrt/6 639 152.html

26 »Eine Unterstellung«, Leserbrief
von Martin Biedermann, ORF,
Handelsblatt, Nr. 114, 15. 6. 2012,
S. 12

27 Siebenhaar, Hans-Peter, »Gericht
hebt Facebook-Verbot für ORF
vorläufig auf«, *Handelsblatt*,
Nr. 115, 18. 6. 2012, S. 25

6. Politischer Frühschoppen

1 »Gute Gründe für ARD und ZDF.
Für Demokratie und Meinungsvielfalt«, www.rundfunkbeitrag.
de/einrichtungen-des-gemein-
wohls

2 ARD-Programmbeirat, »Talk-
formate im Ersten«, Stellungnahme des ARD-Programm-
beirates, internes, unveröffentlichtes Papier

3 Wagner, Hans-Ulrich, »Hugh
Carleton Greene – Der Chefarchi-
tekt des NWDR«, www.ndr.de/
unternehmen/organisation/ndr_
geschichten/1945_1947/hughcar-
letongreene101_page_3thml

4 Siebenhaar, Hans-Peter, »Nur
keine Experimente«, *Handelsblatt*,
11. 3. 2012, S. 10

5 Siebenhaar, Hans-Peter, »Nach
Fiasko um Intendantenwahl will
Clement den ZDF-Staatsvertrag
ändern«, *Handelsblatt*, Nr. 14,
21. 1. 2002, S. 11

6 Tuma, Thomas/Brauck, Markus,
»Das ZDF ist beschädigt«, *Spiegel*,
Nr. 8, 22. 2. 2010, S. 130

7 Huber, Joachim, »Der Manuel
Neuer des ZDF«, *Tagesspiegel*,
Nr. 21 008, 16. 6. 2011, S. 31

8 Zum Beispiel: Denk, David, »Ein
Sender, der Helden braucht«,
Tageszeitung, 23. 4. 2012, www.taz.
de/%2 191 999, oder »Sparen, nur
nicht an der Quote. ZDF-Chef
Bellut räumt ab, die ARD-Intendanten tagen«, *Süddeutsche Zeitung*, 24. 4. 2012, S. 15

9 Kommission zur Ermittlung des
Finanzbedarfs der Rundfunkanstalten, 18. KEF-Bericht, Dezember 2011, S. 63

10 Hofer, Joachim/Siebenhaar, Hans-
Peter, »Wir müssen uns mit den
Privaten verbünden«, Interview
mit ZDF-Intendant Markus

Schächter, *Handelsblatt*, Nr. 228, 24. 11. 2011, S. 22

11 Tuma, Thomas/Brauck, Markus, »Das ZDF ist beschädigt«, *Spiegel*, Nr. 8, 22. 2. 2010, S. 130

12 Siebenhaar, Hans-Peter, »Parteien nehmen ARD und ZDF als Geiseln«, *Handelsblatt*, Nr. 87, 6. 5. 2010, S. 6

13 »Pleitgen fordert Erklärung von Wilhelm«, *Spiegel*, Nr. 16, 19. 4. 2010, S. 167

14 Tuma, Thomas/Brauck, Markus, »Das ZDF ist beschädigt«, *Spiegel*, Nr. 8, 22. 2. 2010, S. 130

15 Siebenhaar, Hans-Peter, »ARD und ZDF werben mit dem ›Cavaliere‹«, *Handelsblatt*, Nr. 60, 25. 3. 2011, S. 71

16 Goffart, Daniel/Siebenhaar, Hans-Peter, »Merkels preußischer Bayer«, *Handelsblatt*, Nr. 87, 6. 5. 2010, S. 62

17 Casdorff, Stephan-Andreas, »Steffen Seibert wird zum Problem für die Kanzlerin«, *Tagesspiegel Online*, 3. 7. 2012, www. tagesspiegel.de/politik/regierungssprecher-steffen-seibert-wird-zum-problem-fuer-die-kanzlerin/6 829 984.html

18 Siebenhaar, Hans-Peter, »Ex-SPD-Mann Thomas Kleist wird neuer Intendant«, *Handelsblatt Online*, 15. 4. 2011, www.handelsblatt.com/unternehmen/it-medien/saarlaendischer-rundfunk-ex-spd-mann-thomas-kleist-wird-neuer-intendant/4 067 194.html

19 Siebenhaar, Hans-Peter, »Angriff aus den eigenen Reihen«, *Handelsblatt*, Nr. 211, 1. 11. 2010, S. 54

20 »WDR-Intendantin Piel wiedergewählt«, *Zeit Online*, 30. 5. 2012, http://zeit/news/2012–05/30/medien-wdr-intendantin-piel-wiedergewählt-30 170 611

21 Hoff, Hans/Leyendecker, Hans,

»Kräftiger Atem«, *Süddeutsche Zeitung*, 11. 8. 2010, S. 15

22 WDR-Geschäftsbericht 2011, Seite 113

23 »Vergangene Lust«, *Berliner Zeitung*, 20. 6. 2012, S. 30

24 Bayerischer Rundfunk, Geschäftsbericht 2011, www.br.de/unternehmen/inhalt/organisation/2011-geschaeftsbericht 100.html

25 Bayerischer Rundfunk, »BR reduziert Bilanzverlust«, 12. Juli 2012, www.br.de/pressestelle/geschaeftsbericht-presse 100.html

26 Siebenhaar, Hans-Peter, »ARD und ZDF suchen die Machtprobe mit den Kabelkonzernen«, *Handelsblatt*, Nr. 112, 13. 6. 2012, S. 28

27 Landesanstalt für Medien Nordrhein-Westfalen, Pressemitteilung vom 6. 9. 2010

28 »FDP will einheitliches Aufsichtsgremium für ARD«, *Frankfurter Allgemeine Zeitung*, 2. 8. 2012, S. 11

29 Menzel, Stefan/Siebenhaar, Hans-Peter, »ORF kehrt in die Gewinnzone zurück«, *Handelsblatt*, Nr. 37, 22. 2. 2011, S. 29

30 »ORF-Stiftungsrat: Positives Jahresergebnis 2011 einstimmig genehmigt«, ORF.at, 28. 6. 2012, http://kundendienst.orf.at/unternehmen/menschen/gremien/120 628.html

31 Siebenhaar, Hans-Peter, »Der unersättliche Sender«, *Handelsblatt*, Nr. 110, 11. 6. 2012, S. 10

32 Siebenhaar, Hans-Peter, »ORF will wieder auf Facebook mitmischen«, *Handelsblatt*, Nr. 109, 8. 6. 2012, S. 26

7. Alles unter Kontrolle?

1 Es handelt sich dabei um Artikel 5, Absatz 1, Satz 2: »Die Pressefreiheit und die Freiheit der Bericht-

erstattung durch Rundfunk und Film werden gewährleistet.«

2 Seidl, Claudius, »Nackte Wahrheiten«, *Frankfurter Allgemeine Sonntagszeitung*, 8.5.2011, S. 27

3 Siebenhaar, Hans-Peter, »Blankes Entsetzen bei ARD und ZDF«, *Handelsblatt*, Nr. 247, 21.12.2011, S. 10

4 Kommission zur Ermittlung des Finanzbedarfs der Rundfunkanstalten, 18. KEF-Bericht, Mainz, Dezember 2011, S. 110

5 Ebd., S. 17

6 Protokollerklärung der Freien und Hansestadt Hamburg, des Landes Niedersachsen, des Freistaats Sachsen und des Landes Sachsen-Anhalt zum 15. Staatsvertrag zur Änderung rundfunkrechtlicher Staatsverträge vom 15./17.12.2010, http://st.juris.de/st/MedienRAendG_ST_4_Protokollerklrung.htm

7 »Seit 1999 müssen wir extrem sparen«, Interview mit Thomas Kleist, Intendant des Saarländischen Rundfunks, *Promedia*, 6/2012, S. 30 ff.

8 Niggemeier, Stefan, »Wie ARD und ZDF ihren Gebührenbedarf kleinrechnen«, 29.9.2011, http:stefan-niggemeier.de/blog/wie-ard-und-zdf-ihren-gebuehren-bedarf-kleinrechnen/

9 KEF, »Zur Entwicklung der Rundfunkgebühr«, http://kef-online.de/inhalte/entwicklung.html

10 Geuers Klage vor dem Bayerischen Verfassungsgerichtshof gegen die Haushaltsgebühr hat das Aktenzeichen Vf. 8-VII-12.

11 »Europa bringt europaweite Online-Musiknutzung auf den Weg«, *Zeit Online*, 11.7.2012, http://zeit.de/kultur/musik/2012–7/gema-eu-musik-downloads

12 ARD/ZDF/Deutschlandfunk, »Fragen und Antworten zum neuen Rundfunkbeitrag«, http://unternehmen.zdf.de/fileadmin/files/Dowload_Dokumente/DD_ZDF/FAQ_Rundfunkbeitrag.pdf (Link mittlerweile ungültig)

13 Kommission zur Ermittlung des Finanzbedarfs der Rundfunkanstalten, 18. KEF-Bereich, Dezember 2011, S. 15

14 Informationsseite für Rundfunkgebührenzahler von ARD, ZDF und Deutschlandradio, www.rundfunkbeitrag.de

15 Ombudsmann Private Kranken- und Pflegeversicherung, Tätigkeitsbericht 2010, S. 7

16 Ombudsmann Private Kranken- und Pflegeversicherung, Tätigkeitsbericht 2010, S. 17 ff.

17 Handke, Peter, *Publikumsbeschimpfung*, Frankfurt 1967, S. 37

18 Riehl-Heyse, Herbert, *Bestellte Wahrheiten*, München 1989, S. 138

19 Normenkontrollantrag der Landesregierung Rheinland-Pfalz zum ZDF-Staatsvertrag vom 3.1.2011. Originalschreiben als PDF unter http://rlp.de/ministerpräsident/staatskanzlei/medin abrufbar.

20 »CDU-Politik fordert Ehrenrettung des ZDF«, *Spiegel Online*, 5.12.2009, www.spiegel.de/kultur/gesellschaft/brender-streit-cdu-politik-fordert-ehrenrettung-des-zdf-a-665340.html

21 Normenkontrollantrag der Landesregierung Rheinland-Pfalz zum ZDF-Staatsvertrag vom 3.1.2011, S. 56

22 »Grüne stellen Normenkontrollantrag zum ZDF-Staatsvertrag vor«, *ddp.de*, 3.2.2010, www.themenportal.de/nachrichten/gruene-stellen-normenkontrollantrag-zum-zdf-staatsvertrag-vor-96032

23 Müller-Doohm, Stefan, *Medienindustrie und Demokratie*, Frankfurt 1972, S. 233
24 »Grüne stellen Normenkontrollantrag zum ZDF-Staatsvertrag
vor«, *ddp.de*, 3. 2. 2010, http:/www.
themenportal.de/nachrichten/
gruene-stellen-normenkontroll-
antrag-zum-zdf-staatsvertrag-
vor-96 032
25 Riehl-Heyse, Herbert, *Bestellte
Wahrheiten*, München 1989, S. 141
26 »Spielwarenmesse in Nürnberg
expandiert«, *Handelsblatt Online*,
3. 4. 2012, www.handelsblatt.com/
unternehmen/handel-dienstleis-
ter/neubau-spielwarenmesse-in-
nuernberg-expandiert/6 473 204.
html
27 Siebenhaar, Hans-Peter, »WDR
baut Marken zu Themenwelten
aus«, *Handelsblatt*, Nr. 22,
31. 1. 2012, S. 30
28 »Es gibt keine Verpflichtung zur
kommerziellen Tätigkeit«, Interview mit Dieter Dörr, *Pro Media*,
NRW/2012, S. 32

29 Stand 16. April 2012, Unterneh-
mensdarstellung unter www.ertico.
com
30 Stand Juli 2012, Unternehmensdar-
stellung unter www.radionrw.de/
unternehmen/radio-nrw.html
31 »Einschaltquoten am Sonn-
abend«, *Berliner Kurier*, 9. 7. 2012,
S. 31
32 Siebenhaar, Hans-Peter, »Die
Stütze Gottschalks«, *Handelsblatt*, Nr. 72, 12. 4. 2012, S. 55

8. Besseres Fernsehen für weniger Geld

1 Stand 1. Halbjahr 2012. Angaben
des Bayerischen Rundfunks in einer E-Mail vom 2. 8. 2012
2 Bismarck, Klaus von/Gaus, Gün-
ter/Kluge, Alexander/Sieger,
Ferdinand, *Industrialisierung des
Bewusstseins*, München 1985, S. 186
3 Die RTL Group hatte laut Annual
Report 2011 zum Zeitpunkt
31. 12. 2011 europaweit 9621 Festangestellte.

Literatur

Arbeitsgemeinschaft der Landesmedienanstalten in der Bundesrepublik Deutschland (Hg.), *Programmbericht 2011*, Berlin 2012

ARD, *Bericht über die wirtschaftliche und finanzielle Lage der Landesrundfunkanstalten*, April 2012

ARD-Jahrbuch 2010, Baden-Baden 2010

Bausch, Hans (Hg.), *Rundfunk in Deutschland* (5 Bände), München 1980

Bismarck, Klaus von/Gaus, Günter/Kluge, Alexander/Sieger, Ferdinand, *Industrialisierung des Bewusstseins. Eine kritische Auseinandersetzung mit den »neuen« Medien*, München 1985

GEZ, Geschäftsbericht 2011

Handke, Peter, *Publikumsbeschimpfung*, Frankfurt 1969

Jakobs, Hans-Jürgen, *Geist oder Geld. Der große Ausverkauf der freien Meinung*, München 2008

Kommission zur Ermittlung des Finanzbedarfs, 17. KEF-Bericht, Mainz, Dezember 2009

Kommission zur Ermittlung des Finanzbedarfs, 18. KEF-Bericht, Mainz, Dezember 2011

Kommission zur Ermittlung der Konzentration im Medienbereich, 14. Jahresbericht, Berichtszeitraum 1. Juli 2010 bis 30. Juni 2011, Potsdam o.J.

Littger, Peter, *A Stakeholder Approach for Public Service Broadcasting*, London School of Economics and Political Science, Dissertation, August 2006 (unveröffentlicht)

Müller-Doohm, Stefan, *Medienindustrie und Demokratie*, Frankfurt 1972

Postman, Neil, *Wir amüsieren uns zu Tode. Urteilsbildung im Zeitalter der Unterhaltungsindustrie*, Frankfurt 1985

Renner, Kai-Hinrich/Renner, Tim, *Digital ist besser. Warum das Abendland auch durch das Internet nicht untergehen wird*, Frankfurt 2011

Riehl-Heyse, Herbert, *Bestellte Wahrheiten. Anmerkungen zur Freiheit eines Journalistenmenschen*, München 1989

RTL Group, Annual Report 2011

Schirrmacher, Frank, *Das Methusalem-Komplott*, München 2005

Siebenhaar, Hans-Peter, *Europa als audiovisueller Raum. Die Ordnungspolitik des grenzüberschreitenden Fernsehens*, Opladen 1994

WDR-Geschäftsbericht 2011, Köln 2012

ZDF-Jahrbuch 2010, Mainz 2011

ZDF-Jahrbuch 2011, Mainz 2012

Zeutschner, Heiko, *Die braune Mattscheibe. Fernsehen im Nationalsozialismus*, Hamburg 1995

235

Personenregister